Rom
Zeit für das Beste

Highlights – Geheimtipps – Wohlfühladressen

»Lebenspendende Sonne,

du kannst wohl nichts Größeres erblicken

als die Stadt Rom.«

Horaz

Rom
Zeit für das Beste

Thomas Migge
Mirko Milovanovic

BRUCKMANN

Oben: Blick von der Engelsburg auf den Vatikan
Mitte: Beeindruckende Kunstsammlung: Der Salone del Poussin der Galleria Doria Pamphilj
Unten: Das Teatro di Marcello mit den korinthischen Säulen des Apollotempels

INHALTSVERZEICHNIS

DIE TOP-TEN	6
EWIG LOCKT DIE STADT!	8

DER VATIKAN

1	Petersdom und Petersplatz	28
2	Vatikanische Museen	38
3	Engelsburg	48

HISTORISCHES ZENTRUM

4	Piazza Navona	58
5	Santa Maria della Pace	64
6	Palazzo della Cancelleria	66
7	Via Giulia	68
8	Palazzo Farnese	70
9	Campo de' Fiori	72
10	Sant'Andrea della Valle	78
11	Pantheon	80
12	Santa Maria sopra Minerva	84
13	Sant'Ignazio	86
14	Galleria Doria Pamphilj	90
15	Il Gesù	92

ANTIKE UND TRENDVIERTEL

16	Piazza Venezia, Vittoriano	100
17	Kapitolsplatz	102
18	Forum Romanum	108
19	Kolosseum	116
20	Palatin	122
21	Circus Maximus, Caracalla-Thermen	126
22	Santa Maria in Cosmedin	130
23	Tempio di Vesta, Teatro Marcello	132
24	Ghetto	136
25	Santa Sabina, Aventin	144
26	Trastevere	152

Rom

27	Santa Maria in Trastevere	160
28	Villa Farnesina	162

PINCIO, TRIDENTE

29	Spanische Treppe	170
30	Via Condotti etc.	174
31	Il Corso	182
32	Ara Pacis und Mausoleo Augusto	188
33	Piazza del Popolo	190
34	Pincio und Galleria Borghese	194
35	Etruskisches Nationalmuseum Villa Giulia	200
36	Auditorium von Renzo Piano	202
37	MAXXI	206

QUIRINAL, MONTI

38	Trevi-Brunnen	212
39	Quirinalspalast	214
40	Monti	220
41	Santa Maria degli Angeli	228
42	Santa Maria Maggiore	230
43	Esquilino, Domus Aurea	234
44	Lateran und San Clemente	236
45	San Lorenzo	242

AUSFLÜGE

46	EUR	252
47	Joggen durch Rom	256
48	Tivoli	260
49	Via Appia	266
50	Ostia und Ostia Antica	272

REISEINFOS

Rom von A–Z	278
Kleiner Sprachführer	284
Register	286
Impressum	288

Oben: An warmen Sommerabenden sitzen die Besucher bis spät in der Nacht auf der Spanischen Treppe.
Mitte: Bei aller Kultur dürfen die Gaumenfreuden nicht zu kurz kommen.
Unten: Rom, ein Eldorado für Shoppingbegeisterte

DIE TOP TEN

VATIKAN (S. 24)
Päpste und Kunst, Michelangelos Riesenkuppel, der Petersplatz und die größte Kirche der katholischen Christenheit. Die Vatikanischen Museen, die Sixtinische Kapelle und der schönste Garten von ganz Rom. Der Vatikanstaat ist das absolute Nonplusultra der Ewigen Stadt.

VIA APPIA ANTICA (S. 266)
Die antike Straße, einst eine der bedeutendsten Handelsrouten des Römischen Reiches, wird gesäumt von schlanken Zypressen und breiten Schirmpinien, von Grabmälern und grandiosen Ruinen, von Stadien und Villen. Sehenswert auch die Katakomben, die direkt von der ältesten Straße ihrer Art aus zu erreichen sind. Die Straße wird zuweilen auch als das längste Museum der Welt bezeichnet.

VILLA BORGHESE (S. 194)
Mehr als nur ein Museum, eine große Schatzkiste mit Kunstwerken von unschätzbarem Wert: atemberaubend schöne Skulpturen von Bernini, weltberühmte Gemälde von Raffael und Caravaggio und herrliche Deckengemälde. In einem Park gelegen wirkt dieses Museum wie eine Insel der Kunst.

CARACALLA-THERMEN (S. 126)
Hier badeten gleichzeitig Tausende von Menschen. Noch die Ruinen der größten antiken Thermenanlage faszinieren mit Mauerwerk, das bis zu 25 Meter hoch ist und mit Gewölbedecken, die – man mag es kaum glauben – ohne moderne Bautechniken errichtet wurden. Im Sommer werden in den grandiosen Ruinen Freiluft-Opern aufgeführt. Ein Muss für Freunde klassischer Musik.

FORUM ROMANUM (S. 108) / PALATIN (S. 122)
Hier schlug das Herz des antiken Weltreiches. Auf dem Forum Romanum entschieden Senatoren und Kaiser Politik und Wirtschaft des römischen Reiches. Am Forum erhebt sich der Palatinhügel mit den ausgedehnten Ruinen der Kaiserpaläste, die dicht an dicht errichtet wurden. Vom Palatin aus hat man den schönsten Blick auf den Circus Maximus.

PANTHEON (S. 80)
Der einzige erhaltene Kuppelbau der Antike. Erst 1500 Jahre nach dem Bau des Pantheons wurde wieder eine ähnliche Riesenkuppel errichtet. Ein komplett erhaltener antiker Tempel, der nur deshalb seiner Zerstörung entging, weil er in eine Kirche umgewandelt wurde.

MAXXI (S. 206)
Futuristische Architektur: keine geraden Wände, kaum rechte Winkel und schiefe Fußböden. Das Museum für die Kunst des 21. Jahrhunderts, ein Entwurf der Stararchitektin Zaha Hadid, ist einer der weltweit schönsten und auch umstrittensten Museumsneubauten überhaupt. Das Museum enthält eine der wichtigsten italienischen Sammlungen für Zeitgenössische Kunst.

TREVI-BRUNNEN (S. 212)
Mehr als nur ein Brunnen: ein Mythos! Eine ganze Hauswand als Brunnenanlage, wo das Wasser so laut sprudelt, dass man sein eigenes Wort nicht mehr versteht. Unbedingtes Muss ist ein nächtlicher Besuch der Anlage, wenn das Rauschen nicht mehr durch die Stimmen von Tausenden von Besuchern gestört wird.

KOLOSSEUM (S. 116)
Das größte Vergnügungszentrum der Menschheitsgeschichte. Bis zu 80 000 Menschen sahen hier den Gladiatoren bei ihrem blutigen Tun zu. Noch die Ruine verschlägt dem Besucher den Atem. Der Blick von den oberen Rängen in die Arena hinunter macht es leicht, sich das antike Theater in seiner Blütezeit vorzustellen – so gut sind die architektonischen Strukturen immer noch erhalten.

MUSEO NAZIONALE ROMOLO (S. 229)
Dieses Museum zeigt die absoluten Meisterwerke der Kunst Roms von vor rund 2000 Jahren. Hier kann man durch komplett erhaltene und mit Wandmalereien geschmückte Säle antiker Villen bummeln, und bekommt die schönsten Mosaiken, Skulpturen und Büsten des antiken Reiches zu sehen.

Oben: Nahe der Engelsburg: die Ponte Vittorio Emanuele II.
Mitte: Posieren mit dem Papst im Hintergrund
Unten: Das östliche Forum Romanum wird von dem wuchtigen Tonnengewölbe der Maxentiusbasilika dominiert.

Ewig lockt die Stadt!

Fast jeder, der schon einmal in Rom zu Besuch war, meint die Stadt zu kennen. Dabei nehmen noch nicht einmal echte Römer für sich in Anspruch, alles über ihre Heimat zu wissen – auch sie entdecken jeden Tag aufs Neue Schönes, Kurioses oder Historisches. Die Ewige Stadt ist wie keine zweite ein Ort der Impressionen und der ewigen Verführungen. Sie locken wieder und wieder, niemand kann sich ihnen entziehen – auch derjenige nicht, der hier seit Jahren oder Jahrzehnten lebt.

Eine typische Situation: Ein Linienbus der städtischen Verkehrsgesellschaft ATAC steht brummend und schnaufend mitten auf der Via dei Fori Imperiali – Berufsverkehr, nichts geht mehr. Regungslos verharrt das Fahrzeug auf der Stelle. Normalerweise ein Grund für Unmut, doch hier kommt keine Langeweile auf. Der Fahrgast hat von seinem Logenplatz einen einmaligen Blick auf die imposanten Bauten des Trajansforums Hier schlug vor rund 2000 Jahren das politische, wirtschaftliche und religiöse Herz eines Weltreichs, das von Nordengland bis Nordafrika, vom heutigen Spanien bis nach Israel reichte. Von hier aus wurde es regiert. Vom Forum Romanum aus, das sich hier, wo der Bus steht, jetzt vor und hinter einem erstreckt.

Das Forum Romanum

Die Straße, in der der Bus steht, ließ Benito Mussolini, der »Duce«, in seinem faschistischen Größenwahn quer über das Forum Romanum bauen, um das Denkmal des unbekannten Soldaten mit dem Kolosseum zu verbinden – für ihn eine Prachtstraße, unter archäologischen Gesichts-

Steckbrief Rom

Lage: Rom liegt etwa in der Mitte Italiens am Tiber, nah zum Tyrrhenischen Meer und zwischen 13 m und 137 m ü. d. M. Im Osten Roms befinden sich die Abruzzen, im Nordosten die Sabiner Berge und im Süden die Albaner Berge.

Fläche: 1,286 km² (einschließlich der Stadtrandgebiete)

Flagge:

Schutzpatrone: Petrus und Paulus (wie kann es auch anders sein!)

Website: www.comune.roma.it

Einwohner: offiziell rund 2,2 Mio. Bürger. Es heißt, dass noch viel mehr Menschen in Rom leben – überwiegend illegale Einwanderer aus Nordafrika –, aber genaue Zahlen existieren nicht.

Währung: Euro

Zeitzonen: MEZ und MESZ (Ende März bis Ende Oktober)

Geographie: Rom wurde einst auf Hügeln errichtet, die aber, dank des Bauschutts aus Jahrtausenden, heute nicht mehr so hoch sind wie in der Antike. Das Meer ist nicht weit weg, mit öffentlichen Verkehrsmitteln ungefähr eine Stunde Fahrt vom historischen Zentrum aus. Die Albaner Berge sind ebenfalls mit Bussen in einer Stunde zu erreichen. Ein realistisches Modell der antiken Stadt, 16 x 17 m groß, findet sich im Museo della Cività Romana im Stadtteil EUR.

Stadt und Verwaltung: Das Rathaus befindet sich auf dem Kapitol in dem von Michelangelo errichteten Palazzo Senatorio. Rom gliedert sich in 19 Stadtbezirke, die Municipi, und 155 Bezirke, die Zone Urbanistiche. Die Altstadt ist in 22 Rioni eingeteilt, wie man diese uralten Stadtteile nennt, diese haben aber keine verwaltungstechnische Bedeutung mehr. Viele der Rioni gehen bis in die Antike zurück. Die Stadtverwaltung kümmert sich wenig um das »decoro«, wie man Ordnung, Sauberkeit und die sonstige Pflege des öffentlichen Grund und Bodens nennt. So sind Strassen und Bürgersteige voller Schlaglöcher, und man muss schon gehörig aufpassen, da nicht hineinzutreten. Auch mit der Müllabfuhr, vor allem auch in den Parks, klappt es nicht so richtig. Dafür aber umso mehr mit der Korruption in der städtischen Verwaltung, wie polizeiliche Ermittlungen immer wieder enthüllen.

Wirtschaft und Tourismus: 85% der Wirtschaftsleistung Roms stammen aus den Sektoren Dienstleistung und Tourismus. Die Bauindustrie macht 10% aus und die Landwirtschaft (wo auch?) gerade einmal 5%.

Religion: 90% der Bevölkerung gehören der römisch-katholischen Kirche an.

Bevölkerung: Von den registrierten Einwohnern lebt nur rund ein Zehntel im immer teurer werdenden historischen Zentrum. Das Gros der Römer wohnt in den eher hässlichen Stadtrandsiedlungen, von denen immer mehr entstehen. Die Bevölkerungsdichte liegt bei durchschnittlich 2150 Einwohnern pro km². Der kontinuierlich wachsende Anteil registrierter Ausländer lag Ende 2011 bei 20%. In Rom leben rund 6000 Deutsche.

Oben: Westliches Forum: Septimius-Severus-Bogen und Sancti Luca e Martina
Mitte: Gleich hinter dem Kapitol: S. Maria della Consolazione
Unten: Prächtige Engelsfiguren in S. Andrea della Valle

punkten ein Unding. Für Romreisende oder Busfahrgäste ist sie allerdings wunderbar, ermöglicht sie doch eine Aussicht auf einzigartige Kulturschätze. Durch das Fenster sieht man nicht nur die Trajansmärkte, das erste Einkaufszentrum der Geschichte, sondern auch das antike Senatsgebäude, den Palatin, auf dem die Kaiser residierten, und das Kapitol, das von Bauwerken Michelangelos gekrönt wird. Dort steht der Senatorenpalast, in dem heutzutage der römische Bürgermeister seinen Amtssitz hat. Man erkennt die mehrfarbigen Marmorböden jener Foren, auf die schon Julius Cäsar und Kaiser Nero, Cicero und Augustus ihre Füße setzten. Historische und architektonische, künstlerische und politische Schichten überlagern sich in Rom wie an keinem anderen Ort. Rom ist die einzige Hauptstadt der Welt, deren Herz eine riesige archäologische Ausgrabungsstätte ist – das größte weltweit innerhalb einer Stadt.

Rom verführt. Jeden Tag.

Wo sonst bitte schön gibt es ein Stadtzentrum, das sich wie eine Enzyklopädie der Architekturgeschichte präsentiert. Historie verfolgt einen auf Schritt und Tritt. Aus der Gegenwart Roms, seinem quirligen Treiben und den täglich rund 1,5 Millionen Autos geht es direkt in das Barock und die Renaissance, weiter zum Mittelalter und dann schnurstracks in die Antike. Genau das macht den Reiz dieser Stadt aus, das Unter- und Übereinander, die vielen Epochen, das Weltliche und das Religiöse, das Heidnische und das Christliche, alles zusammen und alles nebeneinander.

Diesem Reiz erliegen nicht nur Millionen von Romreisenden, sondern auch die Römer, die hier ihren Alltag leben, im Stau stehen – sie lieben ihre Heimatstadt. Auf ihren täglichen Wegen, sei es zur Arbeit oder zum Einkaufen, auf eine städti-

Ewig lockt die Stadt!

sche Behörde oder zur Post, gehen sie über Plätze, die in ihrer stilistischen Reinheit zum Schönsten gehören, was das 17. und 18. Jahrhundert in Europa hervorbrachten. Es gibt Straßenzüge wie die Via Giulia oder die Via del Corso, in denen sich antike Paläste und Kirchen dicht an dicht reihen. In diesem Kontext übrigens gelten in der »Ewigen Stadt« Gebäude aus dem 19. Jahrhundert, in Deutschland als »Altbauten« deklariert, als »jung«.

Bauwut der Päpste

Die Renaissance präsentiert sich in Rom mit grandiosen Palästen wie dem Palazzo Venezia und dem Palazzo Farnese, in dem die französische Botschaft für einen Euro Miete im Jahr untergebracht ist. Das Mittelalter hat in Rom nicht so viel zu bieten. Die baulustigen Päpste der Renaissance und noch mehr des Barock ließen die Gebäude jener Epoche im großen Stil abreißen, denn schließlich wollten sie es ihren Vorbildern, den antiken Kaisern, gleichtun und aus der Tiberstadt eine Weltmetropole machen. Auf Schritt und Tritt bekommt der Besucher Spuren dieser päpstlichen Baulust zu sehen. Die Stellvertreter Christi auf Erden begriffen sich auch lange Zeit – ohne jedwede Bedenken – als Nachfolger der Cäsaren. So stand die Renaissance in ihrer Prachtentfaltung ganz in der Tradition der römischen Kaiser, wenn auch unter anderen »Vorzeichen«.

Mit ihrer Prunksucht wurden die Päpste damals mehr und mehr zu ganz großen Verführern. Sie betörten und verzauberten das Volk vor allem auf (und mit) dem Petersplatz, dem größten Platz der Christenheit, an dessen Schönheit man sich nicht sattsehen kann. In dessen Mitte erhebt sich nicht nur die gewaltige Peterskirche mit ihrer Kuppel, ein Werk Michelangelos, sondern auch ein ägyptischer Obelisk. So wie die römischen Kaiser ihre

Oben: Die italienische Herzlichkeit gibt der Weltstadt eine Seele.
Mitte: Gottesdienst in der Capella del Fonte Battesimale im Petersdom
Unten: Die Streife auf dem Petersplatz sieht nicht besonders schnell aus, kann aber in Minuten einen ganzen Staat durchqueren.

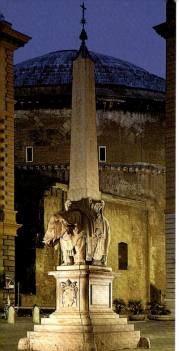

Oben: Der Elefant an der Piazza Minerva, nach einem Entwurf Berninis, trägt den kleinsten Obelisken der Stadt auf seinem Rücken.
Unten: Der Herkules-Tempel nahe der Kirche Santa Maria in Cosmedin

Plätze mit den Symbolen der Potenz und Macht aus dem Reich der Pharaonen schmückten, so wollten auch die Pontifexe ihren heidnischen Idolen in dieser Beziehung nicht nachstehen.

Die erste Besiedelung

Rom entstand aus einer Hüttensiedlung, die auf einem Sumpfgebiet, ungefähr zwischen dem Kapitols- und Palatinhügel, errichtet wurde. Römische Archäologen förderten auf dem Areal der späteren Kaiserforen Funde zutage, die den bekannten Merksatz: »7-5-3, Rom schlüpft aus dem Ei«, mit der historischen Wahrheit zu belegen scheinen. Erwiesen ist, dass die ersten Siedler damals im 8. Jahrhundert v. Chr. einige Meter unterhalb der heute gut sichtbaren Marmorböden der antiken Weltstadt bauten, in der zur Hochzeit bis zu eine Million Menschen lebten. Ob die Gründer aber tatschlich Romulus und Remus waren, lässt sich nicht mehr feststellen. Tatsache ist aber, dass Rom von Anbeginn an wuchs und wuchs und wuchs.

Die von den Archäologen ausgebuddelten Gebäudefragmente dieser Zeit geben für das ungeschulte Auge nicht viel her. Einige Holz- und Mauerreste, die viel Fantasie erfordern, um sich diese ältesten Bauwerke Roms vorzustellen. Altertumsforschern zufolge handelt es sich dabei um die erste Residenz eines römischen Königs und den ersten Vestatempel, in dem Jungfrauen das Staatsfeuer bewachten, das Symbol jenes noch kleinen Volkes, das damals in diesem Tal lebte.

Diese ersten Funde aus der Anfangszeit der Stadt sind heute in den Kapitolinischen Museen zu besichtigen. Dort werden auch Ausgrabungsstücke ausgestellt, die beweisen, dass das Gebiet zwischen den sieben Hügeln – die in Wahrheit viel mehr sind – sogar viel früher von Menschen be-

Ewig lockt die Stadt!

wohnt wurde. Nur, so die Historiker, könne man in diesem Fall in keiner Weise von einem bereits organisierten Volk sprechen.

»Das waren Wilde«, spottet der Romancier Luciano de Crescenzo, der ganz in der Nähe dieser Fundorte aus dem 8. Jahrhundert v. Chr. wohnt. »Wilde, wir stammen von Wilden ab – und sind es immer noch! Schauen Sie sich doch nur unser Verhalten im Straßenverkehr an!« Dank ihres Organisationstalents und ihrer Fähigkeit, sich zwischen unwirtlichen Sümpfen zu behaupten, erwuchs aus der Holzhüttensiedlung eine richtige Stadt.

Erste technische Meisterleistung

Die erste wirklich bedeutende technische Leistung der Römer war kein Tempel, kein Palast – sondern eine Kanalisation. Die sogenannte Cloaca Maxima ist noch heute, unglaublich aber wahr, nach fast 2500 Jahren in Betrieb und mündet wie in der Antike in den Tiber. Das Hygienebedürfnis war schon im 4. Jahrhundert v. Chr. ausgeprägt und wuchs später noch gewaltig, ebenso der Wunsch nach Entspannung, wie die zahllosen Thermen der Kaiserstadt beweisen. Heute kann man das nicht uneingeschränkt behaupten. Rom ist die europäische Hauptstadt mit den wenigsten Hallenbädern.

Vom Dorf zum Imperium

In nur wenigen Jahrhunderten wurde aus dem Dorf eine Stadt und aus der Stadt die Hauptstadt eines Imperiums. Historiker wiesen nach, dass dieses gewaltige Reich nur dank einer straff geführten Armee bestehen konnte. Die Römer waren ausgezeichnete Organisatoren, und ihre Heere waren das beste Beispiel dafür. Ihnen kamen nicht nur militärische, sondern auch nicht zu unterschätzende zivilisatorische Aufgaben zu, die in der Geschichtswissenschaft erst seit wenigen Jahren

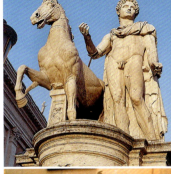

Oben: Alpha-Männchen der Antike: Dioskur vor dem Kapitol
Mitte: Die Pizza: So einfach und doch soooo lecker!
Unten: Es gibt viele Stellen, um einen Blick auf das antike Rom zu werfen. Hier von der Via dei Fori Imperiali.

Geschichte im Überblick

ca. 10. Jh. v. Chr. Bauern- und Hirten-stämme besiedeln das linke Tiberufer und den Palatinhügel. Damals lagen zwischen den Hügeln Roms noch relativ tiefe Täler, die sich über die Jahrhunderte mit Bauschutt füllten.

21. April 753 v. Chr. »Rom schlüpft aus dem Ei«. Legendäres Gründungsdatum. Historiker bestätigten in den letzten Jahren, dass man tatsächlich ab dem 8. Jahrhundert v. Chr. von einer ersten Stadt Rom sprechen kann.

7.–5. Jh. v. Chr. Rom wird von etruskischen Königen beherrscht. Sie legen die Sümpfe im Stadtgebiet trocken. Der erste Tempel entsteht auf dem Kapitolshügel.

5. Jh. v. Chr. Vertreibung der Etrusker durch die Römer und Entstehung der Römischen Republik. Rom weitet sich in ganz Mittelitalien aus. Bau der ersten Stadtmauer nach dem katastrophalen Einfall der Gallier 378 v. Chr.

264–146 v. Chr. Kriege gegen Karthago und unbestrittene Herrschaft im Mittelmeer. Die Römische Republik wird zur dominierenden wirtschaftlichen und kulturellen Kraft des gesamten Mittelmeerraums.

27 v. Chr.–14 n. Chr. Beginn der Kaiserzeit unter Cäsars Adoptivsohn Augustus. Rom erreicht seine kulturelle Blüte. In der Stadt lebten rund eine Million Menschen. Historischen Forschungen zufolge präsentierte sich die Weltstadt am Tiber damals als recht chaotisch.

64 Brand von Rom. Nero beginnt mit dem Bau prächtiger Gebäude. Es scheint eine Legende zu sein, dass Nero Frühchristen als Verantwortliche für den Brand in Arenen verbrennen ließ. Seine Christenverfolgung sah nicht anders aus als die anderer Kaiser.

67 Vermutete Kreuzigung des Apostels Petrus auf dem Ager Vaticanus. Forschungen weisen nicht nach, dass Petrus tatsächlich auf dem Ager starb.

um 150 Das Römische Reich hat seine größte Ausdehnung auf drei Kontinente.

3. Jahrhundert Bau der 19 Kilometer langen Aurelianischen Mauer, als Schutz gegen die sogenannten »Barbaren«.

391 Das Christentum wird unter Kaiser Konstantin dem Großen Staatsreligion, was allerdings nicht hieß, dass alle Römer gleich begeisterte Christen wurden. Im Gegenteil – in weiten Teilen des Reiches wurden noch lange heidnische Gottheiten verehrt.

4.–5. Jahrhundert Verlegung der römischen Hauptstadt nach Konstantinopel. In Rom verbleibt nur noch der Senat. Die Stadt verliert an politischer und wirtschaftlicher Bedeutung.

800 Kaiser Karl der Große wird in Rom von Papst Leo III. gekrönt. Die Päpste nahmen mehr und mehr eine zentrale politische Rolle ein.

1300 Papst Bonifaz VIII. ruft das erste Heilige Jahr aus. Keine rein religiöse Entscheidung, denn Bonifaz wusste ganz genau, dass Heilige Jahre auch viel Geld in die Kassen der damals nicht gerade reichen Stadt spülten.

1527 Die Landsknechte von Kaiser Karl V. plündern Rom. Ein historischer Vorgang von enormer Bedeutung, denn zuletzt wurde die Stadt von »Barbaren« erobert und noch nie von einem christlichen Heerführer.

Ende des 16.–Mitte des 17. Jhdts.
Triumph des Barock in Rom unter den Baumeistern Gianlorenzo Bernini und Francesco Borromini. Rom wird zur europäischen Hauptstadt aller Kunstformen.

1798–1814 Napoleons Truppen erobern Rom, Ausrufung der kurzlebigen Römischen Republik. Der Papststaat stand nach diesen Ereignissen auf nur noch wackligen Füßen.

1849 Erneute Ausrufung der Römischen Republik, Flucht und Rückkehr des Papstes. Eine junge Generation von Italienern träumte von einem geeinten Staat, ohne Kleinstaaterei und Päpste.

1870 Eroberung Roms durch die Anhänger eines italienischen Nationalstaates; ein Jahr später wird Rom italienische Hauptstadt. Fortan lebten die Päpste im innervatikanischen Exil, das sie bis 1929 nie verließen.

1922 Italien wird faschistisch und aus dem einstigen Kirchengegner Benito Mussolini wird ein Freund der Kirche.

1929 Lateranverträge zwischen Italien und dem Heiligen Stuhl regeln das Verhältnis beider Staaten. Der Papst gibt sein Exil auf und verlässt den Vatikan.

1944 Amerikanische Truppen erobern kampflos Rom. Der Papst hatte Rom zur offenen Stadt erklärt. Auf diese Weise konnten Kampfhandlungen und Zerstörungen fast komplett verhindert werden.

1957 Unterzeichnung der Römischen Verträge zur Gründung der Europäischen Wirtschaftsgemeinschaft. Rom erlebte in jenen Jahren, die als »La Dolce Vita« in die Geschichte eingingen, eine neue kulturelle Blüte.

1962–65 Das Zweite Vatikanische Konzil reformiert die katholische Kirche. Zum ersten Mal überhaupt forderten viele Italiener das Recht auf Scheidung und Schwangerschaftsabbruch.

1978 Karol Wojtyla wird Papst: der erste Pole überhaupt auf dem Heiligen Stuhl und der erste Nichtitaliener seit über 450 Jahren.

2005 Auf Johannes Paul II. folgt Josef Ratzinger als Benedikt XVI.

2010 Eröffnung des MAXXI, des Museums der Kunst des 21. Jahrhunderts, das als einer der spannendsten Museumsbauten weltweit gilt.

2012 Beginn der aufwendigen Restaurierung des Kolosseums und der seit Jahren geschlossenen Domus Aurea von Kaiser Nero.

Oben: Abenddämmerung am Ponte Sisto mit der Peterskuppel
Mitte: Wem die Füße bereits müde werden, findet an der Piazza Venezia immer einen Kutscher.
Unten: Im Centrale Montemartini: Kopie der Gruppe mit Satyr und Nymphe

entsprechend gewürdigt werden. Roms Legionen kämpften und eroberten nicht nur. Sie bauten, selbstverständlich von zahllosen Sklaven unterstützt, das größte Straßennetz der Antike sowie ein Postwesen mit Tausenden von Pferdewechselstationen. Ganze Regimenter konnten so in kurzer Zeit in alle Teile des Reiches verlegt werden. Depeschen zwischen der Regierungszentrale in Rom und den Generälen an der Front brauchten nur wenige Wochen. Rom war mit seinen Provinzen eng vernetzt. Darin lag eines der großen Geheimnisse der antiken Weltmacht. Der Kaiser und sein Senat erhielten auch aus den entlegensten Provinzen schnell alle wichtigen Informationen. Erst mit dem Zusammenbrechen dieses Netzes zerfiel auch das Reich.

Untergang des Römischen Reiches

Rom ging nicht einfach unter und wurde vergessen, wie zum Beispiel die Reiche der Babylonier und Assyrer, wie Karthago oder das sagenumworbene Reich der Königin von Saba. Rund 1000 Jahre Geschichte und eine Kultur, die sich auf große Teile Europas, den gesamten Mittelmeerraum und bis zum Schwarzen und zum Roten Meer erstreckt hat, hinterließen mehr als nur Spuren. Der römische Einfluss sollte das Reich selbst um Jahrtausende überleben und das gesamte zukünftige Europa beeinflussen, sei es politisch, gesellschaftlich oder kulturell. Dieses Vermächtnis reicht bis ins 20. Jahrhundert, bis zu jenem ehemaligen Marxisten, der den italienischen Faschismus begründete: Benito Mussolini. Auch er fühlte sich dem Mythos des antiken Rom verpflichtet. Um diesen neu zu beleben, eroberte er sogar Provinzen in Afrika. Doch dieser brutale und zum Teil auch lächerliche Versuch, die antike Glorie wieder auferstehen zu lassen, ging in den Wirren des Zweiten Weltkriegs unter.

Ewig lockt die Stadt!

Von den Kaisern zu den Päpsten

Den Päpsten gelang es dagegen deutlich dauerhafter, den Geist Roms lebendig zu halten. Nicht mit gewiefter Macht- und Kriegspolitik, auch wenn sie Jahrhunderte lang ein eigenes Reich in Mittelitalien beherrschten, sondern mit einer Idee, mit ihrem Glauben. Auf diese Weise erbten, wenn man so will, die Päpste den Status der antiken Kaiser. Aus dem weltlichen Rom der Antike wurde die geistliche Macht des katholischen Christentums. Vor allem die mittelalterlichen Päpste unterließen nichts, um den weltlichen Herrschern klarzumachen, dass sie über ihnen stehen, dass die Kaiser den Stellvertretern Gottes verpflichtet sind. Erinnert sei in diesem Zusammenhang an den berühmten Gang eines deutschen Kaisers nach Canossa...

Die Barbaren aus dem Norden scherten sich nicht weiter um die ehemalige Größe und das Ansehen des antiken Roms. Sie kamen und zerstörten, schließlich lebten in den grandiosen Ruinen von Tempeln, Palästen und Thermen nur noch 20 000 Menschen. Man muss sich diese Epoche gespenstisch vorstellen. Die meisten antiken Gebäude standen noch, aber die Menschen, die früher darin lebten, waren größtenteils verschwunden. Eine faszinierende, aber auch morbide, verfallende Kulisse eines Weltreichs muss Rom damals gewesen sein. Erst die Päpste mit ihrem Verwaltungsapparat halfen der siechen Stadt wieder auf die Beine. Sie etablierten sich als neue Macht, quasi mit den Insignien der antiken Kaiser. Ihr Kardinalskollegium fungierte in gewisser Weise wie eine Fortführung des antiken Senats. Aus den noch nicht eingestürzten oder komplett zerstörten Tempeln und Prachtbauten wurden Gotteshäuser. Zum Glück für uns: Nur so überlebten beeindruckende antike Gebäude wie zum Beispiel das Pantheon bis in unsere Gegenwart.

Oben: Warten auf die Besichtigung der riesigen Säle des Justizpalastes
Mitte: Die Kapitolinischen Museen bieten unerschöpflich viele Kunstwerke.
Unten: Kein Blick für die Engelsburg. Wer mit dem Motorino unterwegs ist, sollte nur auf den Verkehr achten.

Erneuerung der Renaissance

Mit der Renaissance änderte sich das römische Stadtbild stark. Die Päpste erkannten die Zeichen der Zeit und bemühten sich, aus Rom auch künstlerisch und architektonisch Europas Hauptstadt zu machen, schließlich verstand man ja in dieser Epoche die europäische Kultur als Wiedergeburt antiker Tugenden und Ideale. Sie verpflichteten die besten Künstler jener Zeit wie Michelangelo und Raffael.

Sie errichteten massenweise Kirchen, darunter den Petersdom, das größte Gotteshaus der Christenheit, und schmückten diese mit unschätzbaren Kunstwerken. Die Heiligen Väter taten sich auch als Stadtplaner hervor, vor allem in jener Zeit, als es hinter den vatikanischen Mauern recht weltlich zuging. Nicht nur Renaissancepapst Alexander VI. umgab sich mit Frau und Kindern, auch andere Pontifexe trieben es toll. So toll, das Martin Luther entsetzt aus Rom nach Deutschland abreiste.

Im 16. und 17. Jahrhundert versuchten verschiedene Päpste die Stadt zu modernisieren. Es entstanden neue, kerzengerade Straßenzüge, an denen der Adel prächtige Paläste zu errichten hatte. Der Vatikan wollte auf diese Weise eine gewisse Ordnung in das im Mittelalter gewucherte Durcheinander bringen. Schließlich strotzte Rom wieder so vor Kunst und pompösen Bauwerken, dass schon lange bevor Goethe zu seiner italienischen Reise aufbrach, es zum guten Ton der Vornehmen und Gutbetuchten ganz Europas gehörte, dieser Stadt zumindest einen Besuch abzustatten.

Seit dem 16. Jahrhundert reisten die Söhne wohlhabender und adliger Familien nach Italien. Auf den Spuren von Antike, Renaissance und Barock sollte das Auge an harmonischen und eleganten

Oben: Immer wieder wundert man sich, dass das Auge im Pantheon vollkommen offen ist.
Unten: Es lohnt sich auch kleine Museen, wie das Museo Barracco, zu besichtigen.

Ewig lockt die Stadt!

Bauwerken sowie Skulpturen geschult werden. Rom galt als unerhört schön und diese Schönheit zog Massen von Besuchern an. Während der sogenannten Grand Tour, einer mehrere Monate dauernden Reise durch Italien, die der kulturellen Bildung des aristokratischen Nachwuchses dienen sollte, war Rom der absolute Höhepunkt. Vor allem im 18. Jahrhundert lebten Dichter – berühmtestes Beispiel ist Goethe –, Baumeister, Adlige, reiche Bürger und Künstler in Rom. Eine von ihnen war die deutsche Malerin Angelika Kaufmann, die als erste Frau in die altehrwürdige Künstlervereinigung Accademia di San Luca aufgenommen wurde.

Heute ist Rom für Kunstschaffende nicht mehr so interessant, wie es einst war. An den klassischen Idealen vergangener Epochen wollen sich zeitgenössische Künstler immer weniger orientieren. Zwar gibt es immer noch nationale Akademien, der Deutschen, der Franzosen, der Amerikaner etc., an denen Nachwuchskünstler mithilfe von Stipendien eine gewisse Zeit in Rom unterkommen, doch die Stadt wirkt nicht mehr besonders anregend für heutige Maler und Bildhauer.

Der italienische Nationalstaat

Infolge der französischen Revolution kam 1797 eine neue Sorte von »Barbaren« nach Rom. Napoleons Soldaten eroberten den Kirchenstaat und verjagten den Papst. In der Folge wurde die Römische Republik ausgerufen und versucht, an die republikanischen Ideale jener heidnischen Zeit anzuknüpfen, als das römische Volk noch nicht von Kaisern dominiert wurde. Die Päpste kehrten aber triumphierend nach diesem kurzen Zwischenspiel in ihre Stadt zurück. Doch lange sollten sie dort nicht mehr glücklich werden. Mitte des 19. Jahrhunderts bildete sich vor allem in Norditalien eine

Oben: Zwei Quadrigen flankieren die Seiten des Il Vittoriano.
Mitte: Die Loggia der Galatea in der Villa Farnesina
Unten: Festlicher Aufmarsch am Vittoriano zum 140. Hauptstadtjubiläum Roms

Oben: Posieren am Militäroldtimer
Mitte: In der Kirche Sant'Ignazio liegen die Überreste von St. Roberto Bellarmino in der Kapelle des St. Joachim.
Unten: Centrale Montemartini: Antike im E-Werk

immer stärkere Einheitsbewegung. Man wollte einen italienischen Nationalstaat schaffen. 1861 war es soweit: Mit dem piemontesischen Königshaus an seiner Spitze, wurde der Italienische Einheitsstaat offiziell gegründet. Theoretisch jedenfalls, denn nach Turin und Florenz wurde die »Ewige Stadt« erst 1870 Hauptstadt des neuen Einheitsstaates, nachdem endlich auch Rom erobert wurde. Aus Wut über ihren Machtverlust zog sich die Kirche hinter die vatikanischen Mauern zurück. So entstand der heute bekannte Vatikanstaat. Erst Mussolini, einst ein Kirchenhasser, beendete das vatikanische Exil der Päpste mit den Lateranverträgen von 1929, die die bilateralen Beziehungen zwischen Italien und Heiligem Stuhl regelten.

Während des Faschismus

Mussolini wollte Rom komplett umkrempeln. Der gelernte Grundschullehrer aus der Region Romagna träumte davon, das mittelalterliche Straßenchaos entfernen zu lassen, breite Prachtstraßen zu schaffen, ganze Stadtviertel abzureißen und neue zu erschaffen. Zum Glück ist ihm das nur teilweise gelungen. Mussolini schlug nicht nur zum Bau der Via dei Fori Imperiali, zwischen der Piazza Venezia und dem Kolosseum, eine breite Schneise in die antiken Kaiserforen. Er machte auch zum Bau der Via della Conciliazione, zwischen Engelsburg und Petersplatz, Wohnhäuser, Paläste, Klöster und Kirchen dem Erdboden gleich.

Im südlichen Teil der Stadt wollte er ein neues Rom errichten, eine faschistische Idealstadt. Das Viertel EUR wurde nur in Teilen realisiert, gilt aber noch heute aufgrund der harmonischen Verbindung von grandioser Architektur und Grünflächen als zukunftsweisend. Selbst Architekturpäpste wie Le Corbusier und Norman

Ewig lockt die Stadt!

Foster bezeichneten EUR als wegweisend für eine humane Architektur. Vom unmenschlichen nationalsozialistischem Größenwahnsinn, wie ihn Adolf Hitler auch beim Bauen bewies, war Mussolini weit entfernt.

Nach dem Zweiten Weltkrieg

Nach seinem Sturz 1943 und dem Ende des Zweiten Weltkriegs zogen endlich Demokraten in die römischen Regierungspaläste ein. Unter ihren Regierungen, fast 40 Jahre lang von den allmächtigen Christdemokraten dominiert, wuchs Rom weiter. Es entstanden mehr oder weniger hässliche Neubausiedlungen an allen Stadträndern, vor allem aber Richtung Südosten.

Von der einstmals berühmten Campagna Romana zwischen den antiken Stadtmauern und den Albaner Bergen blieb fast nichts mehr übrig. Selbst die Via Appia Antica ist heute in weiten Teilen von grässlichen Neubauten umrahmt. Für den Romtouristen hat das den »Vorteil«, dass er nur den Stadtkern besichtigen muss. Bis auf EUR und einige andere architektonische Highlights außerhalb der antiken Stadtmauern kann er das Centro Storico, das historische Zentrum, bequem zu Fuß erkunden. Von Santa Maria Maggiore im Osten bis zum Petersdom im Westen ist es, wenn man ohne Pause durchgeht, keine Stunde Fußweg. Ein relativ kleines historisches Zentrum, gemessen an der gewaltigen Größe der Stadt, ideal zum Bummeln und Erwandern.

Rom und die Moderne

Roms linke Bürgermeister versuchten während der Wende vom 20. zum 21. Jahrhundert ihrer Stadt ein modernes Antlitz zu geben. So wurde ein Auditorium von Renzo Piano geschaffen, ein neues Museum und eine Kirche von Norman Foster und

Oben: Campo de' Fiori, der Platz mit den zwei Gesichtern: morgens Marktplatz und abends Flaniermeile
Mitte: Das fantastische Deckenfresko von Sant'Ignazio
Unten: Galleria Nazionale d'Arte Moderna: Besucher vor einem Bild von Pino Pascali

Oben: Der Dachgarten auf dem Hotel La Minerva
Mitte: Am besten fährt man mit der Tram von der Piazza Flaminia zum Auditorium oder dem MAXXI.
Unten: Der Friedensaltar von Kaiser Augustus im Museo dell'Ara Pacis

das wunderbare Museum für die Kunst des 21. Jahrhunderts, das MAXXI, ein Entwurf der britisch-irakischen Architektin Zaha Hadid. Doch diese Bauwerke wirken immer noch ein wenig wie Fremdkörper. Bezüglich des neuen Museums, in dem an der Piazza Augusto Imperatore der Ara Pacis, der Friedensaltar von Kaiser Augustius, untergebracht ist, scheiden sich auch Jahre nach der Eröffnung immer noch die Geister. Für die einen ist dieser weiße Museumskasten ein architektonischer Frevel inmitten eines historisch gewachsenen Stadtzentrums. Für die anderen, und zu ihnen gehört auch der Autor dieses Buches, ist dieser Neubau ungemein anregend. Es ist gerade diese architektonische Dialektik, die eine Stadt spannend macht. In diesem Sinn könnte Rom noch deutlich mehr spannende Neubauten gebrauchen. Natürlich nur dort errichtet, wo Platz ist, ohne Altes abzureißen, versteht sich.

Erkunden Sie die Ewige Stadt

Rom ist eine Stadt zum Schauen, Besichtigen, Bummeln und Spazierengehen. Eine Stadt so voller Museen, Paläste und Kirchen, voller Plätze, Gassen und archäologischer Grabungsstätten, dass es manchmal ein wenig schwer nachzuvollziehen ist, wie einige Rombesucher kostbare Zeit mit langen Frühstücken und ausgedehnten Mittagessen verlieren. Einerseits verständlich, andererseits schade um die vielen Sehenswürdigkeiten.

Rom zu erkunden, verlangt auch nach gutem Schuhwerk. Vor allem Frauen klagen häufig über das römische Pflaster und in der Folge über schmerzende Füße, die meisten sind leider selbst dafür verantwortlich. Stöckelschuhe oder sonstiges modisches Schuhwerk sind für das abendliche Ausgehen, nicht aber zum Besichtigen einer solchen Metropole geeignet. Noch ein Tipp: Die Öff-

Ewig lockt die Stadt!

nungszeiten zahlreicher Sehenswürdigkeiten und Institutionen sind leider unglücklich gewählt, viele von ihnen schließen schon am frühen Nachmittag. Auch aus diesem Grund sollte man morgens bereits relativ früh mit seiner persönlichen Besichtigungstour beginnen. Natürlich muss man auch Pausen machen, aber es wäre ein Jammer, etwas von dieser imposanten Stadt zu verpassen, weil man zu lange rastet.

Schon mancher Rombesucher ist bedauerlicherweise etwas frustriert abgereist. Diese Enttäuschung hat ihren Grund vor allem darin, dass man mit der Idee angereist ist, sich ein paar schöne und ruhige Tage in Rom zu machen. Klar, man kann auch hier wie in Paris oder sonst wo ruhige Tage verbringen. Aber wenn man dann auch noch den Anspruch hat, so richtig viel zu besichtigen, dann kollidieren die Ansprüche und der Fehlschlag ist vorprogrammiert. Deshalb empfiehlt es sich, seine Romreise im Vorfeld ein wenig zu planen – nicht total durchzuorganisieren, aber sich vorher eine Idee davon zu machen, was unbedingt besichtigt werden sollte. Erst mit einem solchen Plan, der dann vor Ort den eigenen Bedürfnissen angepasst wird, bricht man nicht in Stress aus, indem man zu viel unternimmt, und reist hinterher nicht total erschöpft wieder ab.

Kommen Sie wieder!

Das Schöne an Rom ist auch, dass es nicht aus der Welt ist. Von Deutschland aus liegt es gerademal rund zwei Flugstunden entfernt. Die Stadt am Tiber ist also nah, und es lohnt sich, öfters zu kommen. Deshalb braucht man nicht den irrsinnigen Anspruch zu erheben, alles auf einmal sehen zu wollen – das geht sowieso nicht. Seien Sie versichert, dass es immer wieder Neues in dieser fantastischen Stadt zu entdecken gibt.

Oben: Festakt zum Jubiläum der Hauptstadt am Il Vittoriano
Mitte: Capella della Madonna della Purita in S. Andrea della Valle
Unten: Nur für den Papst: die Vatikanischen Gärten

DER VATIKAN

1 Petersdom und Petersplatz
Eine der weltweit eindrucksvollsten
Platzanlagen　　　　　　　　　　　　**28**

2 Vatikanische Museen
Prächtige päpstliche
Kunstsammlungen　　　　　　　　　　**38**

3 Engelsburg
Von wegen nur Grabmal und
Wehrburg!　　　　　　　　　　　　　　**48**

25

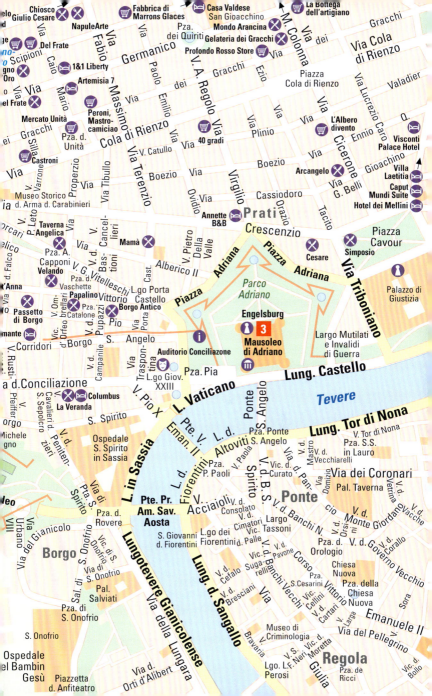

Mitte: Blick von der Via della Conciliazione.
Unten: Audienz auf dem Petersplatz.
Bild Seite 24/25:
Raffaels *Schule von Athen* in der Stanza della Segnatura.

DER VATIKAN

1 Petersdom und Petersplatz
Eine der weltweit eindrucksvollsten Platzanlagen

Die Dimensionen täuschen. Der kleinste Staat der Welt mit nur 50 Hektar Grundfläche und einer Bevölkerung von knapp um die 1000 Seelen ist sicherlich ein nationaler Winzling, aber er hat es in sich. In jeder Hinsicht, denn der Vatikan ist nicht nur der älteste Staat der Welt, sondern wartet auch mit der weltweit größten Dichte an Kunstwerken auf. Ganz zu schweigen von den anderen Highlights dieses Staates mitten in Rom.

Am schönsten ist der riesengroße Platz ganz früh morgens. Wenn er sich fast leer präsentiert und seine Besucher verzaubert. Wenn das Rauschen der beiden Brunnen noch gut zu hören ist und nicht im Stimmengewirr untergeht, wenn nur einige wenige Geistliche und Ordensleute über den Marmorfußboden von einer Säulenkolonnade zur anderen eilen.

Wenn die Morgensonne den Travertinstein der 284 mächtigen Säulen erhellt, auf denen die Kolonnaden des barocken Stararchitekten Gian Lorenzo Bernini ruhen, die ihrerseits 140 Heiligenstatuen tragen. Wie zwei Arme empfangen die Kolonnaden die Besucher. Der symbolkräftige Effekt ist gewollt. Bernini hatte die Idee, dass man sich umarmt fühlt von der katholischen Kirche.

Der Architekt schuf eine der weltweit prächtigsten Platzanlagen für den wegen seines skandalträchtigen Papstlebens berühmt-berüchtigten Alexander VII.

Wer früh aufsteht, kann den Vatikan in Ruhe genießen.

Piazza Retta

Zum Platz gehört ein scheinbar rechteckiger Vorplatz, der in Wirklichkeit aber trapezförmig ist: Seine Flügelbauten laufen zur Kirchenfassade hin auseinander. Ein genialer Kunstgriff, denn auf diese Weise wirkt die übermäßig breite Front der Fassade noch höher als sie tatsächlich ist. Im Flügelbau links, dem sogenannten »Braccio di Carlo Magno«, werden immer wieder Kunstausstellungen gezeigt. Man sollte auf die Plakate achten.

Links der Fassade führt ein großes Tor in den Kirchenstaat hinein, bewacht von einem oder zwei der bekannten Schweizer Gardisten. Ist das Tor geöffnet, sollte man die beiden Worte »Deutscher Friedhof« aussprechen und schon geht es hinein ins Papstreich. Zwar nicht weit hinein, aber auf das Gebiet einer deutschen Enklave, gegründet von Kaiser Karl dem Großen. Seit dem 16. Jahrhundert wird das Areal von einer deutschsprachigen Bruderschaft betreut.

AUTORENTIPP!

PAPSTSEGEN ALS SOUVENIR
Rund um den Vatikan geht es kommerziell zu, bevorzugt mit fantasievollen Devotionalien.
Doch auch im Vatikan kann man Souvenirs kaufen, Souvenirs der ganz besonderen Art. So gibt es ein Büro, in dem Papstsegen feilgeboten werden, schön verzierte Zertifikate, versehen mit den Namen derjenigen, die gesegnet werden sollen.
Diese Segen sind in verschiedenen Versionen zu verschiedenen Preisen erhältlich. Allerdings muss man diese käuflichen Papstsegen Wochen im Voraus bestellen, denn Anfragen kommen aus aller Welt. Und: Man muss auch immer wieder mal nachfragen, denn aus unbegreiflichen Gründen verliert sich so manche Anfrage einfach. Ein ideales Geschenk für daheimgebliebene gläubige Freunde und Verwandte.
www.vatican.va

DER VATIKAN

Berühmte Grabstätten

Der deutsche Friedhof mit seiner mittelalterlichen Kirche ist einer der friedlichsten Orte ganz Roms. Direkt neben dem Friedhof erhebt sich die Seitenfassade der Peterskirche wie ein steiles Gebirge in die Höhe. Durch das Tor geht es auch zu einem Eingang, der in die antike Nekropole führt, über der die Peterskirche errichtet wurde. Dieser römische Friedhof, der auf Anmeldung besucht werden kann, beherbergt, so heißt es seitens gläubiger Archäologen, das Grab des Apostels Petrus. Die Besichtigung dieses Ortes fasziniert nicht nur Pilger, sondern vor allem wegen der erstaunlich gut erhaltenen Grabruinen jeden Besucher. Ein unbedingtes Muss.

Im Inneren des Petersdoms

Nach den Sicherheitskontrollen unterhalb der Kolonnaden geht es eine Treppe hinauf zur Fassade. Sie wurde von Carlo Maderna geschaffen. Eigentlich sollte diese Fassade die Kirche mit den vatikanischen Palästen verbinden und wurde dadurch, im Verhältnis zur Höhe von 45,5 Metern, übermäßig breit mit stolzen 114,7 Metern. Auf diese Weise behindert die Fassade den Blick auf Michelangelos Kuppel, die mit 42 Metern Durchmesser nur etwas kleiner ist als die des antiken Pantheons.

Die Kuppel besitzt eine innere und eine äußere Schale. Dazwischen verläuft die Wendeltreppe, die, anstrengend aber absolut lohnend, hinauf in die Laterne führt. Der weite Blick von dort in die gepflegten Vatikanischen Gärten, auf die Stadt und die Albaner Berge in der Ferne ist einfach umwerfend.

Das Innere der Kirche liegt hinter den hohen Bronzetüren des Florentiner Meisters Filarete aus

Oben: Der gigantische Bronzebaldachin von Bernini erhebt sich über dem Papstaltar.
Unten: Heiligenbild zwischen Zentralpfeiler und Kuppel von Michelangelo

Petersdom und Petersplatz

dem 15. Jahrhundert. Das rechte Kirchenportal ist übrigens die Porta Santa, die Heilige Pforte, die in der Regel alle 25 Jahre vom Papst geöffnet wird, wenn dieser ein Heiliges Jahr ausruft. Was für ein Innenraum! 186 Meter lang, bis zum Tonnengewölbe 45 Meter hoch, bis zum Scheitel der Kuppel sind es 119 Meter und das Querhaus ist 137,5 Meter breit. Dank der ausgewogenen Proportionen des Raums wirkt er ungemein harmonisch und überschaubar.

Die Dimensionen dieses Raums dringen erst dann voll ins Bewusstsein, wenn man ihn durchschreitet und sich die Ausmaße einzelner Raumteile und Dekorationen vor Augen führt: So sind zum Beispiel die Buchstaben der Inschrift, die den Kuppelansatz umläuft, sechs Meter hoch. Sie verkündet: »Du bist Petrus und auf diesem Felsen will ich meine Kirche bauen, und dir werde ich die Schlüssel des Himmelreiches geben.« (Matthäus 16, 16–19) Der Fischer aus Galiläa liegt unter dem Hauptaltar von Bernini begraben. An den Apostel erinnert auch eine Bronzeskulptur des mittelalterlichen Künstlers Arnolfo di Cambio aus dem 14. Jahrhundert. Ihre Füße sind von den vielen Küssen der Pilger ganz abgenutzt. Der elegante und große Hauptaltar mit seinem Baldachindach von 1624 wirkt in dem gewaltigen Raum fast klein. Mit seinen gedrehten Säulen wirkt dieses Werk Berninis im Kontrast zu Michelangelos massiver Architektur ungemein bewegt und leicht.

Vor dem Kirchenneubau während der Renaissance, zur Zeit des bauwütigen Julius II., wurde die alte Basilika des Kaisers Konstantin des Großen abgerissen. 1506 erfolgte die Grundsteinlegung für die neue Kirche, die alle anderen Bauwerke an Pracht und Größe übertreffen sollte. 1612 wurden die Arbeiten an dem Kirchenkoloss feierlich beendet.

Oben: Altar im linken Seitenschiff
Unten: Unglaublich hoch erhebt sich Michelangelos mächtige Kuppel über dem Hauptalter.

Oben: Staunend blicken die Besucher in das 218 Meter lange Mittelschiff.
Mitte: Apostel Petrus, die Bronzearbeit wird Arnolfo di Cambio zugeschrieben.
Unten: Auch die Weihwasserbecken sind riesig im Petersdom.

DER VATIKAN

An dem Neubau wirkten die ganz großen Namen der Renaissance- und Barockarchitektur: Neben Bernini und Michelangelo sind das Bramante, Rosselino und Maderna. Die Säulen des alten Altarbaldachins sollen aus dem Tempel Salomons in Jerusalem stammen. Sie werden heute in der vatikanischen Schatzkammer aufbewahrt.

In der Apsis der Peterskirche erhebt sich die Cathedra Petri. Der Bischofsthron Petri soll den Anspruch der Päpste auf die Nachfolge des Apostels demonstrieren. Der von Bernini geschaffene vergoldete Thron soll, so hieß es jahrhundertelang, einen Stuhl beinhalten, auf dem Petrus saß. 1970 wurde der Reliquienbehälter geöffnet und man fand den elfenbeingeschmückten Thron Karl des Kahlen, den dieser anlässlich seiner Krönung 875 dem Papst schenkte.

Das Kircheninnere beherbergt zahlreiche barocke und aufwendig in Marmor gestaltete Grabmonumente, darunter der Sarkophag für Urban VIII. aus der ersten Hälfte des 17. Jahrhunderts. Ein überwältigendes Skulpturenensemble: die zwei Marmorfiguren repräsentieren Barmherzigkeit und Gerechtigkeit. Die nackten Brüste der linken Figur Berninis wurden Ende des 17. Jahrhunderts züchtig bedeckt. Auf dem Papstsarkophag sitzt der Tod als Memento Mori.

Michelangelos Meisterwerke

Die vielleicht beeindruckendste Skulptur der Peterskirche steht hinter Panzerglas. Nach einem Anschlag 1972 war dieses Kunstwerk beschädigt worden. Michelangelos Pietà von 1499/1500 war eigentlich für ein Grabmonument bestimmt. Im Gegensatz zum damals auch in Italien üblichen, nordeuropäisch beeinflussten Stil für Pietà-Darstellungen, der einen harten Realismus bevorzug-

Roms wohl berühmteste Frau: Michelangelos Pietà im Petersdom

te, wirkt dieses Jugendwerk Michelangelos weich und von idealer Schönheit. Der Betrachter bekommt den Eindruck, dass nicht eine Mutter ihren toten Sohn hält, sondern eine Frau ihren Mann, so jung und makellos wirkt die Mutter Gottes. Pietà bedeutet Mitleid, und das brachte Michelangelo mit dramatischem Realismus zum Ausdruck.

Durch kleine Eingänge an den vier riesigen Stützpfeilern, die die Kuppel Michelangelos tragen, geht es unter den Fußboden des Kirchenschiffes. Hier liegen die Grotte Vaticane, die eine Vielzahl von Papstgräbern beherbergen. Unter Gläubigen besonders hoch verehrt wird der Sarkophag von Johannes Paul II.

Hinter der Kirche locken die Vatikanischen Gärten, in denen, wie sein polnischer Vorgänger auch, der deutsche Papst gern am späten Nachmittag spazieren geht. Der vielleicht gepflegteste, sicherlich aber schönste Park Roms. Mit Buchsbaumhecken, exotischen Bäumen, einem Frauenkloster, das Biogemüse für den päpstlichen Haushalt anbaut, und

AUTORENTIPP!

CHIESA DEL SACRO CUORE DEL SUFFRAGGIO

Glauben Sie an das Leben der Seelen nach dem Tode? Nein, aber Sie mögen gruselige Orte? Dann sollten Sie die Chiesa del Sacro Cuore del Suffraggio aufsuchen.

Das neugotische kleine Gotteshaus liegt am Lungotevere Prati 18. Im kircheneigenen Kleinstmuseum befindet sich eine Sammlung vermeintlicher Nachweise der Existenz jener unglücklichen Seelen, die noch im Fegefeuer schmoren und keine endgültige letzte Ruhe gefunden haben.

Die kuriose Sammlung umfasst Stoffstücke, Bücher etc., auf denen man Hände und Fingerabdrücke der Seelen sehen kann. Die Seelen, so erfährt man in dem Museum, bitten den Besucher und Gläubigen darum, für sie zu beten oder Messen lesen zu lassen, damit sie endlich Ruhe finden.

Museo delle anime del Purgatorio, Lungotevere Prati 12, Tel. 06/68 80 65 17.

Oben: Das Papstwappen vor dem Regierungssitz in den Vatikanischen Gärten sieht man am besten von der Domkuppel.
Mitte: Um die Gärten von Papst Franziskus zu pflegen, bedarf es etwa 10 Gärtnern.
Unten: Ein Erinnerungsbild von der Mittwochsaudienz ist auch für die bayerischen Franziskaner ein Muss.

DER VATIKAN

historischen Gebäuden, wie der Casina von Papst Pius IV. Ein eleganter und mit kunstfertigen Reliefs verzierter Spätrenaissance-Bau von 1561. Der Besuch der Gärten ist nur in geführten Gruppen möglich, verständlicherweise, denn wenn der Papst durch sein Grün bummelt, sollen Touristen nicht in der Nähe sein.

Shopping direkt am Vatikan

Wer es weltlicher mag, ist in Prati gut aufgehoben. Dieses Viertel direkt beim Vatikan ist wegen seiner vielen Shopping-Möglichkeiten sehr beliebt. Die Viale Giulio Cesare bietet ein Geschäft neben dem anderen. Vor allem Mode zu guten Preisen. Prati ist ein Stadtteil, der nach der italienischen Staatseinigung und der Eroberung Roms 1870 errichtet wurde. Die architektonisch mehr oder weniger einheitlichen Wohnhäuser beherbergten einst einen Teil der Beamten des neuen Nationalstaates. Elegante Gebäude, die auch noch heute sehr gefragt sind. In den vielen mit Bäumen bestandenen Straßen finden sich hübsche Geschäfte und Lokale zum Essen und Trinken. Abends ist das Viertel mit seinen zahlreichen Lokalen und Bars vor allem zum Ausgehen beliebt.

MAL EHRLICH

MORGENS IST DIE BESTE ZEIT

Besuchen Sie den Petersdom am besten unter der Woche und morgens früh, bevor zahllose Reisebusse Tausende von Gläubigen und Touristen ankarren. Nur zu dieser Tageszeit verzaubert der leere Petersplatz, und man kann die immense Größe des Kircheninneren in aller Ruhe genießen. Man sieht Geistliche, wie sie ihre Gottesdienste vorbereiten, einige wenige Beichtende oder eine Putzfrau, die einen Altar wienert. Eine fast intime Atmosphäre, die in spannendem Kontrast steht zur Grandiosität des Bauwerks.

Petersdom und Petersplatz

Das Zauberwort »Apotheke«

Rombesucher, die ein gültiges ärztliches Rezept mitbringen, können rechts vom Petersplatz an der Porta Sant'Anna, dem offiziellen Eingang, mit dem Zauberwort »Apotheke« ins Reich der Päpste hinein, in die vatikanische Apotheke. Gegen Vorlage des Rezepts und eines gültigen Ausweises wird ein Passierschein ausgestellt. Weiter geht der Weg, vorbei am päpstlichen Supermarkt, zur päpstlichen Post, wo man vatikanische Briefmarken kaufen und seine Post abschicken kann, damit sie einen Stempel aus den Kirchenstaat erhält. Eingang: Porta Sant'Anna.

Schon zur Zeit der Renaissance wurden die Gärten mit Palmen verschönert.

Rundgang durch den Vatikan

- Ⓐ Petersdom
- Ⓑ Petersplatz
- Ⓒ Deutscher Friedhof/Camposanto Teutonico
- Ⓓ Nekropole
- Ⓔ Audienzhalle
- Ⓕ Porta Sant'Anna (Haupteingang in den Vatikan)
- Ⓖ Portone di Bronzo (Karten zur Papstaudienz)
- Ⓗ Apotheke
- Ⓘ Postamt
- Ⓙ Vatikanische Museen
- Ⓚ Vatikanische Gärten (Besuch des Petrusgrabes)
- Ⓛ Radio Vatikan

Infos und Adressen

SEHENSWÜRDIGKEITEN

Deutscher Friedhof. Einer der romantischsten Orte Roms. Tgl. 7–12 Uhr

Michelangelos Kuppel. Am besten am späten Nachmittag den Aufstieg machen, wenn die Sonne schräg steht und das Dächer- und Kuppelmeer Roms in ein satt-goldenes Licht taucht. Von April bis September von 8–17.45 Uhr, den Rest des Jahres von 8–16.45 Uhr. Tel. 06/69 88 16 62.

Necropoli Vaticana unterhalb der Peterskirche und der Papstgrotten. In den 50er-Jahren wurde diese Nekropole nach aufwendigen archäologischen Forschungsarbeiten eingeweiht. Der Besucher erhält einen Kopfhörer, der mehrsprachig die einzelnen Gräber erklärt. Eine Besichtigung muss mindestens 15 Tage im voraus gebucht werden. Fax 06/69 87 30 17, scavi@fsp.va

Papstgrotten. Sind während der normalen Besuchszeiten der Peterskirche zugänglich.

Peterskirche. Tel. 06/69 88 46 76, www.saintpetersbasilica.org. In der Regel von März–Oktober von 7–19 Uhr geöffnet, den Rest des Jahres von 7–18 Uhr. Mittwochvormittags immer dann geschlossen, wenn der Papst auf dem Petersplatz seine traditionellen Mittwochsaudienzen abhält.

Vatikanische Gärten. Der Besuch ist nur in geführten Gruppen möglich. Der Eingang ist beim Glockenbogen, links von der Basilika. Besichtigungszeiten März–Oktober Di, Do und Sa 11 Uhr, November–Februar Sa 11 Uhr. Tel. 06/69 88 46 76, Fax 06/69 88 40 19.

ESSEN UND TRINKEN

Benito e Gilberto. Römische Fischküche. Eine der besten Adressen des Viertels. Via del Falco 19, Tel. 06/6 86 77 69, www.dabenitoegilberto.com

Chiosco Giulio Cesare. Eine Art Hütte. Die Spezialität: Ein Eisblock, von dem Eis abgeschabt und Fruchtsirup nach Wahl darüber wird gegossen wird – fertig ist die typisch römische Grattachecca, im Sommer absolut lecker und erfrischend. Viale Giulio Cesare 140.

Gelateria dei Gracchi. Hier schlecken Filmstars wie Monica Bellucci und Schriftsteller wie Alessandro Baricco ihr Eis. Von Hand gemacht und traumhaft gut. Via dei Gracchi 272, Tel. 06/3 21 66 68.

La Pergola. Mit der kreativen Italo-Küche des deutsche Sternechef Heinz Beck gilt es als Roms bestes Restaurant. Rome Cavalieri Hilton, Via Cadlolo 101, Tel. 06/35 09 21 52, www.romacavalieri.it

Mondo Arancina. Arancini sind Reisbällchen in bester sizilianischer Tradition, gefüllt mit Gemüse und Fleisch. Eine echte Spezialität. Via Marcantonio Colonna 38, Tel. 06/97 61 92 13.

Taverna Angelica. Klein, romantisch und ideal für ein gastronomisches Stelldichein. Gute klassisch-italienische Küche der Regionen. Piazza Capponi 6, Tel. 06/6 87 45 14, www.tavernaangelica.it

Die Kuppel über der Capella del Fonte Battesimale im linken Seitenschiff

Petersdom und Petersplatz

Eine komfortable und elegante Unterkunft erwartet den Gast in der Casa Valdese.

ÜBERNACHTEN

Caput Mundi Suite. 4 Gästezimmer in komfortablem B&B mitten im Viertel Prati. Via Tacito 7, Tel. 06/324 43 76, www.caputmundisuite.it

Casa Valdese. Eine preiswerte Alternative mit Panoramaterrasse: schlafen in den bequemen Gästezimmer der römischen Waldensergemeinde. Via Farnese 18, Tel. 06/32 21 53 62, www.casavaldeseroma.it

Residenza Madri Pie. Wohnen bei Nonnen, fantastisches Preis-Leistungs-Verhältnis. Via Alcide De Gasperi 4, Tel. 06/63 34 41, www.residenzamadripie.it

Residenza Paolo VI. Wohnen direkt am Petersplatz. Von der Hotelbarterrasse hat man abends einen umwerfenden Blick auf die erleuchteten Kolonnaden und die Fassade. Via Paolo VI 29, Tel. 06/68 48 70, www.residenzapaolovi.com

Rome Cavalieri Hilton. Roms schönstes 5-Sterne-Panoramahotel, auf dem Monte Mario gelegen. Die Lobby und die Suiten sind mit wertvollen barocken Kunstwerken geschmückt. Via Cadlolo 101, Tel. 06/35 09 1 www.romecavalieri.it

Villa Laetitia. 15 luxuriöse Suiten in einer Villa am Tiber. Für Modefreunde, da das kleine Hotel der Familie Fendi gehört. Lungotevere delle Armi 22/23, Tel. 06/322 67 76, www.villalaetitia.com

EINKAUFEN

Antica Manifattura Cappello. Hüte aller Art für Mann und Frau. Via degli Scipioni 46, Tel. 06/39 72 56 79.

Casa del Fumetto. Versteckt gelegenes Paradies für Cartoon-Fans. Via Nais 19, Tel. 06/39 74 90 03.

Castroni. Einer der besten römischen Delikatessenläden. Via Cola di Rienzo 196, Tel. 06/68 743 83.

Del Frate. Weinladen mit über 1000 Sorten. Via degli Scipioni 118, Tel. 06/323 64 37.

Extralarge. Kleidung in Sondergrößen, bis Größe 80! Via Pomepo Magna 12/c, Tel. 06/320 39 44.

Mercato Unità. Marktstände in einem schönen Gebäude der 30er-Jahre. Piazza dell'Unità.

L'Albero diventò. Spielzeug nur aus Holz . Via Tacito 52, Tel. 06/68 75 57.

La Bottega dell'artigiano. Maßgeschneiderte Herrenhemden Via Settembrini 41, Tel. 06/321 79 92.

Smit. Modernariat für italienische Designmöbel. Piazza Santa Maria alle Fornaci 31, Tel. 06/63 63 75.

40 gradi. Markenmode auch von britischen Modemachern. Via Virgilio 1, Tel. 06/68 13 46 12.

Die Devotionalienläden der Via della Conciliazione bieten verschiedenste Heiligenfiguren.

DER VATIKAN

2 Vatikanische Museen
Prächtige päpstliche Kunstsammlungen

Man sollte bequemes Schuhwerk anziehen und viel Ausdauer mitbringen. Physische und geistige Ausdauer, denn wenn man die gesamten Räumlichkeiten der Vatikanischen Museen ablaufen und alle Kunstwerke besichtigen will, muss man einen Weg von insgesamt rund sieben Kilometern bewältigen, um die mehr als 50 000 Objekte zu sehen. Auch wenn dieses Museum in Sache Größe »nur« die Nummer zwei nach dem Pariser Louvre ist, bedeutet ein Besuch in den Musei vaticani eine wirklich bleibende Erinnerung.

Magische Ruhe

Abends in der Sixtinischen Kapelle, wenn die Besuchermassen verschwunden sind, herrscht in der vielleicht schönsten Kapelle Roms eine absolute, beinahe himmlische Ruhe.

Das Wundern beginnt bereits am Eingang in die Vatikanischen Museen. Der späte Besucher muss nicht in einer langen Schlange bis zu einer oder gar zwei Stunden warten, an heißen Tagen unter einer erbarmungslosen Sonne. Nein, man wird freundlich empfangen und in einer kleinen Gruppe, nur rund zehn Personen, in diese fantastischen Museen geführt. Vorbei geht es an geheimnisvoll ausgeleuchteten antiken Skulpturen, an Kunstwerken der Renaissance, an Wandfresken, die Italien im 16. und 17. Jahrhundert zeigen.

Und dann endlich steht man in einem Saal, von dem aus eine Tür in die Sixtinische Kapelle geht.

Mitte: Die Galleria dei Candelabri ist ein guter Anfang, um in die weitläufigen Gänge der Vatikanischen Museen einzutauchen.
Unten: Ein Faun stellt einer Dame nach: neckische Kunst der Antike.

Vatikanische Museen

Hier, wo sich tagsüber Tausende von Menschen drängeln, wo Museumsaufseher immer wieder zur Ruhe ermahnen, wo man sich beim Betrachten der Fresken von Michelangelo und anderen Renaissancemalern gegenseitig auf die Füße steigt, herrscht jetzt eine fast schon magische Ruhe.

Kein Laut, kein Geschrei von Kindern, keine Rempeleien von Reisegruppen, die sich an Einzelbesuchern vorbeidrängeln. Die Sixtinische Kapelle gehört ganz diesen zehn Besuchern, die schweigend staunen. Erst nach ein paar Minuten beginnt die Gruppenleitung zu erzählen und zu erklären. Man bekommt einen Eindruck, wie es in früheren Zeiten war, als private Gäste der Päpste an diesen zauberhaften Ort geführt wurden, um die Kapelle zu erleben. Diese abendlichen Gruppenführungen kosten, müssen lange vorgebucht werden, vermitteln aber einen unvergesslichen Eindruck von der wohl schönsten und reichsten Kunstsammlung Italiens.

Wer nicht tief in die Tasche greifen will und tagsüber in die Vatikanischen Museen kommt, muss etwas Geduld mitbringen. Es kann hoch hergehen und oftmals kommt der Wartende schon etwas erschöpft an der Kasse an. Drinnen erwartet ihn nicht ein Museum, sondern eine Vielzahl von Kunstsammlungen, von ägyptischen Sarkophagen bis hin zu Zeitgenössischer Religiöser Kunst von Picasso, Chagall und anderen.

Antike Vorbilder

Das Sammeln von Kunst lag insbesondere den Renaissancepäpsten im Blut. Es war vor allem Julius II., der sich wie ein Nachkomme der antiken römischen Kaiser fühlte, der ein neues Rom errichten und sich deshalb auch mit großer Kunst seiner antiken Vorbilder umgeben wollte.

AUTORENTIPP!

DIE TOTENSTADT
Beim Bau eines Parkplatzes innerhalb des Vatikans wurde 2003 eine aufsehenerregende Entdeckung gemacht: eine Totenstadt mit Gräbern entlang der antiken Via Triumphalis. Seit 2006 kann dieser hochinteressante Ort besichtigt werden. Eine archäologische Perle. Zu besichtigen sind rund 40 Gräber mit Fresken und Stuckaturen, mit Altären und Inschriften. Die Gräber stammen aus der Zeit zwischen den Kaisern Augustus und Konstatin dem Großen. Ein Ort, der unbegreiflicher-, anderseits glücklicherweise noch nicht vom Massentourismus entdeckt wurde. Und das, obwohl er so nah am Vatikan liegt.

Ufficio Visite.
La necropoli romana di Via Triumphalis, visitedidattiche.museu@scv.va .
Fr und Sa in Gruppen, Reservierung unerlässlich.

Die Porphyrschale in der Sala Rotonda ist die größte Steinschale der Antike aus einem Stück.

Oben: Nur eine Treppe – und dennoch kunstvoll dekoriert!
Mitte: Die Galleria dei Candelabri mit griechischen und römischen Skulpturen war früher eine offene Loggia.
Unten: Der ägyptische Gott Anubis in den Vatikanischen Museen

DER VATIKAN

1503 stellte dieser zupackende Papst im Belvederehof seines Palastes eine Statue des Apollo auf, ein Meisterwerk der Antike. Die lebensecht wirkende Darstellung des jungen nackten Mannes war der Beginn einer einmaligen Sammlung. Papst Leo X., auch er ein eifriger Kunstsammler, meinte zehn Jahre später, dass es, natürlich neben der Verbreitung des einzig wahren Glaubens, nichts Wichtigeres für einen Papst gibt, als die Beschäftigung mit der Antike, den Wissenschaften und den Künsten.

Viele seiner Nachfolger, Mitglieder der reichen und kunstsinnigen Medici-Familie, dachten genauso. Sie kauften und sammelten, was die vatikanischen Kassen hergaben. Schon bald übertraf die Antikensammlung der Päpste alle anderen Kollektionen in Europa. Erst 1756 kam zu den einzelnen Sammlungen auch ein Museo Sacro hinzu, ein Museum für christliche Kunst. Es war das erste Museum, das, wie es damals hieß, »die Wahrheit der Religion durch die Denkmäler der Christen bezeugen soll«.

Heute können zwölf Sammlungen besichtigt werden. Wer nicht alles sehen will – was an einem einzigen Tag nur möglich ist, wenn man lediglich für einen ersten Eindruck durch das gesamte Museum spaziert –, für den hält die Museumsleitung vier unterschiedlich lange Rundgänge bereit. Die Vatikanischen Museen sind nur im Einbahnverkehr begehbar. Auf diese Weise sollen die Menschenmassen besser durch die Säle geleitet werden.

Faszination Ägypten

Die Musei Vaticani bieten zahlreiche Kuriositäten. So stammen die im Museo Gregoriano Egiziano ausgestellten Objekte nicht etwa aus dem Land der Pharaonen. Sie wurden während der Renais-

Vatikanische Museen

sance in Rom gefunden, als die Päpste das antike Erdreich ihrer Stadt erforschen ließen. Nachdem Kleopatra von Julius Cäsar nach Rom gebracht wurde, brach in der Hauptstadt des Römischen Reiches eine lang anhaltende Ägyptenmode aus. Man kaufte Kunst und Kunsthandwerk aus Ägypten, das später auch zum Imperium gehörte.

Das Museo Chiaramonti stellt dem Besucher antike Römer vor. In dieser Sammlung reihen sich in einem endlos wirkenden Korridor hunderte von Büsten nebeneinander. Oftmals wie lebendig wirkende Gesichter, Gesichter jener Menschen, die vor rund 2000 Jahren reich und mächtig waren. Ganze Körper, mit allem was dazugehört – wenn auch ein bestimmter Teil des männlichen Körpers im Kirchenstaat immer bedeckt ist –, bekommt der Besucher im Braccio Nuovo zu sehen. Hier werden kostbare antiken Skulpturen gezeigt, darunter die mächtige Statue des sogenannten Augustus von Prima Porta. Das 1863 vor den Toren Roms gefundene Kunstwerk zeigt den Kaiser martialisch im Feldherrenmantel und mit Brustpanzer.

Kopien antiker Meister

Viele der ausgestellten Skulpturen sind römische Kopien nach griechischen Vorbildern. Die Sammelleidenschaft der antiken Römer konnte nicht ausreichend durch griechische Originale befriedigt werden. Also blühte schon damals der Markt für eindrucksvolle Kopien wie zum Beispiel die Figur des Flussgottes Nil, eine römische Nachbildung aus dem 1. Jahrhundert. 1513 wurde dieser ausgestreckt liegende, nackte Mann mit Rauschebart bei den Ruinen des Isis-Tempels entdeckt.

1763 eröffnete das Museo Pio Clementino, ein Museum, das damals ein ganz neues didaktisches Konzept verfolgte. Die Ausstellungsräume spiegeln

Oben: Wohin zuerst schauen? Die Galleria delle Carte beherbergt kartografische Schätze des 16. Jahrhunderts.
Unten: Entspannt und mächtig: Nil-Skulptur im Braccio Nuovo

AUTORENTIPP!

DIE UNTERSCHÄTZTE PINAKOTHEK

In einer Stadt wie Rom mit verschiedenen Gemäldesammlungen und angesichts der Kunstmassen im Reich des Papstes fällt die Vatikanische Pinakothek ein wenig unter den Tisch. Zu Unrecht. Unter den zirka 40 000 Kunstwerken der päpstlichen Gemäldesammlung finden sich Kostbarkeiten. Gemälde vom genialen Giotto, Wegbereiter der Renaissance, von Francesco da Gentile und Gentile da Fabriano etc. Aber auch Fresken gibt es zu bewundern, wie etwa ein großes Wandbild von Melozzo aus dem 15. Jahrhundert. Die Pinakothek besitzt des Weiteren zehn wunderbare Wandteppiche nach Entwürfen von Raffael sowie mehrere seiner Meisterwerke in Öl. Ganz zu schweigen von den Bildern von Leonardo da Vinci und Caravaggio. Auch wenn diese Gemäldesammlung nicht oft besucht wird, braucht sie sich nicht hinter den anderen Top-Adressen Roms zu verstecken. www.mv.vatican.va

Gedämpftes Licht und eine eigene Klimatisierung empfangen den Besucher in der Galerie der Gobelins.

DER VATIKAN

Über Bramantes geniale Wendeltreppe verlässt man heute die Schatzkammern der Päpste.

die im 18. Jahrhundert vorherrschende Auffassung wider, wonach durch architektonische Pracht und antikisierende Bauelemente der Wert der Skulpturen unterstrichen wird. In diesem Museum sind weitere Highlights der Antike zu bestaunen. Darunter der Öl schabende Athlet, eine römische Marmorkopie aus dem 4. Jahrhundert v. Chr. nach dem verloren gegangenen Original des berühmten griechischen Bildhauers Lysipp. Faszinierend sind vor allem die Augen des Athleten, die die ganze Erschöpfung des Mannes auf erstaunlich lebensechte Weise wiedergeben.

Aus der Wirklichkeit ...

Im Belvederehof stehen die schönsten Exponate von Papst Julius II. Der Apoll von Belvedere galt jahrhundertelang als das Idealbild klassischer Schönheit. Rombesucher Johann Wolfgang von Goethe war hingerissen und schrieb, dass dieser Apollo »aus der Wirklichkeit herausrückt«.

1506 wurde ein anderes einzigartiges Meisterwerk römischer Kunst in einem Weinberg in Rom gefunden. Es zeigt eine Skulpturengruppe, die den trojanischen Priester Laokoon darstellt, wie er seine Landsleute vor dem Holzpferd des Odysseus

Vatikanische Museen

warnte. Die Göttin Athene, die nichts sehnlicher wünschte als die Zerstörung von Troja, schickte Schlangen, um Laokoon und seine beiden Söhne zu töten. Die im Belvederehof zu sehende Skulpturengruppe ist eine Kopie des griechischen Originals, die für Kaiser Tiberius geschaffen wurde. Ein unglaubliches Kunstwerk: die Haut, die Muskeln, die Blutadern, alles wirkt nicht wie Marmor sondern wie lebendig. Kurios ist auch der sogenannte Marmorzoo der Vatikanischen Museen. Hier sind Tiere aller Art zu sehen, Skulpturen, die bei den alten Römern, bei den wohlhabenden versteht sich, sehr beliebt waren und die Villen zierten.

Die Museen halten viele Schätze bereit. Das Museo Gregoriano Etrusco, 1837 eingerichtet von Papst Gregor XVI., zeigt Großbronzen und andere Kostbarkeiten jenes Volkes, das vor den Römern in Mittelitalien lebte. Zu besuchen gibt es auch eine rund 500 Meter lange Galerie, die antike Marmorkandelaber und Wandteppiche des 16. Jahrhunderts aus Brüssel zeigt.

Papst Julius II. und Raffael

Mit Fresken ausgemalte Wände gibt es in den Stanze di Raffaello. Die Stanzen Raffales sind eine Reihe kleinerer Räume, in denen im späten 15. Jahrhundert Papst Nikolaus V. privat lebte. Die Räume wurden von den bedeutendsten Malern ihrer Zeit ausgeschmückt. Malereien, die dem späteren Papst Julius II. nicht gefielen, sodass er sie 1508 einer Künstlergruppe zur Neugestaltung anvertraute. Dabei stach Raffael so sehr hervor, dass der Papst ihm die gesamte Ausmalung der Räume anvertraute. Das Resultat kam so gut an, dass der Maler zum neuen Star der römischen Kunstszene wurde. Der Besucher staunt angesichts der dramatischen Bildgestaltungen, der vielen nackten Figuren und ihrer komplizierten Haltungen.

Oben: Die antike Laokoongruppe bildet den Ausgangspunkt der 500-jährigen Geschichte der Vatikanischen Museen.
Mitte: Im Braccio Nuovo werden Meisterwerke antiker Marmorkunst gezeigt.
Unten: Die Decke der Sala di Constantino, ein Teil der Stanzen des Raffael.

Oben: Wer früh am Tage kommt, kann sich die Stanza della Segnatura noch in Ruhe anschauen.
Unten: Sieben Kilometer führen die Wege durch die Räumlichkeiten der Vatikanischen Museen, wie hier die Bibliothek.

DER VATIKAN

Die Zimmer im Appartamento Borgia wurden hingegen im späten 15. Jahrhundert von Bernardino Pinturicchio ausgemalt. Zu Unrecht stehen diese Fresken im Schatten der Wandmalereien von Raffael. Viele Besucher gehen schnell durch diese Säle und Museen, um zur Sixtinischen Kapelle zu gelangen. Hier gibt der Heilige Geist den beim Konklave nach dem Tod eines Papstes versammelten Kardinälen den Namen des neuen Pontifex ein. An diesen Tagen ist die Kapelle für Besucher geschlossen. Niemand bekommt dann die großflächigen Wandmalereien von Perugino, Michelangelo und anderen Künstlern zu sehen. Vor allem um Michelangelos *Jüngstes Gericht* ranken sich viele Geschichten. Das die gesamte Wand hinter dem Altar einnehmende Fresko ist wohl eines der beeindruckendsten Kunstwerke der gesamten Menschheitsgeschichte.

Der Hosenlatzmaler

Michelangelos Figuren wirken ungemein echt und ausdrucksstark. Seine Beherrschung der Anatomie ist schier unglaublich und in der Malerei seiner Zeit unübertroffen. Auf diese Weise erreichen vor allem seine nackten Figuren eine Sinnlichkeit, die schon zu seinen Lebzeiten auf manchen Betrach-

---

MAL EHRLICH

VIER TIPPS

Die Vatikanischen Museen können zu echtem Stress ausarten, wenn man nicht einige wenige Regeln befolgt. 1. Früh aufstehen, um nicht allzu lange in der Warteschlange vor der Kasse zu stehen. 2. Wer nur wenig Zeit hat, sollte unbedingt eine Auswahl jener Sektionen der Museen treffen, die man unbedingt besichtigen will. 3. Sich auf ausgewählte Kunstwerke konzentrieren, um nicht von zu vielen Eindrücken erschlagen zu werden und 4. Bequemes Schuhwerk!

Michelangelos *Jüngstes Gericht* in der weltberühmten Sixtinischen Kapelle

ter anstößig wirkte. Diese meinten, dass Michelangelos Darstellungen für ein Badezimmer angemessen seien, aber nicht für eine päpstliche Kapelle. 1564 wurden die nackten Geschlechtsteile durch Michelangelos Schüler Daniele da Volterra dezent »bekleidet«. Dafür ging er in die Kunstgeschichte als »Hosenlatzmaler« ein.

Man sollte die Vatikanischen Museen nicht verlassen, ohne einen Blick in die Vatikanbibliothek zu werfen. Im Salone Sistino werden Höhepunkte europäischer Buchkunst ausgestellt. Ein verschwindend geringer Teil der immensen Sammlungen, zu denen rund 800 000 Bücher und 60 000 Manuskripte von unermesslichem Wert gehören.

Wer noch Kraft besitzt, kann auch noch zwei anderen Höhepunkt der päpstlichen Sammlungen besuchen. Das Museo Pio Cristiano mit frühchristlicher Kunst aus den Katakomben Roms und die Vatikanische Pinakothek mit Hunderten von Gemälden des 14. bis 19. Jahrhunderts. Man kann aber auch am nächsten Tag oder ein anderes Mal wiederkommen. Wer behauptet, er hätte die Vatikanischen Museen bei einem Besuch komplett gesehen, ist ein »bugiardo«, ein Lügner.

AUTORENTIPP!

DIE GESCHICHTE DES VATIKANS

Zu den Vatikanischen Museen gehört auch ein Museum, das sich nicht im Vatikan befindet.

Das Museo Storico Vaticano ist im gewaltigen Lateranpalast untergebracht. Man erreicht es über eine breite und majestätische Treppe. Allein schon die gigantischen Säle dieses Museums sind einen Besuch wert.

Gezeigt werden liturgische und Alltagsgegenstände aus der Geschichte des Kirchenstaates und des Papsttums. Zum Beispiel die Transportmittel von Päpsten, darunter Sänften und Kutschen. Der Besucher erfährt auch, dass die Päpste bis zum Ende des Kirchenstaates 1870 eine zwar sehr kleine, aber eigene Marine besaßen. Freunde von Militaria kommen voll auf ihre Kosten. Das Museum zeigt die Uniformen der einzelnen Soldaten- und Polizeiregimenter des Kirchenstaates.

Palazzo Apostolico Lateranense.
Piazza San Giovanni in Laterano,
Mo–Sa 9–16 Uhr, mv.vatican.va,
auch in deutscher Sprache.

Infos und Adressen

SEHENSWÜRDIGKEITEN

Vatikanische Museen. Auf der Website kann man sich gegen eine Gebühr von 4 € seinen Wunschtermin reservieren lassen, um Warteschlangen zu umgehen. Viale Vaticano, Tel. 06/69 88 46 76, 06/69 88 31 45, www.vatican.va (auch in deutscher Sprache).

ESSEN UND TRINKEN

Abruzzese. Herzhafte Nudel-, Wurst- und Fleischküche der mittelitalienischen Region Abruzzen. Via dei Gracchi 27/29, Tel. 06/39 72 89 81.

Borgo Antico. Deftige Landküche mit köstlichem Aufschnitt, Nudel- und Fleischspeisen, ganz nah beim Vatikan und alles andere als eine Touristenfalle. Borgo Pio 21, Tel. 06/6 86 59 67.

Del Frate. Historische Weinbar im Prati-Viertel, serviert werden auch kalte und warme Speisen der römischen Küche. Via degli Scipioni 118, Tel. 06/3 23 64 37.

NapulArte. Im immer vollen Kellergeschoss werden Leckereien aus Neapel zubereitet: Pizza und Süßspeisen aller Art. Via Fabio Massimo 113, Tel. 06/3 23 10 05.

Osteria dell'Angelo. 5 Minuten nördlich vom Vatikan, echt römische Familienküche. Via G. Bettolo 24, Tel. 06/3 72 94 70.

Prati. Keine Touristenfalle, sondern eine echte Holzkohlenpizzeria, wo auch leckere Vorspeisen und Desserts serviert werden. Via dei Gracchi 12, Tel. 06/39 73 31 65, www.pizzeriaamalfi.it

Ragno d'Oro. Einfache Trattoria, wo vor allem ausgezeichnete Vorspeisen und erste Gänge der einfachen römischen Küche auf den Tisch kommen. Ideal für eine schnelle Essenspause. Via Silla 26, Tel. 06/3 21 23 62, www.ragnodoro.org

Taverna Angelica. Eines der wenigen kreativen

Unzählige Deckenfresken kann man in den Vatikanischen Museen bestaunen.

Restaurants in der Nähe des Vatikans. Tolle Weinkarte und überraschende Gerichte. Piazza A. Capponi 6, Tel. 06/6 87 45 14.

Toscano. Der Name sagt's: hier wird toskanische, die klassisch-toskanische Küche serviert. Via Germanico 58, Tel. 06/39 72 571 7, www.ristorantedaltoscano.it

Velando. Traditionsgerichte und römische nouvelle cuisine. Hier essen oft Kardinäle und Bischöfe, die ja in der Regel wissen, was so richtig gut ist. Borgo Vittorio 26, Tel. 06/6 88 09 95.

ÜBERNACHTEN

Bramante. Nur 200 m vom Vatikan entfernt, liegt in einer kleinen relativ stillen Straße dieses Haus aus dem Barock, mit kleinem Patio für den Sommer. Vicolo delle Palline 24, Tel. 06/68 80 64 26, www.hotelbramante.com

Filomena e Francesca. Sehr familiäres B&B in Prati. Via della Giuliana 72, Tel. 06/37 51 36 25, www.bbfandf.com

Hotel die Mellini. Sehr komfortables Hotel mit toller Dachterrasse. Via Muzio Clementi 81, Tel. 06/32 47 71, www.hotelmellini.com

Residenzia Madri Pie. Modern ausgestattete B&B-Unterkunft in einem Kloster. Via Alcide de Gasperi 4, Tel. 06/63 19 67, www.residenzamadripie.it

Sant'Anna. Ruhiges, hübsches Hotel im alten Borgo-Pio direkt beim Vatikan. Borgo Pio 134, Tel. 06/6 880 16 02, www.hotelsantanna.com

1&1 Liberty. B&B mit gutem Preisleistungsverhältnis, im Viertel Prati beim Vatikan gelegen. Via Germanico 109, Tel. 06/3 60 024 89, www.libertyrome.com

EINKAUFEN

Antica Manifattura Cappelli. Einer der letzten Traditionsläden Roms, ganz auf Hüte aller Art spezialisiert. Hier werden auch Kopfbedeckungen nach individuellen Wünschen realisiert. Via degli Scipioni 46, Tel. 06/39 72 56 79, www.antica-cappelleria.it

Casa del Fumetto. Sie lieben Comics? Dann ist das die richtige Adresse für Sie! Via Candia 98, Tel. 06/39 74 90 03, www.casadelfumetto.it

Fabbrica di Marrons Glacés »Giuliani«. Seit 50

Das stilvolle und schlichte Treppenhaus der Residenza Madri Pie

Jahren auf die Produktion von gesüßten Esskastanien spezialisiert. Köstlich – unbedingt probieren. Via Paolo Emilio 67, Tel. 06/3 24 35 48, www.marronglaces.it

Grado di Plato. Bier-Boutique, mit Bieren aus Europa und den USA. Via degli Scipioni 15, Tel. 06/3 97 46 28, www.gradoplato.it

Mastrocamiciaio. Bekannter Shirtmaker für den eleganten Rombesucher. Via dei Gracchi 72, Tel. 06/3 24 17 34.

Peroni. Küchenutensilien aller Art. Piazza dell' Unità 29, Tel. 06/321 08 52, www.peronisnc.it

Profondo Rosso Store. Laden für Horrorartikel. Verkauft werden recht fürchterliche Dinge, die auch von Filmregisseuren benutzt werden. Via dei Gracchi 260, Tel. 06/3 21 13 95, www.profondorossostore.com

Videoland. Sie suchen italienische Filmklassiker im Original? In diesem Geschäft werden fast alle Klassiker des italienischen Autorenkinos geführt. Via Giovanni Bettolo 41, Tel. 06/37 51 55 70, www.videolandsrl.it

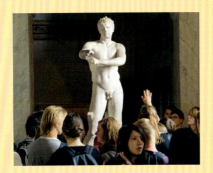

Der Athlet Apoxyomenos, auch heute noch ein Frauenschwarm

DER VATIKAN

3 Engelsburg
Von wegen nur Grabmal und Wehrburg!

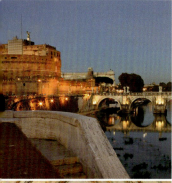

Die Engelsburg ist vieles. Kaisergrab, mittelalterliche Burg, Renaissanceresidenz und Museum. Von ihren Terrassen aus bietet sich ein fantastischer Blick auf Rom, die Engelsbrücke und den in der Nähe liegenden Kirchenstaat. Ein mysteriöses Bauwerk, das immer schon die Fantasie der Menschen beschäftigt hat. Tosca stürzt sich in Giacomo Puccinis gleichnamiger Oper direkt unterhalb der mehrere Meter hohen Engelsskulptur von der Engelsburg in die Tiefe, nachdem ihr Geliebter, der Maler Cavaradossi, im Innenhof der als Festung genutzten Anlage erschossen wurde.

Die Engelsburg ist ein Mehrzweckbau. Ein gigantischer Klotz aus riesigen Steinquadern, der vor rund 2000 Jahren mitten in der Hauptstadt des Römischen Reiches als Kaisergrab für Kaiser Hadrian (76–138) errichtet worden war. Dem Architekten Hadrians diente das Augustus-Mausoleum auf dem gegenüberliegenden Tiberufer als Vorbild. Beide Grabstätten wurden kreisrund erbaut und waren mit Bäumen bewachsen, doch ist das Mausoleum Hadrians deutlich monumentaler als das seines Vorgängers.

Mitte: Wunderbares Abendlicht legt sich über die Engelsburg und die Ponte S. Angelo.
Unten: Deckenfresko in der Engelsburg

Die Erscheinung: Erzengel Michael

Die Engelsburg besteht aus einem quadratischen Sockel. auf dem sich ein zylinderförmiger Mauerring erhebt. Darüber erhob sich in der Antike ein mit Marmor verkleideter Turm. Auf diesem stand im Römerreich eine Quadriga mit dem Standbild des verstorbenen Imperators. Zum Grabmal führte

Engelsburg

der Pons Aelius, auf dessen Ruinen viele Jahrhunderte später die heutige Engelsbrücke errichtet wurde. Schon unter den Römern wurde das Grabmal Teil der Verteidigungsmauern. Kaiser Aurelian bestimmte damit im 3. Jahrhundert die weitere Verwendung des Bauwerks.

Engelsburg wird die Anlage genannt, weil, so eine fromme Legende aus dem späten 5. Jahrhundert, Papst Gregor der Große während einer Bittprozession den Erzengel Michael auf der Spitze des ehemaligen Grabmals erblickte. Dieser soll dabei sein Schwert weggesteckt haben, was als Zeichen dafür gedeutet wurde, dass die Gebete des Papstes erhört worden waren und die grassierende schlimme Pest ein Ende finden würde. Nicht ausgeschlossen ist auch, dass die Anlage Engelsburg genannt wird, weil Papst Bonifatius IV. im frühen 7. Jahrhundert auf dem ehemaligen Grabmal eine Kapelle für den Erzengel Michael errichten ließ.

Während der mittelalterlichen Wirren in der Stadt – mächtige Familien kämpften um den Einfluss in Rom und um die Vorherrschaft im Vatikan – wurde die Engelsburg zu einer Festung ausgebaut. Jahrhunderte später, in ruhigeren Zeiten, bauten die Päpste das Gebäude in seinem oberen Teil zu einer Art Lustschloss um. All diese baulichen Veränderungen führten dazu, dass das einstige Grabmal heute mit Gängen und Treppe durchlöchert ist wie ein Schweizer Käse.

Der Vatikan wurde mit der Engelsburg über einen Gang verbunden, der sich auf einem mehrere Meter hohen Bogensystem erhebt. Ein Fluchtweg, der von den Päpsten genutzt wurde, wenn es ihnen in ihrem Palast im Vatikan zu brenzlig wurde. Zum Beispiel floh Papst Klemens VII. 1527 über diesen »passetto« genannten Weg vor den Landsknechten Kaiser Karls V., der Rom besetzt hielt und plünder-

AUTORENTIPP!

NICHTS FÜR PURISTEN
Fast so groß wie die Engelsburg ist der Palazzo di Giustizia. Roms Justizpalast, errichtet von 1888 bis 1910, ist mit 170 x 155 m – nicht mitgerechnet die Rampen, über die einst Kutschen zum Haupteingang hinauf führten – ein Gigant von einem Bauwerk. Ein so schweres Gebäude, dass es in den 70er-Jahren des letzten Jahrhunderts ins Erdreich abzusinken drohte und statisch saniert werden musste.
Errichtet wurde das, wegen seiner Ausmaße »Palazzaccio«, großer Palastkasten, genannte Bauwerk, in einem aufdringlich pompösen Baustil, der für Architekturpuristen ein Unding ist.
In seinem Inneren befindet sich der sogenannte Ehrenhof, ein gigantischer Saal mit breiten Treppen und zahlreichen Skulpturen. Richter, Anwälte und das übrige Publikum wirken in diesem Saal wie Zwerge. Der Ehrenhof kann besichtigt werden, wenn man sich nicht gerade in Shorts und Badeschläppchen präsentiert.

Palazzo di Giustizio.
Piazza Cavour, Tel. 06/6 88 31.

AUTORENTIPP!

BALLETT- UND MUSIK-VERANSTALTUNGEN

Nicht weit von der Engelsburg, am Anfang der Via della Conciliazione, die den Tiber mit dem Petersplatz verbindet, erhebt sich das Auditorio Conciliazione. Eine Konzerthalle mit rund 2000 Plätzen, Ende der 40er-Jahre nach einem Entwurf des neoklassizistischen Architekten Marcello Piacentini errichtet. Strenge Architektur, ganz nach dem Geschmack Benito Mussolinis, für den Piacentini zahlreiche Bauwerke im neuen Stadtteil EUR baute.
Dieses Auditorium ist seit einigen Jahren einer der interessantesten römischen Orte für klassische Musik, Modernen Tanz, Sprechtheater und Kino. Es ist auch Sitz des Symphonieorchesters der Stadt Rom. Rombesucher sollten sich auf der Website umschauen.

Auditorium Conciliazione.
Via della Conciliazione 4,
Tel. 800/90 45 60 (gebührenfrei),
www.auditoriumconciliazione.it

DER VATIKAN

Der päpstliche Fluchtweg führt schnurstracks von der Engelsburg zum Vatikan.

te, in die sichere Engelsburg. Die Burg war jahrhundertelang auch Gefängnis und, siehe Puccinis Oper *Tosca*, Hinrichtungsstätte. Die päpstlichen Schergen hängten die Leichen der Verurteilten an den Zinnen auf. Die Verwendung der Engelsburg als päpstliche Stätte der Macht missfiel den Römern so sehr, dass sie mehrmals versuchten, das Gebäude zu stürmen. 1379 gingen dabei die kostbaren Marmorverkleidungen der Außenmauern verloren.

Ausschweifende Lebenslust

Der Besucher besteigt das Gebäude in seinem Inneren über eine eindrucksvolle spiralförmige und von einem Tonnengewölbe überspannte Rampe. Über sie wurde in die Antike der Leichnam des Kaisers zu seiner letzten Ruhe gebracht. Auch die 8 x 8 Meter große ehemalige Grabkammer ist zu besichtigen. Das grob und abweisend wirkende Gebäude, das in seinem Innenhof, dem Cortile dell'Angelo, erst während der Renaissance mit Schmuckelementen ausgestattet wurde, beherbergt in seinem Inneren Räume wie in einem Schloss. Ein Teil dieser Räume, die einst als private Papstgemächer genutzt wurden, dienen heute

Engelsburg

Wechselausstellungen, darunter auch Kunstschauen von einiger Bedeutung. Diese Säle sind mit chromatischen Deckenfresken geschmückt, die für einen katholischen Geistlichen, der ein Papst ja nun ist, recht anzüglich sind: mit Putti, Satyrn und zahlreichen nackten Damen und Herren, die sich sinnlich zugetan sind. Vorbild dieser Darstellungen waren die sogenannten Grotesken, die während der Renaissance in den frisch ausgegrabenen Ruinen des Goldenen Hauses von Kaiser Nero entdeckt worden waren.

Dabei handelt es sich um detailreiche Freskenbilder und Stuckaturen, die neckische Darstellungen und Phantasiebilder zeigen. Die Grotesken entsprechen ganz der ausschweifenden Lebenslust der Renaissancepäpste. Auch das Badezimmer von Klemens VII. ist mit freizügigen Grotesken im Stil der Antike ausgemalt worden. Es ist vom Cortile del Pozzo, dem Brunnenhof aus der Zeit Papst Alexander VI. aus dem späten 15. Jahrhundert, zu erreichen. Ein kleines und sehr elegantes Bad, dessen Wände der Raffael-Schüler Giulio Romano verzierte. Darüber liegen die Loggien von Papst Paul III. und Julius II. und wiederum darüber befindet sich die Sala Paolina, der sicherlich prächtigste Raum der Engelsburg.

Politischer Größenwahn

Paul III. ließ die baufällig gewordene Engelsburg komplett restaurieren. Er beauftragte 1540 den Maler Perin del Vaga mit der Gestaltung der Sala Paolina, einem der elegantesten Räume, die man in Rom besichtigen kann. Die Proportionen dieses Raums sind so perfekt, dass man sich seiner Faszination nur schwer entziehen kann. Del Vaga stellte auf seinen großflächigen Fresken Szenen aus dem Leben Alexander des Großen und des Apostels Paulus dar, eine Anspielung auf den politi-

Oben: Die barocke Statue des Erzengel Michael überragt die ganze Engelsburg.
Mitte: Engelsfigur im Innenhof
Unten: Nur für Fußgänger und Radfahrer führt die Engelsbrücke hinüber zum Centro Storico.

DER VATIKAN

Oben: Steinerne Figuren blicken von der Ponte V. Emanuele II auf die Engelsburg.
Mitte: Die Treppe Alexanders VI. führt ins Innere der Engelsburg.
Unten: Wow! Wie dick die Mauern der Engelsburg sind, sieht man hier an dieser Fensteröffnung.

schen Größenwahn seines Auftraggebers, der mit Taufnamen *Alessandro* hieß und sich darüber hinaus als neuer Alexander sah.

Von der kostbar geschmückten und mit vergoldeten Stuckaturen geschmückten Sala Paolina gelangt der Besucher in die angrenzenden Privaträume dieses Papstes. Im Schlafzimmer gibt es wieder recht neckische Episoden aus der Geschichte von Amor und Psyche zu sehen. Ganz im Geschmack ihrer Zeit schmückten auch die Stellvertreter auf Erden ihre Gemächer mit erotisch-anregenden Szenen aus der griechischen und römischen Antike. Erst spätere, prüdere Zeiten nahmen daran Anstoß.

Das Geheimarchiv Pauls III. war in einem runden Saal, der bereits im ursprünglichen Hadrians-Mausoleum existierte, untergebracht. Von den Privatgemächern dieses Papstes betritt der Besucher über eine antike Treppe einen Raum aus römischer Zeit, der mit einer Kuppel gekrönt ist, und über dem sich die eindrucksvollste Terrasse der Engelsburg befindet. Hier erhebt sich der riesige Bronzeengel, der dem Bauwerk seinen Namen gibt. Erst 1745 wurde er hier oben aufgestellt: Ein Engel, der sein Schwert in die Scheide schiebt.

MAL EHRLICH

VORSICHT: RAMSCH
Von der Engelsburg aus blickt man auf die wunderschöne Engelsbrücke, deren Pracht aber darunter leidet, dass zahllose Händler dort ihren Ramsch verkaufen. Trotzdem der Straßenhandel, zumeist mit gefälschten Markenprodukten, strengstens verboten ist, wimmelt die Stadt von solchen Händler. Touristen seien gewarnt: Auch sie werden, sollte die Polizei eingreifen, beim Kauf von gefälschten Markenprodukten rechtlich belangt.

Infos und Adressen

SEHENSWÜRDIGKEITEN

Engelsburg. Di – So 9–19 Uhr, Mo geschlossen, Lungotevere Castello 50, Tel. 06/681 91 11, www.castelsantangelo.com.

Die Räumlichkeiten im Ristorante La Veranda sind beeindruckend.

ESSEN UND TRINKEN

Arcangelo. Eine der ersten römischen Adressen für kreative Küche, die sich aber nicht zu sehr von den traditionellen Gerichten entfernt. Via G.G. Belli 59/61, Tel. 06/3 21 09 92.

Cesare. Toskanische und römische Küche vom Feinsten. Via Crescenzio 13, Tel. 06/6 86 12 27, www.ristorantecesare.com

La Veranda. Eines der schönsten römischen Restaurants mit einer während des Barock fast komplett ausgemalten Veranda. Diese gehört zu einem Renaissancepalast, in dem das 4-Sterne-Hotel Columbus untergebracht ist. Fürstlich wohnen und essen! Im Hotel können auf Anfrage die prächtigen Säle des Ordens der heiligen Grab-stätten besichtigt werden. Borgo Santo Spirito 73, Tel. 06/687 29 73, www.hotelcolumbus.net, Ordensinfo: Tel. 06/6 86 54 35.

Mamà. Neue und schicke Osteria, in der man auch frühstücken kann. Leckere Gemüse- und Käsegerichte. Abends auch Pizzeria. Via Sforzo Pallavicini 19, Tel. 06/68 13 90 95.

Simposio. Eine der besten Weinbars der Stadt. Im Restaurant werden italienische Gastro-Klassiker kreativ präsentiert. Reservierung unerlässlich! Piazza Cavour 16, Tel. 06/32 11 11 31, www.pierocostantini.it

ÜBERNACHTEN

Annette B&B. Gutes Preis-Leistungs-Verhältnis direkt bei der Engelsburg. Via Crescenzio 19, Tel. 06/972 59 30, www.annettebb.it

Artemisia7. Wohnen wie echte Römer im Shoppingviertel Prati, gut und preiswert. Via Caio Mario 7, Tel. 06/45 44 77 16, Mobil 0039/338-935 59 92, www.artemisia7.it

Hotel Columbus. Superadresse zwischen Engelsburg und Vatikan, residieren in einem ehemaligen Kardinalspalast. Via della Concilliazione 33, Tel. 06/686 54 35, www.hotelcolumbus.net

Visconti Palace Hotel. Elegantes Designhotel in Prati, nahe der Engelsburg. Via F. Cesi 37, Tel. 06/36 84, www.viscontipalace.com

Einst ein Kardinalspalast, heute ein elegantes Hotel: das Columbus beim Petersdom

HISTORISCHES ZENTRUM

4 Piazza Navona
Barockplatz und Wohnzimmer 58

5 Santa Maria della Pace
Ein elegantes Gotteshaus 64

6 Palazzo della Cancelleria
Die päpstliche Kanzlei 66

7 Via Giulia
Roms erste schnurgerade Straße 68

8 Palazzo Farnese
Ein Renaissancebollwerk 70

9 Campo de' Fiori
Roms schönster Obst- und
Gemüsemarkt 72

10 Sant'Andrea della Valle
Beschwingter Barock 78

11 Pantheon
Erst heidnischer Tempel,
dann christliche Kirche 80

12 Santa Maria sopra Minerva
Eine repräsentive Kirche für die
Dominikaner 84

13 Sant'Ignazio
Malerei oder Architektur? 86

14 Galleria Doria Pamphilj
So residierte der Adel 90

15 Il Gesù
Prächtige Dekorationen zum Staunen 92

55

HISTORISCHES ZENTRUM

4 Piazza Navona
Barockplatz und Wohnzimmer

Am schönsten ist der Platz ganz früh morgens, wenn die Stadt noch schläft und nur ein einsamer Jogger hechelnd an den Palästen und Kirchen vorbeiläuft. Wenn die Hobbymaler und Gaukler, Freiluftsänger und andere Kleinkünstler noch nicht präsent sind und den Platz zusammen mit Hunderten von Touristen bevölkern. Ein erster Cappuccino und ein Cornetto-Hörnchen: So kann ein idealer Rom-Tag beginnen.

Vor knapp 2000 Jahren wurde hier geschrien, laut geschrien, und zuvor schloss man Wetten ab. Es ging brutal und blutig zu, wie in den meisten antiken Sportanlagen wurden die Toten von Sklaven an einem ihrer Beine über den Sandboden des Stadions herausgezogen, auf Karren geworfen und zu Massengräbern transportiert. Kaiser Domitian weihte hier 86 n. Chr. sein neues Stadion ein. Eine, schaut man sich einen römischen Stadtplan an, gar nicht mal so kleine Anlage, denn die heutige Piazza Navona entspricht ziemlich genau der Grundfläche dieser ehemaligen Spielstätte. Vom Bauwerk mit seinen halbrunden Stirnseiten und den ausgedehnten Langseiten sind nur bescheidene Reste übrig geblieben, zu besichtigen in der ehemaligen Nordkurve und unterhalb der später über den Ruinen erbauten Gebäude.

Mitte: Blickfang in der Dämmerung: die Fassade der Kirche Sant'Agnese in Agone
Unten: Engelsfigur auf einem der drei Brunnen auf der Piazza Navona.
Bild Seite 54/55:
Ein ägyptischer Obelisk markiert das Zentrum der Piazza Navona.

»Wohnen« im Freien

Die Piazza Navona präsentiert sich als einer der elegantesten Salotti Roms. Plätze sind für Römer wie ein Salotto, eine Art Freiluftwohnzimmer. Man trifft sich, stolziert herum, flirtet und führt seine Kinder zum Eisessen aus. Im Gegensatz zu

Piazza Navona

anderen Plätzen Roms ist die Piazza Navona fast das ganze Jahr eine Art Volksfest. Mit so lauten Kleinkünstlern, dass die Anwohner immer wieder wegen des Lärms protestieren – erfolglos.

Von römischer Platzromantik keine Spur. Um den ganzen Reiz der alten Gebäude und Brunnen zu genießen, sollte man also, wie eingangs erwähnt, früh morgens kommen.

Ein Platz im Wandel der Zeit

Der Platz hat eine für Rom typische Geschichte. Nach dem Ende des Römischen Reiches und der Spiele in Arenen und Stadien, die christlichen Päpste hatten für solche Vergnügen keinen Sinn, verfiel das Bauwerk. Seine Steine wurden wiederverwertet. Entweder schaffte man sie fort oder errichtete in den Ruinen neue Gebäude.

Im 15. Jahrhundert zogen die Päpste aus dem Lateranpalast in den Vatikan. Die Piazza Navona lag damit also relativ nahe beim neuen Machtzentrum der Stadt. Die Folge: Schnell wurden neue Paläste errichtet. Die Wohngegend war fortan begehrt und teuer. Schließlich wurde die Piazza zum städtischen Markt und für Feste genutzt. Feste, bei denen sich vor allem die Franzosen, ihre barocke Nationalkirche, San Luigi dei Francesi, mit wunderschönen Gemälden von Caravaggio, liegt gleich um die Ecke, besonders hervortaten. Den Franzosen machten die Spanier Konkurrenz, deren Nationalkirche Nostra Signora del San Cuore direkt am Platz liegt.

Im Barock fanden auf dem Platz Kutschrennen statt. Aristokraten, die auf sich hielten, ließen ihre Kutschen über den Platz sausen und von den Balkonen der Häuser und Palazzi aus wurde den schneidigen Fahrern laut zugejubelt.

AUTORENTIPP!

PALAZZO ALTEMPS – EIN GESAMTKUNSTWERK
Ein Palast, eine Skulpturensammlung und eine wunderschöne Atmosphäre. Der Palazzo Altemps, nur zwei Minuten von der Piazza Navona entfernt, war die Residenz eines österreichischen Kardinals mit ausgeprägtem Kunstsinn. Sein Palazzo wurde vor einigen Jahren komplett restauriert. In den prächtigen, nahezu unmöblierten Sälen sind einzigartige antike Skulpturen ausgestellt, die seit der Renaissance von römischen Adelsfamilien gesammelt wurden. Die Architektur, die Kunstwerke und die große Stille – nur wenige Touristen verirren sich in dieses Museum – machen den Besuch des Palazzo Altemps zu einem echten Erlebnis.

Palazzo Altemps.
Piazza Sant'Apollinare 44,
Tel. 06/39 96 77 00,
www.archeoroma.beniculturali.it

Wo sich früher ein antikes Stadion befand, unterhalten sich heute Kutscher auf der Piazza Navona.

AUTORENTIPP!

ENTDECKUNGSREISE

Shops und Lokale gefällig, kleine Cafés und alte Palazzi? Dann sollte man von der südlichen Kurve der Piazza Navona aus in die Via del Governo Vecchio gehen, die später in die Via dei Banchi Nuovi übergeht. Hier zeigt Roms Modemacher-Nachwuchs seine Kreationen, reiht sich ein originelles Geschäft an das andere, lockt die ständig volle Traditionspizzeria Baffetto und Kneipen laden auf ein Glas Wein ein. Eine Straße zum Bummeln und für Entdeckungen.

Pizzeria Baffetto.
Via del Governo Vecchio 114,
Tel. 06/6 86 16 17.

Der Secondhandladen von Giulia in der Via del Governo Vecchio 35 ist eine hübsche Fundgrube.

HISTORISCHES ZENTRUM

Neid, Intrigen, Rachsucht

Der beeindruckendste Palast ist nach dem Wünschen des kunstsinnigen Papstes Innozenz X. entstanden. Er war voller Neid gegenüber seinem Vorgänger Papst Urban VIII., der sich mit dem Bau des mächtigen Palazzo Barberini, in dem heute die Nationalgalerie für alte Kunst untergebracht ist, ein Denkmal setzte. Innozenz X., aus der Familie der Pamphilj, ließ dafür einen Familienpalast an der Piazza Navona aus- und umbauen. Im ganz großen Stil und ohne Kosten zu scheuen. 1650 war der neue Palazzo Pamphilj fertig.

Der Papst schenkte das Bauwerk seiner einflussreichen und intriganten Schwägerin Donna Olimpia. Sie war bei den Römern wegen ihrer Rachsucht und ihres großen schlechten Einflusses auf den Papst unbeliebt. In dem Palazzo ist heute die brasilianische Botschaft untergebracht, und das bedeutet: keine Besichtigungen möglich.

Neben dem Palazzo erhebt sich die elegante Fassade der Kirche Sant'Agnese in Agone. Ihr Inneres ist ganz im Rokoko-Stil gestaltet und fasziniert durch aufwendig gearbeitete großflächige Reliefbilder. In der Kirche finden oftmals Konzerte statt. Vor dem Haupteingang der Kirche steht ein ägyptischer Obelisk, ein Relikt aus dem Circus des Maxentius. Die grandiosen Reste dieses Circus erheben sich übrigens an der Via Appia.

Der Obelisk gehört zum Zentralbrunnen in der Mitte des Platzes, ebenso wie vier Skulpturen. Daher der Name Fontana dei Fiumi. Sie stellen die Flüsse Nil, Ganges, Rio de la Plata und Donau dar. Die Flüsse-Skulpturen, die Felsen auf denen sie lagern, die Palme – die einzelnen Elemente dieses Brunnens wirken lebendig und überaus realistisch. Das gilt auch für die Skulpturen der beiden klei-

Piazza Navona

neren Brunnen, die sich etwas entfernt, auf dem Platz erheben. Kurios die Geschichte um den Baumeister des Hauptbrunnens. Papst Innozenz X. hatte eigentlich den »Star« des Barocks Borromini mit dem Entwurf bedacht. Aber Borrominis ärgster Gegner und Konkurrent war Bernini. Der ließ ein Modell für den Brunnen nach seinem Geschmack in Silber anfertigen und brachte es Donna Olimpia. Die war begeistert von dem Entwurf und überzeugte den Papst, doch Bernini den Auftrag zu geben. Rom ist reich an Bauwerken der beiden Meister, die mit dem Geld ihrer wohlhabenden Auftraggeber viele Gebäude errichteten.

Drei Highlights

Ganz in der Nähe der Piazza Navona liegen drei architektonische und künstlerische Highlights. Durch eine Querstraße erreicht man direkt den Palazzo Madama. Auch hier darf man nicht hinein, denn das Gebäude beherbergt den Senat, die erste Kammer des italienischen Parlaments. Doch die Fassade lohnt einen Umweg. Der Palast wurde Anfang des 16. Jahrhunderts für die Florentiner Familie Medici errichtet. Seine Fassade ist eine der elegantesten Roms. Der Name des Palastes erinnert an Margarethe von Parma. Sie war die uneheliche Tochter Kaiser Karl V. und lebte hier bis zu ihrem Tod 1586.

Linkerhand des Palazzo Madama erreicht der Rombesucher nach fünf Minuten Fußweg die Kirche Sant'Agostino. Hinter der schlichten Renaissancefassade findet sich große Kunst. Raffael malte 1512 ein Freskenbild an die dritte Säule des Hauptschiffes. Sein Prophet Jesaja erinnert an die Prophetengestalten Michelangelos, seines großes Vorbildes, in der Sixtinischen Kapelle. Das Hauptwerk in der Kirche ist eines der eindrucksvollsten Kunstwerke ganz Roms. Um 1605 schuf Caravag-

Oben: Berninis Fontana dei Quattro Fiumi ist der leuchtende Mittelpunkt der Piazza Navona.
Mitte: Hier wird das Original »Tartufo« serviert.
Unten: Künstlern aller Art bietet die Piazza eine Bühne unter freiem Himmel.

HISTORISCHES ZENTRUM

gio die *Madonna dei Pellegrini*. Eine junge Frau mit einem Kind in der Hand nimmt den Gruß zweier betender alter und armselig gekleideter Leute entgegen. Sie sind barfuß und man sieht ihnen an, dass sie ihr Leben lang schwer gearbeitet haben. Zeitgenossen Caravaggios kritisierten diese an armen Leuten orientierte Darstellung. Doch Caravaggio gelang es mit diesem Gemälde, die Intimität gelebten Glaubens auf meisterhafte Weise darzustellen.

Rechterhand vom Palazzo Madama sind es keine fünf Minuten Fußweg zu einem hohen Portal, das in den Innenhof des Palazzo della Sapienza führt. Bis 1935 war hier der Hauptsitz der römischen Universität La Sapienza untergebracht. Der Palast mit seinen strengen Formen ist ein Hauptwerk des Architekten Giacomo della Porta, der ihn Ende des 16. Jahrhunderts entwarf. Die zum Innenhof gehörende Kirche Sant'Ivo alla Sapienza besticht durch ihren ungewöhnlichen Kirchturm. Seine spiralförmig aufsteigende Dachform erhebt sich über einem kuppelartigen Dach. Die Spiralform hat eine symbolische Bedeutung. Da die Kirche zur Universität gehörte, erinnert sie an einen mesopotamischen Turm, ein Sinnbild für Weisheit.

Oben: In der »Nordkurve« der Piazza Navona liegt der Neptunbrunnen.
Unten: Der Innenhof der barocken Kirche Sant'Ivo alla Sapienza

MAL EHRLICH

BLASE AM OHR ...
Lassen Sie sich ja nicht durch die lästigen »buttadentro« bedrängen. Buttadentro sind jene scheinbar freundlichen, tatsächlich aber störenden Personen, die an der Piazza Navona, wie inzwischen auch an anderen Orten Roms, Touristen direkt ansprechen und von den Vorzügen eines Lokals überzeugen wollen. Sie reden einen so »kirre«, dass man gar nicht in Ruhe die Menüs und die Preise studieren kann. Heben Sie die Hand, wenn diese Leute auf sie einquatschen, und gebieten Sie so Ruhe.

Infos und Adressen

ESSEN UND TRINKEN

Cantuccio. Eine klassische Adresse, direkt beim Senatsgebäude. Pietro Turnuu serviert Gastro-Highlights der italienischen Küche. Corso del Rinascimento 71, Tel. 06/683 35 67, www.ilcantucciroma.it

Papa Giovanni. Die Familie Sensuti hat sich mit römischer Küche einen Namen gemacht. Nicht ganz preiswert, aber ausgezeichnet. Via dei Sediari 4, Tel. 06/686 53 08, www.ristorantepapagiovanni.it

Tre Scalini. Unbedingt das Original probieren: »Tartufo« wurde hier erfunden. Piazza Navona 28, Tel. 06/68801996, www.trescalini.it

Die duftige Qual der Wahl in der Parfümerie Officina Profumo Farmaceutico di S. Maria Novella

Zeitlose Eleganz: Die Inneneinrichtung der Suite »S. Maria dell'Anima« im Hotel Raphael

ÜBERNACHTEN

Hotel Portoghesi. In hübscher kleiner Straße gelegen, umgeben von historischen Gebäuden, gutes Preis-Leistungs-Verhältnis. Via dei Portoghesi 1, Tel. 06/686 42 31, www.hotelportoghesiroma.it

Hotel Raphael. Schönes und stilles Luxushotel direkt an der Piazza Navona. Efeuberankt, mit Antiquitäten eingerichtet und mit einer Dachterrasse, auf der man, mit tollem Blick auf Rom, ausgezeichnet essen kann. Largo Febo 2, Tel. 06/68 28 31, www.raphaelhotel.com

EINKAUFEN

Antica Norceria Viola. Vielleicht der beste Wurstladen Roms, mit Spezialitäten aus ganz Italien! Piazza Campo de' Fiori 43, Tel. 06/68 80 61 14.

Dolciumo e Frutta Secca Patrizia Onorati. Trockenfrüchte und andere Leckereien. Corso Rinascimento 8, Tel. 06/6 86 52 68.

Officina Profumo Farmaceutico di S. Maria Novella. Der Hauptsitz dieser weltbekannten Parfümerie aus dem 17. Jahrhundert ist in Florenz, aber die Filiale in Rom hat alle Produkte im Sortiment. Corso Rinascimento 47, Tel. 06/6 87 24 46, www.smnovella.it

Die Eisspezialität »Tartufo« bei Tre Scalini. Super lecker!

HISTORISCHES ZENTRUM

5 Santa Maria della Pace
Ein elegantes Gotteshaus

Am besten genießt man die Fassade bei einem Cappuccino oder einem Drink, bequem auf einem Stuhl der Bar della Pace sitzend, direkt gegenüber der Kirche. Der kleine Platz vor diesem bildschönen Gotteshauses ist schicker Treffpunkt mit gleich zwei Bars, die »in« sind. Kirche und Lebenslust: eine für Rom mehr als typische Mischung.

1656 erhielt Baumeister Pietro da Cortona von Papst Alexander VII. den Auftrag für die Gestaltung des kleinen Platzes, auf dem man, so die Vorgaben des Papstes, bequem Kutschen wenden und die Kirche über die beiden Straßen rechts und links passieren konnte. Die Fassade von Santa Maria della Pace ist eine der elegantesten ganz Roms.

Barocke Fassade

Der Baumeister nutzte verschiedenste geometrischen Formen, Halbkreis, Rechteck und Dreieck, und doch wirkt das Gesamtensemble ungemein harmonisch. Die Fassade erinnert an ein barockes Bühnenbild. Dieser Eindruck scheint beabsichtigt. Rechts und links von der Fassade erheben sich, leicht versteckt die Flügelbauten.

Mitte: Der illuminierte Altarraum von Santa Maria della Pace
Unten: Tagsüber und abends ist die »In«-Bar »Caffe della Pace« ein mondäner Treffpunkt.

Zur Kirche gehört ein quadratischer Innenhof. Er stammt aus den ersten Jahren des 16. Jahrhunderts und ist ein Werk Bramantes. Vom Innenhof, der von einem Portal links von der Fassade betreten wird, geht es in verschiedene Innenräume, die für Ausstellungen genutzt werden. Im ersten Stock bietet ein kleines Café ruhige Atmosphäre. Eine Oase der Stille. Beherrscht wird das Kircheninnere vom achteckigen Kuppelraum.

Santa Maria della Pace

Die Sibyllen

Raffael malte 1513 die erste Kapelle rechts vom Haupteingang aus. Die Wandbilder zeigen heidnische Seherinnen, die sogenannten Sibyllen. Sie erinnern mit ihren kräftigen Körpern an ähnliche Darstellungen von Michelangelo in der zuvor eröffneten Sixtinischen Kapelle.

Die zweite Kapelle rechts ist ein Werk von Antonio da Sangallo von 1530. Hier ist das Liegegrabmal der Familie Cesi zu besichtigen. Aufgrund seiner phantasievollen Gestaltung und der vielen Marmorornamente gehört es zu den schönsten Gräbern, die man in einer römischen Kirche finden kann.

Ziel deutscher Pilger

Vom Vorplatz von Santa Maria geht es direkt in die deutsche Nationalkirche Santa Maria dell'Anima, in der jeden Tag Gottesdienste in deutscher Sprache stattfinden.

Seit dem 14. Jahrhundert ist diese Kirche mit ihrer dreigeschossigen und klar strukturierten Renaissancefassade eines der wichtigsten Ziele deutscher Pilger. Sie erhebt sich an der Stelle eines Pilgerhospizes, das der durch Reliquienhandel reich gewordene Soldat Johannes Peter von Dordrecht 1398 errichten ließ.

In der Kirche ruht, neben vielen anderen berühmten Bürgern des Heiligen Römischen Reiches Deutscher Nation, auch Papst Hadrian VI. In seiner kurzen Amtszeit (1522–23) machte er sich mit seiner Sparsamkeit ganz Rom zum Feind. Er wetterte gegen die Prunksucht seiner Vorgänger, konnte aber nicht verhindern, dass die deutsche Nationalkirche reich mit Kunst verziert wurde.

Infos und Adressen

ESSEN UND TRINKEN

Caffe della Pace. Via della Pace 3, Tel. 06/686 12 16, www.caffedellapace.it

Casa e bottega. Via Tor di Millina 34a, Tel. 06/68 80 40 37, www.casaebottega.eu

Osteria del Pegno. Vicolo di Montevecchio 8, Tel. 06/68 80 70 25, www.osteriadelpegno.com

Pace del Palato. Via del Teatro Pace 42, Tel. 06/68 13 54 63, www.lapacedelpalato.com

EINKAUFEN

D-Cube. Ausgefallenes Wohndesign. Via della Pace 38, Tel. 06/686 12 18, www.dcubedesign.it

Istituto Melodia. Via degli Orsini 25, Tel. 06/81 17 84 93

Utilefutile. Via del Governo. Vecchio 20a, Tel. 06/68 80 94 88, www.utilefutilefashion.com

Bunt und vom Feinsten, Wohndesign im D-Cube

65

HISTORISCHES ZENTRUM

6 Palazzo della Cancelleria
Die päpstliche Kanzlei

In der Regel laufen Touristen achtlos am Palazzo della Cancelleria vorbei. Ein grober Fehler, denn es handelt sich um einen der wenigen Renaissancepaläste Roms und um einen der schönsten seiner Art in ganz Mittelitalien. Ein Gebäude, das vornehme Eleganz ausstrahlt, so ganz anders als der massive und monumentale Renaissancepalast Farnese gleich um die Ecke.

Das Institut für die lateinische Sprache im Palazzo della Cancelleria sucht nach neuen Vokabeln in der Sprache von Julius Cäsar und Cicero. Eine Gruppe hochqualifizierter Lateinlehrer unter der Leitung eines Geistlichen arbeitet an der Modernisierung der offiziellen Sprache der katholischen Kirche, werden doch alle Dokumente des Kirchenstaates in Latein verfasst und erst dann in moderne Sprachen übersetzt.

Perfekte Proportionen

Der Palazzo gehört der katholischen Kirche. Er ist somit extraterritoriales Gelände und gehört zum Ministaat des Papstes. Seit dem 16. Jahrhundert ist hier die päpstliche Kanzlei untergebracht, die Cancelleria. Das Gebäude wirkt auf den Betrachter sehr harmonisch und elegant. Die Proportionen sind so perfekt, dass der Palazzo trotz seiner immensen Größe in keiner Weise erdrückend wirkt. Das elegante Äußere setzt sich im Innenhof fort, an dessen Gestaltung wahrscheinlich Baumeister Bramante mitwirkte. Kurioses Detail: Die Säulen der Arkaden stammen aus der frühchristlichen Kirche San Lorenzo in Damaso. Sie zählte zu den ältesten Gotteshäusern Roms, wurde aber abgerissen, um Platz für den Palast von Kardinal Raffaele

Mitte: Die Arkaden des Palazzo della Cancelleria wurden mit ehemaligen Kirchensäulen gebaut.
Unten: Mit Blick auf den Palazzo della Cancelleria kann man es sich in der Traditionstrattoria »Grappolo d'oro zampano« schmecken lassen.

66

Palazzo della Cancelleria

Riario zu schaffen. Dieser war der Großneffe und Günstling von Papst Sixtus V. (1471–1484). Sein Palast galt als einer der aufwendigsten Roms seit der kaiserlichen Antike. Papst Leo X. ließ den Palazzo beschlagnahmen, warf er doch Riario vor, sich an einer Verschwörung gegen ihn beteiligt zu haben. Der Hintergrund dieses Vorwurfs: Sixtus IV. war einer der Verantwortlichen bei der Ermordung Giuliano Medicis, des Bruders von Leo X. Der Papst sorgte dafür, dass der Palazzo zu einer Cancelleria wurde. Alle Dokumente des päpstlichen Hofes wurden hier niedergeschrieben.

Archäologische Schätze

Heute ist im Palazzo auch die päpstliche archäologische Akademie untergebracht. Seit dem 18. Jahrhundert graben hier die international angesehensten Archäologen im Auftrag der Päpste. Diese Einrichtung steht in der Tradition von Johann Joachim Winckelmann. Der preußische Schuhmachersohn wurde 1763 zum obersten Aufseher aller päpstlichen Altertümer in Rom ernannt.

Antikes aus archäologischen Ausgrabungen kann man nur einen Katzensprung vom Palazzo entfernt im Museum für antike Skulpturen Giovanni Barracco bestaunen. Eines der interessantesten, aber unbegreiflicherweise unbekanntesten Museen ganz Roms. Untergebracht ist das Museo Barracco in der sogenannten Farnesina Ai Baullari, einem Juwel der späten Renaissancearchitektur, errichtet für den französischen Geistlichen Thomas Le Roy. Das Museum zeigt kostbare Skulpturen der Assyrer, der Ägypter, der phönizischen, griechischen und römischen Kultur. Besonders wertvoll: die Fundstücke zypriotischer Kunst aus der Zeit der Hellenen. Zu den Schmuckstücken der Sammlung zählen Skulpturen des großen griechischen Bildhauers Polyklet und seiner Schüler.

Infos und Adressen

SEHENSWÜRDIGKEITEN

Museo Barracco. Corso Vittorio Emanuele 166/a, Tel. 06/06 08, www.museobarracco.it

Palazzo della Cancelleria. Piazza della Cancelleria 1, Tel. 06/69 88 75 66.

ESSEN UND TRINKEN

Acchiappafantasmi. Kalabrische Pizzeria, in der der Teig mit vielen scharfen Spezialitäten wie der 'Ndunja-Salami, belegt wird. Via dei Cappellari 66, Tel. 06/687 34 62, www.acchiappafantasmi.it

Bric. Tolles Käseangebot. Die Gerichte sind ein ausgezeichneter Mix aus französischer und italienischer Küche. Via del Pellegrino 51. Tel. 06/687 95 33, www.albric.it

Ditirambo. Leckere Landküche unter alten Holzbalkendecken. Piazza della Cancelleria 75, Tel. 06/687 16 26, www.ristoranteditirambo.it

Grappolo d'oro zampano. Traditionelle römische Küche. Piazza della Cancelleria 80, Tel. 06/689 70 80.

Percento. Neues Restaurant, in dem der junge israelische Chef Michal Levy Gerichte aus dem ganzen Mittelmeerraum präsentiert. Via Sora/ Ecke Via del Pellegrino 160, Tel. 06/68 80 95 54, www.ristorantepercento.com

Taverna Lucifero. Familienrestaurant, auf Fondues aller Art spezialisiert. Via dei Cappellari 28, Tel. 06/68 80 55 36, www.tavernalucifero.it

HISTORISCHES ZENTRUM

7 Via Giulia
Roms erste schnurgerade Straße

Noch heute präsentiert sich die Via Giulia als Prachtstraße mit Palästen und Kirchen, mit stillen Seitenstraßen und Antiquitätengeschäften. Eine Straße zum Bummeln und Entdecken.

Papst Julius II. (1503–1513) wollte Rom städtebaulich komplett umgestalten und vor allem an der Stelle der konstantinischen Basilika die größte christliche Kirche der Welt errichten: den Petersdom. 1506 wurde der Grundstein gelegt. Ein weiterer Teil seines Städtebauprojekts waren schnurgerade Straßen. Eine davon, die Via Giulia, ist heute eine der schönsten Fußgängerzonen Roms. In dieser Straße wurden nach dem Willen des Papstes wichtige Gebäude errichtet. Der ansässige Adel wurde verpflichtet, seine Paläste der Straßenführung anzupassen und prächtig zu gestalten.

Paläste neben Kirchen

An ihrem unteren Ende beginnt die Straße mit dem an antike Vorbilder erinnernden Brunnen Fontana del Mascherone. Rechterhand erscheint der ummauerte Garten des Palazzo Farnese. Ein hoher Bogen verbindet den Garten mit der gegenüber Straßenseite, wo sich die Kirche Santa Maria dell'Orazione e Morte erhebt, ein Meisterwerk des Barockarchitekten Ferdinando Fuga. Kurios: Die Kirche beherbergt eine in Rom sehr seltene und furchteinflößende Totenkammer mit Skeletten aus vier Jahrhunderten.

Mitte: Markant überspannt der Bogen vom Palazzo Farnese aus die Via Giulia.
Unten: Fernab vom Trubel und zum Spazieren ideal ist die ruhige Via Giulia.

Der barocke Palazzo Falconieri, beherbergt die ungarische Akademie mit einer 20 000 Bände umfassenden Bibliothek. Die reich dekorierte Fassade ist ein Werk von Francesco Borromini. Die benach-

Via Giulia

barte Kirche Santa Caterina di Siena stammt aus dem späten 18. Jahrhundert. Das Gotteshaus San Eligio degli Orefici entstand nach einem Entwurf von Raffael. Drinnen gibt es eine schöne Kuppel und Gemälde der römischen Schule. Im Palazzo dei Tribunali, in dem heute die Anti-Mafia-Polizei ihren Sitz hat, befinden sich die Carceri nuove, ehemalige päpstliche Gefängnisse, die heute mit dem römischen Kriminalmuseum locken.

Um die Ecke lohnt ein Besuch des Oratorio del Gonfalone aus der Mitte des 16. Jahrhunderts. Es handelt sich um die Kirche einer Bruderschaft, die das gesamte Innere ihres Gotteshauses von berühmten Malern ausschmücken ließ, darunter Federico Zuccari und Livio Agresti. Sie bemalten die Wände mit üppigen Gestalten in historischen Szenen. In dem Oratorium finden immer wieder klassische Konzerte statt. Sie lohnen einen Besuch, schon wegen der magischen abendlichen Atmosphäre des spärlich beleuchteten Oratoriums. Etwas weiter in der Via Giulia steht der große Palazzo Sacchetti, der wahrscheinlich von Antonio da Sangallo errichtet wurde. Der Palast ist privat, kann aber bei geführten Besichtigungstouren durch Rom besucht werden. In seinem Inneren lockt eine Galleria mit Fresken, die die heilige Familie und Adam und Eva darstellen, ein Meisterwerk von Pietro da Cortona.

Die Via Giulia endet mit der prächtigen Kirche San Giovanni dei Fiorentini. An der Realisierung wirkten die Größten der damaligen Zeit mit: da Sangallo, Peruzzi und Michelangelo. Das Innere ist ein kleines Museum religiöser Kunst mit einer Vielzahl von Gemälden der römischen Schule. San Giovanni dei Fiorentini ist die einzige Kirche Roms, die Gläubige auch gemeinsam mit ihren Vierbeinern besuchen können.

Infos und Adressen

SEHENSWÜRDIGKEITEN

Museo Criminologico. Di–Sa 9–13 Uhr, Di–Do 14.30–18.30 Uhr, Via del Gonfalone 29, Tel. 06/68 30 02 34.

Oratorio del Gonfalone. Via del Gonfalone 32/a, Tel. 06/687 59 52, 06/68 80 56 37, 06/9 06 65 72, Besichtigung auf Anfrage.

Palazzo Sacchetti. Via Giulia 66, Tel. 06/68 30 89 50, Besichtigung in Gruppen auf Anfrage.

Santa Maria dell'Orazione e Morte. Barocke Kirche mit einer skurrilen Krypta, die ganz mit menschlichen Knochen geschmückt ist. Via Giulia 262.

ÜBERNACHTEN

Hotel Ponte Sisto. Zimmer mit Blick auf den Ponte Sisto. Via dei Pettinari 64, Tel. 06/6 86 31 00, www.hotelpontesisto.it

Hotel St. George. Diskrete 5-Sterne-Eleganz. Via Giulia 62, Tel. 06/68 66 11, www.stgeorgehotel.it

EINKAUFEN

Ghecò. Kurioses Antiquitätengeschäft. Via Giulia 140e, Mobil 00 39/33 92 47 67 95.

Scala cromatica. Kosmetik, Feinkost, Einrichtungsgegenstände etc. Via Giulia 11, Tel. 06/68 80 69 03, www.scalacromatica.it

Mitte: Die Granitbecken vor dem Palazzo Farnese stammen aus dem Frigidarium von Caracalla und dienen jetzt als Brunnen.
Unten: Vorbei an den Restaurants der Via dei Baullari flaniert man zum Campo de' Fiori.

HISTORISCHES ZENTRUM

8 Palazzo Farnese
Ein Renaissancebollwerk

Der Palazzo Farnese ging in die Operngeschichte ein. Einer der größten, der prächtigsten und eindrucksvollsten Paläste ganz Roms. Hier spielt der zweite Akt von Puccinis Oper *Tosca*. Im Palazzo residiert Roms brutaler Polizeichef Scarpia, der Spitzbube, der Tosca verführen will. Es gelingt ihm aber nicht, die Römerin zu besitzen, und dafür lässt er ihren Liebhaber, den Maler Cavaradossi in die Verliese im Keller einsperren.

Die Familie Farnese erreichte im 15. und 16. Jahrhundert den Höhepunkt von Macht und Reichtum. Eine Familie, die, um diese gesellschaftliche Position zu erreichen, nie zimperlich vorging. 1493 wurde Alessandro Farnese Kardinal. Um diese Position zu erlangen, musste er seine Schwester Giulia, die wegen ihrer Schönheit »la Bella« genannt wurde, dem lüsternen Papst Alexander VI. als Gespielin überlassen. An Geld kam dieser als besonders verschlagen geltende Gottesmann durch Einnahmen, die er sich aus neun Bistümern sichern konnte. Geld, mit dem er diesen Palast bauen ließ.

Gut angelegtes Geld

Als Alessandro Farnese 1534 als Paul II. den Papstthron bestieg, vermehrte sich sein Vermögen um ein Vielfaches. Einnahmen flossen auch durch üble Vetternwirtschaft in seine Kassen. So versorgte er Freunde und Verwandte mit Kardinalstiteln. Die hatten dafür zu zahlen – und nicht zu knapp. An dem Entwurf des Palazzo Farnese wirkten ganz große Baumeister mit, darunter Antonio da Sangallo der Jüngere, Michelangelo, da Vignola und schließlich Giacomo della Porta. Alessandro, ein

Palazzo Farnese

Neffe des gleichnamigen Papstes, schwamm förmlich im Geld, bezog er doch als Kardinal Einnahmen aus gleich 30 Bistümern. Das Geld legte er gut an. Der Palazzo Farnese wurde zum Ort einer berühmt gewordenen Kunstsammlung, die allerdings nach dem Tod des letzten Farnese-Erben im 17. Jahrhundert nach Neapel ging. Der Palast kann besichtigt werden. Nicht immer, aber an bestimmten Tagen und zu bestimmten Uhrzeiten. Die Website der französischen Botschaft, die im Palazzo Farnese untergebracht ist, gibt die dafür nötigen Informationen.

Freizügige Deckengemälde

Ein Besuch ist für Kunstfreunde unerlässlich. Im ersten Stock, dort, wo der französische Botschafter im vielleicht schönsten Arbeitszimmer Roms mit Blick auf die Piazza arbeitet, haben Annibale und Agostino Carracci die Decke einer 20 Meter langen und sechs Meter breiten Galerie ausgemalt, mit einem der anzüglichsten Freskenbilder der Stadt.

Der Titel *Triumph des Bacchus und der Arianna* sagt alles: weibliche und männliche Nackedeis in deutlichen Posen. Wer Glück hat, kann einen Blick in das Arbeitszimmer des Botschafters erhaschen, das aber in der Regel nicht zugänglich ist. Die Wände – sie wirken übermäßig hoch, weil die Fläche des Raumes nicht sehr groß ist – wurden von Francesco Salviati und Taddeo Zuccari im üppigen römischen Barockstil ausgemalt.

Wer einmal im Palazzo ist, sollte sich auch den herrlichen Innenhof anschauen. Ein Hauptwerk des Architekten del Sangallo. Darunter befinden sich in den ausgedehnten Kellern der Botschafterresidenz Reste einer römischen Villa, mit Mosaiken und Mauerwerk.

Infos und Adressen

SEHENSWÜRDIGKEITEN

Palazzo Farnese. Besichtigungen nur gegen Voranmeldung an bestimmten Tagen. Piazza Farnese 67, Tel. 06/68 80 97 91, www.france-italia.it und www.ambafrance-it.org

ESSEN UND TRINKEN

Ar Galletto. Gute und einfache Trattoria in beneidenswerter Lage. Piazza Farnese 102, Tel. 06/6 86 17 14.

Die Trattoria Ar Galletto

Camponeschi. Feinschmeckerlokal mit ausgezeichnetem Weinkeller. Piazza Farnese 50, Tel. 06/6 87 49 27, www.ristorantecamponeschi.it

Monserrato. Elegantes, dabei gar nicht mal teures Restaurant, das auf Fisch- und andere Meerestiere spezialisiert ist. Via Monserrato 96, Tel. 06/6 87 33 86.

Osteria La Quercia. Leicht kreative italienische Küche. Piazza della Quercia 23, Tel. 06/68 30 09 32, www.laquerciaosteria.com

ÜBERNACHTEN

Suore brigidine. Wohnen bei schwedischen Nonnen an einem der schönsten Plätze Roms. Ihr Kloster an der Piazza Farnese bietet komfortable Gästezimmer. Piazza Farnese 96, Tel. 06/68 89 24 97, www.brigidine.org

Mitte: Zwischen den Marktständen ist der »Ape« der perfekte Kleintransporter.
Unten: Die Dachterrasse der Albergo del Sole macht dem Namen des Hauses alle Ehre.

HISTORISCHES ZENTRUM

9 Campo de' Fiori
Roms schönster Obst- und Gemüsemarkt

Es gibt römische Märkte, die billiger sind, die ein umfangreicheres Angebot haben, auf denen man nicht das Gefühl hat, als Tourist über das Ohr gehauen zu werden, die fotogener und authentischer sind – und doch: Der tägliche Markt Campo de' Fiori ist unbestritten der schönste, der bunteste und eindrucksvollste ganz Roms.

Dringender Ratschlag für Rombesucher, die eine Ferienwohnung haben: Man nehme sich vormittags ein wenig Zeit, um in Ruhe zum schönsten Markt der Stadt zu gehen.

Man gehe die vielen Stände ab, auf denen, ein wenig teuer – aber man gönnt sich ja sonst nichts – malerisch präsentiert das beste Gemüse und Obst aus allen Regionen Italiens feilgeboten wird. Besondere Aufmerksamkeit verdient ein Stand mit Trockenfrüchten und Gewürzen aus aller Welt.

Rund um den Campo de' Fiori locken gastronomische Feinschmeckerläden mit frischem Brot aus verschiedenen italienischen Regionen, mit regionalen Wurstwaren zum Finger ablecken und Metzgereien mit zartestem Fleisch.

Ketzer oder Philosoph?

In der Mitte des Platzes erhebt sich, tagsüber versteckt zwischen den Marktständen, die Statue des Philosophen Giordano Bruno – abends ein beliebter Treffpunkt für Jung und Alt. Der Mönch wurde im Jahr 1600 auf dem Platz verbrannt, hatte er sich doch erlaubt, seine Kirche mit eigenem Denken herauszufordern.

Campo de' Fiori

Der Philosoph, Dominikaner und Schriftsteller vertrat unter anderem die Ansicht, dass es nicht nur unsere eine, sondern viele andere Welten gibt. Er vertrat ebenso die Ansicht, dass Gott allem innewohne, wie das kopernikanische Weltbild – ein anderer ketzerischer Gedanke für die Kirche seiner Zeit –, wonach sich die Erde um die Sonne dreht.

Heute denkt die Kirche ganz anders. Im Plenarsaal der päpstlichen Akademie für Wissenschaften, die sich im für die Öffentlichkeit unzugänglichen Teil der Vatikanischen Gärten befindet, ist an einer Wand eine marmorne Tafel zu sehen, in der Bruno für seine wissenschaftlichen Theorien gebührend gewürdigt wird.

Die katholische Kirche ist eben Gott sei Dank immer wieder auch lern- und anpassungsfähig. Das Denkmal für den Ketzer Bruno wurde 1887 errichtet. Gegen den Widerstand der katholischen Kirche, deren Päpste sich infolge der italienischen Staatseinigung und der Eroberung Roms 1870 ins Exil hinter die vatikanischen Mauern zurückgezogen hatten. So blickt Bruno mit finsterem Gesichtsausdruck Richtung Vatikan, wie um den Päpsten zu sagen: »Wer zuletzt lacht ...«.

Sehen und gesehen werden

Der Campo de' Fiori ist zu jeder Tageszeit einen Besuch wert. Morgens zum Einkaufen und mittags zum Essen. Römische Hausmannskost sollte man im gutbürgerlichen Lokal »La Carbonara« probieren. Bei schönem Wetter am besten draußen, unter den Sonnenschirmen (unbedingt reservieren!). Spaghetti Carbonara sind eine echte römische Spezialität. Die Nudeln werden mit deftigem Speck, Eiern und Sahne zubereitet. Dazu ein Glas Weißwein und der Blick auf das Markttreiben, und man fühlt sich so richtig wohl.

AUTORENTIPP!

UNVERFÄLSCHT
Frühstück auf dem Campo de' Fiori. Viel schöner als im Hotel, denn man kann den Römern beim Einkaufen zuschauen, den Markthändlern beim Rufen und Handeln. Vor allem morgens, zwischen sieben und zehn Uhr ist der Platz am »römischsten«. Man ist fast unter sich.

Oben: Im letzten Sonnenlicht lässt sich die Aussicht auf den Campo de' Fiori genießen.
Unten: Und wohin geht's? Mit dem Handy durch Rom navigieren.

AUTORENTIPP!

WO RÖMER EINKAUFEN

Durch die Via di Cappellari mit ihren zahlreichen kuriosen Geschäften in die Via dei Banchi Vecchi: alte Patrizierhäuser und Kirchen, Lokale und Shops. Zurück geht es durch die Via Monserrato Richtung Campo de' Fiori und Piazza Farnese. In diesen Straßen gehen die Römern einkaufen. Touristen sind nur selten anzutreffen.

Picta.
Via dei Cappellari 11,
Tel. 06/68 30 02 48,
www.pictaporcellane.com

HISTORISCHES ZENTRUM

Am späten Nachmittag, das heißt in Rom ab 18 Uhr, denn zum »cena« geht man nicht vor 20.30 Uhr, trifft man sich in einer der Bars am Campo de' Fiori. Sehen und gesehen werden, das ist das Hauptthema auf der Bühne des inzwischen von den Marktresten gesäuberten Platzes. Spät abends sind alle Bars rappelvoll. So voll, dass sich die Anwohner immer wieder über den Lärm beklagen. Doch wer Römer bei Small Talk und einem Glas Wein kennen lernen will, der sollte abends hierher kommen. Schnell kommt man mit anderen ins Gespräch. Auch die kleine gerade Straße, die den Campo mit der Piazza Farnese verbindet, bietet Cafés, von denen sicherlich das schönste an der Ecke gegenüber des mächtigen Palastes liegt, in dem die französische Botschaft sitzt.

Der Campo de' Fiori ist der ideale Ausgangspunkt für Spaziergänge im Viertel. Beispielsweise zum Shoppen. Kleidung, preiswert und flippig, gibt es in der Via dei Giubbonari. An dieser Straße liegt die kleine Piazza Santa Barbera. Hier gibt es neben einem netten Caffè eine original römische Spezialität. Das Ristorante »Da Filettaro«, ein großer Name, denn in Wirklichkeit handelt es sich um eine Art Imbiss, serviert fantastisch leckere und nirgendwo sonst in Rom so gute »Filetti di baccala«, frittierte Stockfischfilets. Unbedingt probieren!

Traditionelle Handwerker

Ganz anders präsentiert sich die Via dei Cappellari. Sie mündet in die Via del Pellegrino, die ebenfalls vom Campo de' Fiori aus Richtung Norden führt. Die Via dei Cappellari ist noch noch heute eine der wichtigsten römischen Straßen der Handwerker. In Rom existieren noch viele Handwerker, die Stühle reparieren, Möbel herstellen und Gemälde restaurieren. Ganz Rom war früher voller solcher »artigiani«. Nur noch wenige Straßen bieten heute

Campo de' Fiori

immer noch jene traditionellen »botteghe«, Geschäfte und Werkstätten, in denen Handwerker arbeiten, essen und Freunde treffen.

Das Viertel des Campo de' Fiori bietet eine topographische Kuriosität. Von der Via dei Chiavari aus, die die Sant'Andrea della Valle mit der Via dei Giubbonaro verbindet, geht eine bogenförmige Straße ab. Sie verläuft mit dem Largo del Pallaro exakt entlang dem Halbrund des antiken Teatro di Pompeo.

Dieses Theater wurde im 1. Jahrhundert v. Chr. errichtet. Es war das erste überhaupt in Marmor und konnte von 18 000 Zuschauern besucht werden. Seine architektonischen Strukturen sind noch im Erdgeschoss und in den Kellerräumen des Albergo Teatro di Pompeo zu sehen. Die Via de Teatro di Pompeo gilt noch immer als eine der ursprünglichsten des historischen Zentrums von Rom. Hier stößt man nicht auf Touristengruppen. Durch einen aus dem Mittelalter stammenden Durchgang zwischen den alten Häusern erreicht man die kleine Piazza del Biscione, und schon ist man wieder am quirligen Campo de' Fiori.

MAL EHRLICH

UNSCHÖNE ENTWICKLUNG

Der Campo de' Fiori ist leider nicht mehr das, was er einmal war: ein waschechter Wochenmarkt. So machen sich immer mehr Händler breit, die Nippes und Kleidung verkaufen. Leider schreitet die Stadt gegen diese Entwicklung nicht ein. Unschön ist auch, dass nach dem Markt große und laut vor sich hin schnaufende Säuberungsmaschinen den Platz reinigen. Man sollte darauf achten, ob diese Ungetüme im Einsatz sind, bevor man sich in ein Café setzt. Straßenfeger wären preiswerter, weniger laut und schöner anzusehen.

Oben: Der Marktplatz am Vormittag
Mitte: Roms schönster Marktplatz hat in der Tat malerische Motive.
Unten: Ein wahres Schlaraffenland, der Wurstladen Antica Norcineria

Infos und Adressen

ESSEN UND TRINKEN

Angolo divino. Historische Weinbar. Via dei Balestrari 12/14, Tel. 06/6 86 44 13, www.angolodivino.it

Carbonara. Ideal zum Essen nach dem Marktbesuch. Unbedingt probieren: »la carbonara«! Piazza Campo de' Fiori 23, Tel. 06/6 86 47 83, www.la-carbonara.it

Filettaro. Unbedingt probieren: frittierter Baccalà, also getrockneter Fisch. Eine echt römische Spezialität! Largo de' Librari 88, Tel. 06/6 86 40 18.

Pancrazio. Römische Gastro-Klassiker. Piazza del Biscione 92, Tel. 06/6 86 12 46, www.dapancrazio.it

Roscioli. Feinkostladen und Restaurant, tolle Nudel- und Fleischgerichte. Via dei Giubbonari 21, Tel. 06/6 87 52 87, www.anticofornoroscioli.com

Sanlorenzo. Spitzengastronomie und ein Weinkeller mit 1000 Etiketten! Via dei Chiavari 4, Tel. 06/6 86 50 97, www.ilsanlorenzo.it

ÜBERNACHTEN

Albergo del Sole. Einfach, aber ganz nah beim Campo de' Fiori. Mit Parkplatz. Via del Biscione 76, Tel. 06/68 80 68 73, 06/6 87 94 46, 06/68 80 52 58, www.solealbiscione.it

Bollo apartments. Ausgezeichnetes Preis-Leistungs-Verhältnis! Kleine und sehr ruhig gelegene Ferienwohnungen. Dachwohnung mit Terrasse für 4 Personen. Vicolo del Bollo 4, Tel. 06/6 89 31 03, www.bolloapartments.com

Hotel Campo de' Fiori. Hübsches Hotel mit toller Dachterrasse. Via del Biscione 6, Tel. 06/68 80 68 65, www.hotelcampodefiori.com

Links: Bei Filettaro speist man auf einem Platz, der für sich allein schon ein Genuss ist.

EINKAUFEN

Antica Norcineria. Fantastisch reichhaltig sortierter Wurstladen. Viola, Piazza Campo de' Fiori 43, Tel. 06/68 80 61 14.

Frisch und knackig ist das Gemüse auf dem Marktplatz.

Antico Forno Roscioli. Einer der besten Feinkostgeschäfte des Zentrums. Via dei Chiavari 34, Tel. 06/686 40 45, www.anticofornoroscioli.com

Formaggi. Superleckere Käsespezialitäten der Cooperativa Cisternino! Vicolo del Gallo 18, Tel. 06/6 87 28 75.

Forno Campo de' Fiori. Mortadella, Speck, geräucherter Käse, Mozzarella, Nutella und Erdbeeren: alles, was man zwischen zwei Pizzahälften packen kann! Vicolo del Gallo 14, Tel. 06/68 80 66 62, www.fornocampodefiori.com

Markt Campo de' Fiori: Roms schönster Marktplatz!

Mondello ottica. Roms vielleicht verrückteste Brillen. Via del Pellgrino 98, Tel. 06/6 86 19 55, www.mondelloottica.it

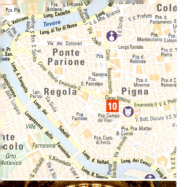

HISTORISCHES ZENTRUM

10 Sant'Andrea della Valle
Beschwingter Barock

Mitte: Die illuminerte Kuppel der Capella della Madonna della Purità, in der Sant'Andrea della Valle
Unten: Über den goldenen Ton im Innenraum von Sant'Andrea della Valle staunen die Besucher.

78

Sant'Andrea della Valle ist Opernfreunden ein Begriff. Hier siedelte Puccini den ersten Akt seiner weltberühmten Oper *Tosca* an. Drinnen malt der Künstler Cavaradossi, und die bildschöne Tosca kommt ihn mit einem Korb voller Leckereien besuchen. Es folgt Scarpia, der verhasste römische Polizeipräsident, und ein katholischer Geistlicher führt eine prächtige Prozession durch das Kirchenschiff an. Dazu die bezaubernde Musik von Giacomo Puccini.

Der Kirchenname »della Valle«, im Tal, erinnert an eine Talsenke, die sich hier bis ins 16. Jahrhundert hinein befand. Sie wurde ausgefüllt von einem künstlichen See, den Kaiser Augustus anlegen ließ. Die Fassade erhebt sich wie ein barocker Wolkenkratzer vor dem fast schon klein wirkenden Platz. Diese Kirche scheint sich hinter ihrer Fassade verstecken zu wollen, so gewaltig, so harmonisch elegant und doch auftrumpfend ragt sie in den azurblauen Himmel.

Die Kuppel, immerhin nach Sankt Peter die zweithöchste Roms, ist fast nicht zu erkennen. Die Fassade erinnert an die nahe Jesuitenkirche Il Gesù. Doch im Unterschied zu deren strengem und ernstem Charakter, typisch für die Zeit der Gegenreformation, wirkt die fast hundert Jahre ältere Sant'Andrea della Valle beschwingt barock. Die einzelnen Gliederungselemente der Fassade treten deutlicher hervor, und es wirkt alles steiler, fast wie bei den optischen Täuschungen, die die Baumeister des Barock auch zur Schaffung von Bühnenbildern nutzten. Leider treten diese Elemente der Fassade nur dann deutlich hervor, wenn sie gereinigt worden sind. Doch nur wenige Jahre rö-

Sant'Andrea della Valle

mischen Autoverkehrs mit seinen Abgasen machen selbst aufwendige Reinigungsarbeiten schnell wieder zunichte.

Architektonische Details

Man darf wohl sagen, dass das Kircheninnere zu den beeindruckendsten Roms gehört. Riesengroß präsentiert sich die Kirche in ihrem Hauptschiff. Man sollte, wie überhaupt, wenn man in Rom unterwegs ist und architektonische Details sehen will, ein Fern- oder Opernglas nutzen, um die einzelnen Bilder des großen Deckenfreskos von Giovanni Lanfranco zu sehen. *Die Glorie vom Paradies* ist ein paar Halsverrenkungen wert.

Malereien aus der ersten Hälfte des 17. Jahrhunderts – der Chor der Kirche ist von Meistermalern ausgeführt worden – zeigen Szenen aus dem Leben des heiligen Andreas, dem die Kirche ja geweiht wurde. Domenichino war ungemein geschickt in der Darstellung der einzelnen Bildprotagonisten. Er beschränkte sich auf wenige Figuren, die durch ihre klaren und für alle verständlichen Gesten auch für weit entfernte Bildbetrachter in der Kernaussage erkennbar sind.

Sant'Andrea della Valle ist auf verschiedenen Bildern zu sehen, die im nahen Palazzo Braschi ausgestellt sind. Hier befindet sich das seit wenigen Jahren komplett neu geordnete und eindrucksvolle Museo di Roma, das städtische Museum. Der klassizistische Palazzo Braschi ist einer der letzten großen Paläste, die in Rom errichtet wurden. Ein Block von einem Gebäude mit großen Sälen, in denen wunderschöne und kuriose Gemälde zu sehen sind, die Rom in der Renaissance, im Barock und im 19. Jahrhundert zeigen. Ein unerlässliches Museum für Rombesucher, die wissen wollen, wie die Ewige Stadt früher aussah.

Infos und Adressen

SEHENSWÜRDIGKEITEN

Museo di Roma. Palazzo Braschi, Piazza San Pantaleo 10, Tel. 06/06 08, www.museodiroma.it

Sant'Andrea della Valle. Piazza Vidoni 6, Tel. 06/6 86 13 39, www.sant-andrea-roma.it

ESSEN UND TRINKEN

Hostaria Costanza. Trattoria mit römischer Traditionsküche. Piazza del Paradiso 63/65, Tel. 06/6 86 17 17, www.hostariacostanza.com

Tartaruga Cantina. Kleines Feinschmeckerparadies, moderne italienische Küche. Via del Monte della Farina 53, Tel. 06/6 86 94 73, www.latartarugacantina.it

EINKAUFEN

Spazio Sette. Roms schönster Einrichtungs- und Designladen. Via dei Barbieri 7, Tel. 06/68 80 42 61.

Spazio Sette bietet schickes Design.

ÜBERNACHTEN

Hotel Della Lunetta. Traditionelles Hotel, komplett neu renoviert. Piazza del Paradiso 68, Tel. 06/68 39 50 56, www.hotel-centre-rome.com

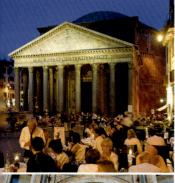

HISTORISCHES ZENTRUM

11 Pantheon
Erst heidnischer Tempel, dann christliche Kirche

Am besten setzt man sich erst einmal in eines der Cafés auf der Piazza und betrachtet das Gebäude. Seine Proportionen sind perfekt. Die Höhe der stämmigen Säulen, der schlichte Giebel, das sich hinter dem von Säulen getragenen Vorraum erhebende Rundgebäude, gekrönt mit der unaufdringlich wirkenden riesigen Kuppel: Alles wirkt enorm harmonisch und elegant. Das Pantheon fasziniert und dominiert die gesamte Piazza della Rotonda.

Wie kommt es, dass die anderen römischen Tempel Roms Ruinen sind und das Pantheon noch so gut erhalten ist? Nach knapp 2000 Jahren? Die katholische Kirche machte es möglich. Sie brauchte, 391 zur Staatsreligion geworden und mit immer mehr Anhängern, schnell viele neue Kirchen. Was lag also näher, als die heidnischen Tempel in katholische Kirchen umzubauen?

Das Pantheon war der erste heidnische Tempel, der eine christliche Kirche wurde. Die alten Götter verschwanden, man baute Altäre und brachte Kruzifixe an. Auf diese Weise entging das antike Bauwerk der Zerstörung besonders eifriger Christen, die in vielen – viel zu vielen – Fällen, Gebäude, in denen antike Götter verehrt wurden, dem Boden gleichmachten. 609 wurde die neue Kirche durch Papst Bonifaz IV. Maria und allen Märtyrern geweiht. Damit wurde übrigens die Grundlage für das Allerheiligenfest gelegt und an die antike Tradition des Pantheons angeknüpft, denn in dem ehemaligen Tempel verehrten die alten Römer alle Götter ihres immensen Reiches.

Mitte: Der einzige komplett erhaltene antike Tempel: das Pantheon, Wunderwerk der Baukunst
Unten: Nachdem aus dem Pantheon, dem Tempel der »Gesamtheit der Götter«, eine Kirche wurde, entstand darin auch ein Altarraum.

Pantheon

Barbaren und Barberini

Im Laufe der Zeit verschwand der antike Schmuck am Pantheon, darunter im 7. Jahrhundert die goldenen Dachziegel. Im 17. Jahrhundert machte sich auch Papst Urban VIII. aus der Familie der Barberini über das immense Gebäude her. An diesen Vorgang erinnert ein Spottvers, den noch heute die meisten Römer kennen: »Was die Barbaren nicht zerstörten, zerstörten die Barberini«.

Das heutige Gebäude geht auf Kaiser Hadrian zurück, der nach einem schweren Brand den Tempel 118–125 n.Chr. neu errichten ließ. Ein Gebäude, das seit dieser Zeit alle seine Bewunderer in den Bann schlägt – nicht nur Touristen, auch Bewohner aus der Umgebung besuchen dieses Gotteshaus regelmäßig.

Nachdem man den mit gewaltigen Säulen bestandenen Vorraum durchschritten hat, geht es vorbei an antiken, vollständig erhaltenen Bronzetüren in das runde Innere. Der Blick richtet sich gleich auf die Kuppel. Sie stellt eine für die Antike revolutionäre Lösung einer architektonischen Herausforderung dar. Die Höhe der hemisphärischen Kuppel entspricht exakt der halben Gesamtraumhöhe von 43,30 Metern. Würde man also die Kuppel zur Kugel ergänzen, so berührt sie unten den marmornen Fußboden in der Mitte.

Die perfekte Raumwirkung ergibt sich infolge eines verblüffend einfachen Proportionsverhältnisses. Faszinierend: Die Kuppel wurde nicht aus Steinen errichtet, wie zum Beispiel die des Doms von Florenz, die erste freie Kuppel seit der Antike, sondern über einer riesigen Holzverschalung aus einem Stück gegossen. Das immense Gewicht dieser Kuppel, auch dies ein architektonischer Geniestreich der Antike, verringerte man durch die Ver-

Auf der Piazza della Rotonda tummeln sich den ganzen Tag die Touristen.

AUTORENTIPP!

IL MURETTO
Die Cafés am Pantheon-Platz sind alles andere als preiswert und in der Regel rappelvoll.
Eine Alternative ist seit meiner Zeit als Stipendiat in Rom »il muretto«. Rund um das Pantheon erhebt sich ein nicht besonders hohes Mäuerchen. Wer dort sitzt, kann das bunte Leben der Piazza am allerbesten genießen – und gratis dazu! Am besten lässt sich der Platz von dem Mäuerchen direkt linker- und rechterhand des Pantheon-Eingangs aus beobachten.

HISTORISCHES ZENTRUM

Oben: Das gigantische Auge des Pantheon
Unten: Treffpunkt für junge Römer: der Brunnen auf der Piazza della Rotonda

wendung leichten Vulkangesteins erheblich. Und das alles ohne die Hilfe moderner Baugeräte oder Computer! Hinzu kommt, dass die antiken Baumeister ein ausgeklügeltes System von Gewölben und Bögen errichteten, unsichtbar innerhalb des Raums, die das Gewicht der Kuppel nach den Seiten entlasten, ohne dadurch die Statik des Gebäudes in Gefahr zu bringen. Der Fußboden und die Wände sind mit farbigem Marmor ausgeschmückt.

Die Innenseite der Kuppel besteht aus einer gewölbten Kassettendecke mit einem Loch in der Mitte. In der Antike war die Kuppel innen und auch außen mit vergoldeten Bronzeplatten verziert. Althistoriker vermuten in dieser Ausschmückung eine Anspielung auf den Sonnengott Apollo und die Sonnenkugel. Die Kuppelform wird auch als Symbolisierung der Kugelform des Kosmos interpretiert.

Gräber italienischer Könige

Seit Jahrhunderten ist das Pantheon auch eine Grabeskirche. Am dritten Pfeiler links vom Eingang hat der Maler Raffael (1483–1529) seine letzte Ruhe gefunden. Die Inschrift an seinem Grab: »Hier liegt Raffael; als er lebte, fürchtete die Mutter aller Dinge – die Natur – besiegt zu werden, nun da er tot ist, gleichfalls zu sterben«.

Jüngeren Datums sind die Gräber nach wie vor verehrter italienischer Könige im Pantheon. Nachdem 1870 Rom zur Hauptstadt des politisch vereinten Italiens geworden war, entschieden sich die Savoyer aus Piemont, nun Könige des neuen Italien, das antike Gebäude zu ihrer Grabeskirche umzubauen. So liegen hier, immer noch bewacht von königstreuen Italienern, die beiden ersten italienischen Könige, Viktor Emanuel II. (1820–1878) und Umberto I. (1844–1900).

Infos und Adressen

ESSEN UND TRINKEN

Cantina di Ninco Nanco. Leckereien aus der süditalienischen Region Basilikata. Via del Pozzo delle Cornacchie 36, Tel. 06/68 13 55 59, www.ninconanco.it

Fortunato al Pantheon. Bei Fortunato Baldassari lassen sich viele Politiker und VIPs verwöhnen. Beste römische Küche. Via del Pantheon 55, Tel. 06/6 79 27 88, www.ristorantefortunato.it

Grom. Hier stehen Eisliebhaber sogar Schlange, um die Köstlichkeiten dieser „Gelateria" zu schlecken. Via della Maddalena 30, Tel. 06/68 21 04 47.

Rosetta. Seit Generationen bietet die Familie Riccioli traumhafte Fischgerichte. Alles fangfrisch, ausgezeichnet, aber leider nicht preiswert. Trotzdem unbedingt zu empfehlen. Via della Rosetta 8/9, Tel. 06/6 86 10 02, www.larosetta.com

Tazza d'Oro. Kaffeebar mit Shop und der legendären Granita: halbgefrorenes Kaffeeeis mit Sahne. Via degli Orfani 84, Tel. 06/6 78 97 92, www.tazzadorocoffeeshop.com

Das Hotel Abruzzi mit herrlichem Blick auf das Pantheon

ÜBERNACHTEN

Hotel Abruzzi. Nur drei Sterne, aber in beneidenswerter Lage gegenüber dem Pantheon. Empfehlenswert: die Zimmer mit direktem Blick auf die Tempelfassade. Piazza della Rotonda 69, Tel. 06/97 84 13 51, www.hotelabruzzirome.com

Hotel Sole al Pantheon. 5-Sterne-Hotel direkt an der Piazza. Toll: die Zimmer mit Blick auf das Pantheon. Piazza della Rotonda 63, Tel. 06/6 78 04 41, www.hotelsolealpantheon.com

EINKAUFEN

Cartoleria Pantheon dal 1910. Kostbares Papier und beeindruckende Papierkunst. Via della Rotonda 15, Tel. 06/6 87 53 13, www.pantheon-roma.it

Stilo Fetti. DIE Adresse für Liebhaber und Sammler alter Füllfederhalter. Via degli Orfani 82, Tel. 06/678 96 62, www.stilofetti.it

The Place for Kids. Schicker Kindermodeladen. Salita die Crescenzi 32, Tel. 06/68 19 31 83.

WELLNESS

Acanto Day Spa. Für müde Rombesucher: Massagen, entspannen. Für Paare: Sabai-Sabai, ein Bad in Milch und Rosen ... Piazza Rondanini 30, Tel. 06/68 13 66 02, www.acantospa.it

Auch das Restaurant des Hotel Abruzzi liegt direkt an der Piazza della Rotonda.

83

HISTORISCHES ZENTRUM

12 Santa Maria sopra Minerva
Eine repräsentative Kirche für die Dominikaner

Roms schönstes Knie kann in dieser Kirche besichtigt werden. Ein Männerknie. So wohlgeformt, dass Männer wie Frauen seit Jahrhunderten hingerissen sind. Der Mann zum Knie ist fast nackt. In der Hand hält er ein Kreuz, denn der berühmte Nackedei ist niemand Geringeres als der Gottessohn Jesus Christus.

Michelangelo schuf 1519–21 diese Statur des Erlösers. Schon Zeitgenossen warfen dem Künstler vor, dass er nicht Jesus Christus dargestellt habe, sondern den heidnischen Gott Apollo oder sogar einen seinen eigenen jugendlichen Liebhaber. Andere wiederum, und ihnen wird der heutige Betrachter sicherlich zustimmen, würdigten Michelangelo als ein Genie, das toten Stein scheinbar zum Leben erweckt.

Gotische Kirche mitten in Rom

Santa Maria sopra Minerva entstand im 13. Jahrhundert aus einem seit dem 8. Jahrhundert an dieser Stelle existierenden Oratorium. Die Dominikaner brauchten eine neue und große Kirche, denn ihr Orden hatte regen Zulauf. So entstand die einzige noch komplett erhaltene gotische Kirche Roms. Doch die Baumeister von Santa Maria sopra Minerva hatten die Grundprinzipien der gotischen Architektur nicht richtig begriffen oder konnten sie nicht so wie in Nordeuropa umsetzen. Sie bauten in den Formen der Gotik, aber nicht nach dem für die Gotik typischen Stil des in die Höhe strebenden Kirchenschiffes. Säulen und

Roms einzige gotische Kirche steht auf einem antiken Tempel: S. Maria sopra Minerva.

Santa Maria sopra Minerva

Kreuzbögen sind gotisch, aber niedrig. Für die römischen Dominikaner war das kein Problem. Die Baumeister schufen ein Gotteshaus, das der Funktion einer Bettelordenskirche Genüge tat: Sie verfügt über viel Raum für zahlreiche Gläubige.

Fürsprache vor dem Herrn

In Siena befinden sich in der Kirche der heiligen Katharina ein Finger und andere Körperreliquien der frommen Dame aus dem Mittelalter. Santa Maria sopra Minerva besitzt aber den ganzen restlichen Körper, eine der wichtigsten römischen Reliquien. Sie befindet sich unter dem Hauptaltar. Eine schöne Liegeskulptur von Isaia da Pisa aus dem 15. Jahrhundert erinnert an die prominente Dominikanerin. Die Kirche ist voll mit Grabmälern. Sie sind Ausdruck eines dringenden Bedürfnisses früherer Jahrhunderte. Man wollte in der Kirche eines Ordens begraben sein, um, wenn dann das Jüngste Gerichte anbricht, die Fürsprache des Ordens zu erlangen.

Eines der Gräber gehört dem 1296 gestorbenen Bischof Durandus. Die Liegefigur auf dem Sarkophag wirkt so detailgetreu, dass man sie für ein Werk der Renaissance halten könnte. Der außerordentlich schöne antike Sarkophag von Giovanni Arberini stammt aus Griechenland und wurde im 5. Jahrhundert v. Chr. aus Marmor geschlagen. Zu sehen ist der Heide Herkules im Kampf mit dem Nemëischen Löwen.

Das Altarbild der fünften Kapelle im rechten Seitenschiff ist eine Spende eines Dominikaners mit einem berühmt-berüchtigten Nachnamen. Juan de Torquemada war Kardinal und Kunstfreund. Er war der Neffe von Tomas de Torquemada, der als furchterregender und brutaler Inquisitor seiner Kirche in die Geschichte einging.

Infos und Adressen

SEHENSWÜRDIGKEITEN
Santa Maria sopra Minerva, Piazza della Minerva 42, Tel. 06/6 79 39 26.

ESSEN UND TRINKEN
Pigna. Klassisch römische Küche in leichter und bekömmlicher Form. Piazza della Pigna 54/55, Tel. 06/6 78 55 55.

Roof Garden Minerva. Elegantes Panoramarestaurant. (siehe unten Grand Hotel del la Minerva)

Sagrestia. VIP-Pizzeria in Palazzo aus dem 15. Jahrhundert. Via del Seminario 89, Tel. 06/6 79 75 81.

EINKAUFEN
Gamarelli. Hier kleiden sich Päpste und stilbewusste Kardinäle ein. Die hackenverstärkten Kniestrümpfe sind ein absolutes Muss für elegante Männer. Via di Santa Chiara 34, Tel. 06/68 80 13 14.

Moriondo e Gariglio. Schicker Pralinenladen. Via Piè di Marmo 21/22, Tel. 06/6 99 08 56, www.moriondoegariglio.com

ÜBERNACHTEN
Grand Hotel de la Minerve. Elegantes 5-Sterne-Hotel in barockem Palazzo. Piazza della Minerva 69a, Tel. 06/69 52 07 19, www.grand-hoteldelaminerve.com

Luxuriöses Zimmer im Hotel de la Minerva

HISTORISCHES ZENTRUM

13 Sant'Ignazio
Malerei oder Architektur?

Diese Kirche betrügt das Auge, gaukelt ihm Dinge vor, die so nicht existieren. Typisch für das römische Barock, das mit nur gemalten Architekturelementen in die Irre zu führen versucht. Was der Betrachter für echt hält – aus Stein, Stuck und Marmor – ist tatsächlich Illusion. Sant'Ignazio versetzt den Betrachter mit seinen Deckenmalereien förmlich in Entzücken, auch wenn man dabei ein wenig Nackenschmerzen bekommt.

Die Kunstpolizei

Der Platz ist wunderschön, so ganz ohne Autos. Die Piazza Sant'Ignazio, nicht weit vom Pantheon entfernt, ist von prächtigen Gebäuden gesäumt. Eine Kirche und zierliche Häuser mit geschwungenen Barockfassaden, die an Möbel aus der Zeit um 1700 erinnern. Im Zentralgebäude ist übrigens die weltweit einzige Polizeieinheit untergebracht, deren Aufgabe ausschließlich darin besteht, gestohlene Kunstwerke wiederzufinden. Dem Palazzo mit der Kunstpolizei gegenüber erhebt sich eine der prächtigsten und elegantesten Fassaden ganz Roms. Erreicht man den Platz von einer Seitenstraße aus, ragt diese Fassade wie ein Wolkenkratzer in die Höhe.

Römischer Barock vom Feinsten

Mitte: Die Piazza Sant'Ignazio ist einer der schönsten Plätze Roms.
Unten: Mit dem Opernglas entdeckt man die zahlreichen Details in den Deckenfresken.

Bild Seite 88/89:
Das Deckenfresko von Sant'Ignazio ist ein Werk von Andrea Pozzo.

Mit Zierrat, ja – aber gerade einmal so viel, dass es nicht überladen wirkt. Die gekonnte Anordnung der Architekturelemente mit ihren Säulen, Bögen, Ecken etc. lässt die Raumwirkung der Fassade ungemein harmonisch wirken. Kein Wunder, der Entwurf stammt vom Architekten Orazio Gras-

Sant'Ignazio

si, der als Mathematiker auch ein Kenner von Formen und Proportionen war. Sant'Ignazio ist eine Jesuitenkirche. Dieser Orden propagierte anfangs eine strenge und sparsam dekorierte Architektur. Doch mit der Zeit änderte sich das. Immer mehr Gold, Halbedelsteine, kostbarster Marmor und aufwendig gestaltete Stuckaturen fanden fortan auch in den Jesuitenkirchen Platz.

Im riesigen Innenraum, der wie fast alle römischen Kirchen nur wenige Sitzbänke aufweist, fasziniert vor allem die Decke. Eine komplett bemalte Decke. Oder doch nicht? Was ist Architektur? Wo hört die tatsächliche Architektur auf und wo geht sie, fast nahtlos, in Malerei über? In vorgetäuschte Architektur, hervorgezaubert mit Pinsel und Farbe.

Meisterwerk der Illusion

Andrea Pozzo schuf das gewaltige Deckenfresko zwischen 1685 und 1695. Es stellt den Höhepunkt der illusionistischen Barockmalerei in Rom dar. Pozzo malte auch die Decke in der ersten Jesuitenkirche Roms aus, in Il Gesù, rund fünf Minuten von Sant'Ignazio entfernt. Man muss schon genau, am besten mit einem Opernglas, hinschauen, um den Schnittpunkt zwischen echt und gemalt zu erkennen. Eine Marmorscheibe auf dem Boden markiert den Punkt, von dem aus die Illusion perfekt wirkt. Pozzo beherrschte wie nur wenige Maler seiner Zeit die raffinierte Kunst der Perspektive, die das Auge hinters Licht führt.

Pozzo entwarf auch ein Grabmal in der Kirche, das des heiligen Luigi Gonzaga. Der war Student des bei der Kirche errichteten Jesuitenkollegs und starb an Auszehrung. Das Grab zeigt seinen ausgemergelten Körper und ist zum Symbol für den asketischen und zum religiösen Fanatismus neigenden Geist des Jesuitenordens geworden.

Infos und Adressen

SEHENSWÜRDIGKEITEN

Sant'Ignazio di Loyala. Piazza Sant'Ignazio 8, Tel. 06/6 79 44 06.

ESSEN UND TRINKEN

Buco. Feinste toskanische Küche seit 1901. Ein Gastro-Klassiker in Rom. Via di S. Ignazio 7/8, Tel. 06/6 79 32 98.

Le Cave di S. Ignazio. Kein Spitzenlokal aber ordentliche Nudelgerichte vor der umwerfenden Kulisse! Piazza Sant'Ignazio 169, Tel. 06/6 79 78 21.

Non solo bevi. Weinbar mit reichhaltiger Auswahl und dazu leckeren Gerichten. Piazza di Pietra 64, Mobil 00 39/3 39-16 39 55.

Sapore di Mare. Fischladen und Fischrestaurant. Eine der besten Adressen für Meeresgerichte. Via Piè di Marmo 36, Tel. 06/6 78 09 68, www.saporedimareroma.com

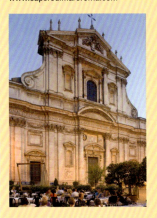

Im Le Cave di S. Ignazio isst man vor der imposanten Fassade von Sant'Ignazio.

HISTORISCHES ZENTRUM

14 Galleria Doria Pamphilj
So residierte der Adel

Sicherlich, es genügt, die Vatikanischen und die Kapitolinischen Museen zu besichtigen, die ja über schier unendliche Gemäldegalerien verfügen. Doch nur wer den Palazzo Doria Pamphilj besucht, bekommt einen bleibenden Eindruck davon, wie prunkvoll Roms Adel inmitten von Kunst lebte und residierte. Die Pinakothek dieses Palastes ist noch genauso geblieben wie im Barock – ein einzigartiges Ambiente.

Die Sammlung Pamphilj

Unbedingt besichtigen sollten Kunstfreunde die Galleria des Palazzo Doria Pamphilj. Nicht nur wegen der Kunst, sondern wegen der in Rom seltenen Möglichkeit, einen Adelspalast, und dazu noch einen der wichtigsten überhaupt, von innen zu sehen: keine Säle oder Zimmer, sondern Prachträume, wie in einem Schloss. Die Pinakothek des Palastes wurde von der Familie Pamphilj begründet. Eine mächtige und reiche Familie, gehörte zu ihr doch auch Papst Innozenz X. Sie wollten zeigen was sie hatten und das so dicht beieinander, dass es einem den Atem verschlägt. Da hängen Meisterwerke von Bassano, Raffael, Tizian und Sassoferrato, von Ribeira, Caravaggio, Solimena und anderen ganz großen Namen der europäischen Kunstgeschichte.

Die Spiegelgalerie in der Galleria Doria Pamphili zeichnet ein beeindruckendes Bild des römischen Adels.

In einem Extraraum, dem sogenannten Gabinetto II, begegnet dem Besucher der kritische Blick von Innozenz X. Der Papst aus der Familie Pamphilj wurde 1650 von der spanischen Malerkoryphäe Diego Velázquez in Öl gebannt. Ein willensstarker Papst, der einen da anblickt.

Galleria Doria Pamphilj

Im Salone del Poussin der Galleria Doria Pamphilj kann man Kunst in Hülle und Fülle bestaunen.

Zu besichtigen sind auch die, ehemals, privaten Gemächer, denn Fürst Pamphilj, sein Lebenspartner und das gemeinsame Leihmutterkind, wohnten in einem anderen, modern eingerichteten Stockwerk des immensen Palastes. Die Privatgemächer präsentieren sich als eine Vielzahl von Räumlichkeiten, die prächtig ausgeschmückt und eingerichtet sind. An den Wänden wieder Meisterwerke von Lippi und Lotto, von del Piombo und anderen großen italienischen Meistern. Zu besichtigen gibt es auch einen großen Empfangs- und einen noch größeren Ballsaal. Ihre Wände sind mit Gobelin-Wandteppichen aus der Zeit des französischen Königs Ludwig XIV. geschmückt.

Wer nach dem Besuch im Palazzo Pamphilj noch weiter in fürstlichem Ambiente verweilen will, der sollte den nur fünf Minuten entfernten Palazzo Colonna besuchen – eine große Adelsresidenz mit einer Gemäldesammlung, die der Pamphilj-Pinakothek Konkurrenz macht. Mit Werken von Tizian, Bassano, Reni und anderen bedeutenden Namen. Faszinierend ist eines der hier ausgestellten Hauptwerke Tintorettos, der *Narziss an der Quelle*. Ergreifend in der Einfachheit des Sujets ist ein anderes Werk, *Der Bohnenesser* von Annibale Carracci. Es zeigt einen armen Mann beim Essen.

Infos und Adressen

SEHENSWÜRDIGKEITEN

Galleria Doria Pamphilj. So wohnen Roms Aristokraten, umgeben von Kunst. Via del Corso 305, Tel. 06/6 79 73 23, www.dopart.it/roma/

Galleria Colonna. Ein weiterer Palast, voll mit einzigartiger Kunst. Sa geöffnet, Piazza dei Santi Apostoli 66, Tel. 06/6 79 43 62, www.galleriacolonna.it

Innenansichten eines Adelspalastes in der Galleria Doria Pamphilj

ESSEN UND TRINKEN

Abruzzi. Spezialitäten der Abruzzen. Via del Vaccaro 1, Tel. 06/679 38 97.

Antica Birreria Peroni. Wer sagt, dass Italiener kein Bier mögen? Historische Brauerei mit deftigen Gerichten. Via di San Marcello 19, Tel. 06/679 53 10, www.anticabirreriaperoni.it

Antico Caffè Castellino. Wegen ihrer morgendlichen Cornetti-Hörnchen beliebte Kaffeebar. Via Cesare Battista 135, Tel. 06/6 79 24 04.

Enoteca Provincia Romana. Regional typische Gerichte und Weine aus Latium. Largo Foro Traiano 82–84, Tel. 06/69 94 02 73, 06/6 76 69, enoteca@provincia.roma.it

ZTL Risto Club. Design-Cocktail-Bar, in der mittags auch gekocht wird. Via di Sant'Eufemia 8, Tel. 06/69 94 20 41.

HISTORISCHES ZENTRUM

15 Il Gesù
Prächtige Dekorationen zum Staunen

Zu viele Kirchen in Rom? Sicherlich, aber jede bietet etwas ganz Besonderes. Il Gesù ist die erste wichtige Jesuitenkirche in Rom. Durch ihre Größe und ihre Gestaltung sollte sie der aufstrebenden Bedeutung des neuen Ordens der Jesuiten Ausdruck verleihen und zum Symbol für die Gegenreformation werden.

Vom Platz vor der Kirche aus wirkt die Fassade gigantisch. Sie ist flach und deutet ihre vielen Säulen nur an. Auf diese Weise wird der Eindruck der flächenmäßigen Ausdehnung der Fassade noch zusätzlich verstärkt. Mit diesem Stil sollte Eindruck gemacht werden. Zum einen auf die katholischen Gläubigen, denen mit diesem Stil gesagt wurde: »Seht her, wir sind die einzig wahre Kirche.« Und zum anderen auf die abtrünnigen Protestanten in Nordeuropa, denen man mit derart grandiosen Bauwerken demonstrieren wollte, wie reich und mächtig man ist. Die Predigt, mit eindringlichen und leicht verständlichen Worten, und prächtige Gottesdienste in umwerfendem Ambiente, gehörten zu den Hauptmitteln der Verfechter der katholischen Gegenreformation. Die römische Kirche Il Gesù, was nichts anderes heißt als »Der Jesus«, sollte die neue Philosophie der Gegenreformation zum Ausdruck bringen.

Mitte: Die gigantische Fassade von Il Gesù
Unten: Göttliche Engel blicken auf die Besucher herab.

Bilder Seite 94:
Oben: Die Kuppel des Zentralbaus
Unten: Die Kanzel übersieht man fast.

Barocker Prototyp

Es war der Architekt Vignola, der diese Kirche errichtete und damit einen barocken Prototypen entwickelte, der sich über ganz Europa ausbreiten sollte. Il Gesù ist in diesem Sinn die Nummer eins. Ein Architekturstil, der aus einem überkuppelten

Il Gesù

Zentralbau besteht, wie er seit der Renaissance existiert, der allerdings um einen Längsbau erweitert wird, den Kapellen flankieren. Auf diese Weise schuf der Architekt zusätzliche Räumlichkeiten für Andachten und Gottesdienste im kleineren Kreis.

Neu im Vergleich zu bisherigen Gottesdiensten: In der Renaissance dominierten Kirchenformen mit einem Kreis und einem griechischen Kreuz, das über vier gleich lange Arme verfügt. Auf diese Weise sollte ein perfektes Abbild der Vollkommenheit Christi nachgeahmt werden. Doch so ein Grundriss macht es für Gläubige schwer, sich visuell auf den Hauptaltar und den dort gefeierten Gottesdienst zu konzentrieren. Die Jesuiten als die eifrigsten Vertreter der Gegenreformation legen vor allem Wert auf das Wort, das für sie eines der wichtigsten Mittel war, um die Menschen zu erreichen. Aus dieser Konzentrierung auf den Gottesdienst entstand eine neue Kirchenform, die in Il Gesù ihre erste Vollendung fand.

Abkehr vom Minimalismus

1584 wurde diese Kirche eingeweiht – und präsentierte sich dem Besucher ganz anders als heute, viel minimalistischer. 1650 kam es zum Umbau der Ausschmückung. Die klaren Formen des Entwurfs von Vignola verschwanden hinter aufwendigen Stuckaturen und anderen Dekorationen. Fortan sollten die Gläubigen nicht mehr durch strenge und einfache Architekturformen auf das Wesentliche gelenkt, sondern durch prächtigen Schmuck in Staunen versetzt werden.

Aus dieser Zeit stammt einer der faszinierendsten illusorischen Kunstgriffe der europäischen Malerei. Das Deckengemälde des Langhauses wurde von Baciccia in elf Jahren zwischen 1672 und 1683 geschaffen. Es stellt den *Triumph des Na-*

AUTORENTIPP!

STILLE SCHÖNHEIT

An jedem ersten Dienstag eines Monats vollzieht sich um 16.30 Uhr eine kuriose Zeremonie in der Chiesa di Santo Stefano del Cacco. Während einer religiösen Feier wird ein sogenanntes Volto Santo, ein Bildnis Christi, feierlich enthüllt, das 1945 von der Nonne Gertrude Mariani infolge einer religiösen Verzückung gemalt wurde. Aber auch ohne diese Zeremonie ist dieses kleine und versteckt liegende Gotteshaus einen Besuch wert. Keine Kirche des triumphierenden Glaubens, kein barockes Auftrumpfen, kein Eindruckschinden. Eine zauberhaft stille und fast schon einsame Kirche aus dem 9. Jahrhundert, an der die meisten Römer und Touristen achtlos vorbeilaufen. Ihr aktuelles Aussehen stammt aus dem Jahr 1607, in den Kellergewölben können zahlreiche uralte Grabsteine besichtigt werden.

Chiesa di Santo Stefano del Cacco.
Via Santo Stefano del Cacco 26,
Mobil 00 39/33 83 47 88 58.

Selbst ein Seitenaltar hat in Il Gesù prunkvolle Ausmaße.

Il Gesù

mens Jesu dar. Der Maler zeigt in meisterhaften Verkürzungen Figuren, die wie echt wirken und die den Eindruck erwecken, aus dem Stuckrahmen herauszustürzen.

Die Kirche beherbergt auch das Grab von Ignatius von Loyola, dem Begründer des Jesuitenordens. Das Luxusgrab befindet sich im linken Querschiff, verziert mit Unmengen von zartblauem Lapislazuli, der schon im Barock äußerst kostbar war. Das Gemälde, das das Grab ziert, wird an manchen Tagen der Woche mithilfe eines Mechanismus aus der Zeit des Barock, der erst vor Kurzem wieder instand gesetzt wurde, wie durch Geisterhand nach oben und unten bewegt und scheint im Erdreich zu verschwinden.

Sitz der Democrazia Cristiana

Direkt neben der Kirche befinden sich – ein Tipp für Jesuitenfreunde – die ehemaligen Privatgemächer des Ordensgründers Ignatius von Loyola. Es handelt sich um eine Reihe von Räumen und einen Korridor, die zum Teil ausgemalt sind von Malern wie Giovanni Battista Gaulli, Baciccia genannt, und Andrea Pozzo.

Der barocke Palast links gegenüber der Fassade von Il Gesù, Palazzo Cenci Bolognetti war fast 50 Jahre lang Sitz der allmächtigen und dann in zahllosen Korruptionsskandalen untergegangenen Partei der italienischen Christdemokraten, der Democrazia Cristiana, DC. Diese Partei regierte Italien fast 45 Jahre lang ohne Unterbrechung. Nach der Aufdeckung von illegaler Parteienfinanzierung und Korruption zerbrach die DC in drei kleine Parteien, die alle unter einem Dach untergebracht waren und eifersüchtig um die Wählergunst buhlten. Heute ist diese einstmals mächtige Partei nur noch Erinnerung.

Infos und Adressen

SEHENSWÜRDIGKEITEN

Il Gesù. Neben der Kirche sollte man auch die Räumlichkeiten rechts vom Haupteingang besichtigen, in denen Ignatius von Loyola lebte. Via degli Astalli 16, Tel. 06/69 70 01, www.chiesadelgesu.org

ESSEN UND TRINKEN

Bibkiothé. Orientalisches Kulturzentrum, orientalische Küche, Teestube und idealer Treffpunkt an der Kirche. Auch interessant: das Konzertprogramm mit orientalischer Musik. Via Celsa 4/5, Tel. 06/6 78 14 27.

Ducati Caffè. Kaffeebar mit kleinen Häppchen. Via della Botteghe Oscure 35, Tel. 06/68 89 17 18, www.ducaticafferoma.com

Pigna. Wirklich gutes Fischrestaurant mit akzeptablem Preis-Leistungs-Verhältnis. Piazza della Pigna 54, Tel. 06/6 78 55 55.

EINKAUFEN

Bottega dell'Argento. Fast alles aus Silber. Silberwaren seit 60 Jahren. Corso Vittorio Emanuele 17, Tel. 06/6 78 14 00.

Enoteca di Sardegna Pigna. Sardische Weine und Delikatessen. Täglich Mittagstisch: einige wenige, ausgezeichnete Nudelgerichte. Via della Pigna 3, Tel. 06/6 78 93 74.

Perbacco. Bestens sortierte Weinhandlung. Zum guten Tropfen gibt's auch leckere kleine Häppchen. Via Piè di Marmo 34, Tel. 06/69 92 21 86.

ANTIKE UND TRENDVIERTEL

16 Piazza Venezia, Vittoriano	100
17 Kapitolsplatz	102
18 Forum Romanum	108
19 Kolosseum	116
20 Palatin	122
21 Circus Maximus, Caracalla-Thermen	126
22 Santa Maria in Cosmedin	130
23 Tempio di Vesta, Teatro Marcello	132
24 Ghetto	136
25 Santa Sabina, Aventin	144
26 Trastevere	152
27 Santa Maria in Trastevere	160
28 Villa Farnesina	162

97

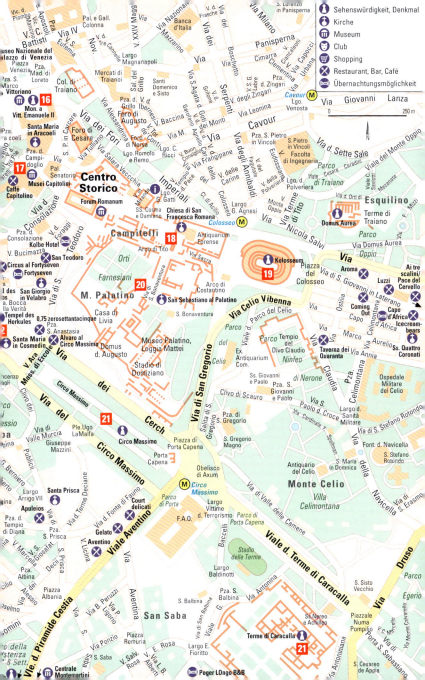

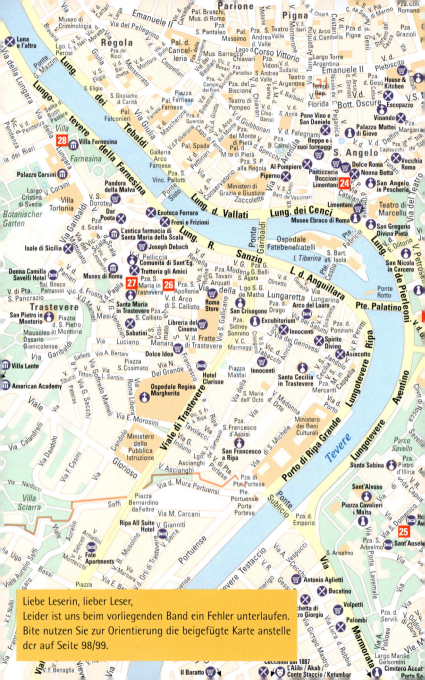

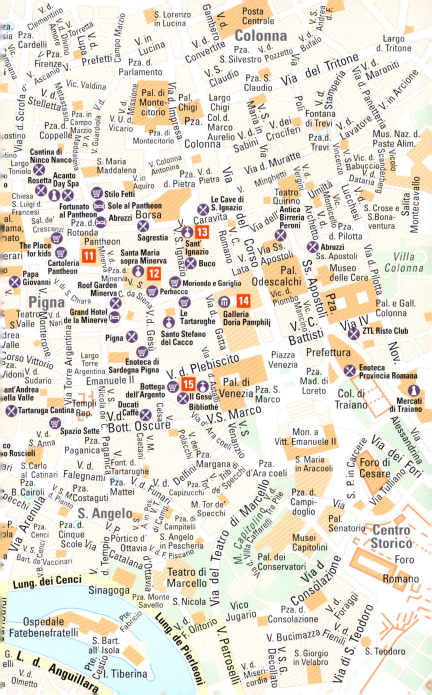

Mitte: Morgenlicht streift das Forum des Cäsar und das Il Vittoriano.
Unten: Seit Neuestem kann man auf die Aussichtsplattform des Il Vittoriano.
Bild Seite 86/87: Vom Palatin schaut man über das Forum Romanum, den Palazzo Senatorio und das Il Vittoriano.

ANTIKE UND TRENDVIERTEL

16 Piazza Venezia, Vittoriano
Verkehrsknotenpunkt einst und jetzt

Seit der Antike ist die Piazza Venezia von ständigem Verkehr umbraust. Von hier sind bequem das barocke, das antike und das jüdische Rom zu erreichen. Das ehemalige Ghetto, das Kapitol und die Foren sowie die prächtigen Adelspaläste und Kirchen aus dem 16. bis 18. Jahrhundert liegen gleich um die Ecke.

Wenn auf der Piazza Venezia ein »Vigile«, ein weißgekleideter Verkehrspolizist mit Tropenhelm, steht und mit theatralischen Gesten versucht, den chaotischen Verkehr zu dirigieren, sollte man sich dieses rare Spektakel genau anschauen – mit wieviel Eleganz der Vigile seine Arbeit verrichtet!

Kunst in Mussolinis Amtssitz

An der Piazza erhebt sich der Palazzo Venezia, ein großer Renaissancepalast mit einem kleinen Balkon, von dem aus Duce Mussolini die Massen grüßte, der Diktator hatte hier seinen Amtssitz. Heute beherbergt der Palazzo Kunst aus der Zeit vom italienischen Mittelalter bis zur Früh- und Hochrenaissance. Die archäologische Bibliothek umfasst mehr als 300 000 Bücher.

Dicht am Palazzo Venezia erhebt sich die Kirche San Marco. Entstanden im 4. Jahrhundert, präsentiert sie sich heute als Renaissancebauwerk. Die Fassade wurde aus Travertinsteinen des Kolosseums errichtet. Der reich gestaltete Innenraum aus dem 15. bis 18. Jahrhundert zeigt unter den zahllosen Kunstwerken in der Apsis einen Mosaikfuß-

Piazza Venezia, Vittoriano

boden aus dem 9. Jahrhundert. Eine schöne und stille Kirche, denn nur selten verirren sich hierher Touristen.

Schreibmaschine oder Gebiss

Die Piazza Venezia wird dominiert von der Schreibmaschine oder dem Gebiss, wie das gigantische Gebäude wegen seiner Form genannt wird. Das »Monumento a Vittorio Emanuele II.«, oder auch Altar des Vaterlandes genannt, wird entweder als himmelschreiende Geschmacklosigkeit empfunden oder aber als absoluter Trash. Tatsache ist, und da sind sich Archäologen einig, dass prächtige Gebäude im alten Rom wahrscheinlich genauso aussahen. Das Monument für König Vittorio Emanuele ist ein Travertin-Gebirge mit breiten Treppen, hohen Säulen und immens großen Skulpturen. Mit dem Bau wurde 1885 begonnen. Dafür wurden antike und mittelalterliche Ruinen abgetragen. Ein Unding für heutige Archäologen.

Herrlich der Aufstieg und Ausblick von der Haupttreppe aus. Das Innere, mit einigen Museen und Ausstellungshallen, ist genauso gigantisch wie das Äußere. Geschichtsfreunden wird der Besuch des Museums für das Risorgimento, die italienische Staatseinigung im 19. Jahrhundert, empfohlen. Alles wirkt zwar ein wenig veraltet und verstaubt, aber es gibt eine Menge originaler Uniformen, Dokumente und historischer Gemälde zu sehen.

Am reizvollsten ist es aber, von einer der oberen Terrassen aus den Panoramaaufzug auf das obere Dach des Vittoriano zu nehmen. Das ist nicht ganz preiswert, aber der Ausblick ist umwerfend. Man kann sich gar nicht sattsehen. Ein Tipp: am besten morgens aufs Panoramadach oder noch besser am späten Nachmittag, wenn das Sonnenlicht die Stadt in goldenes Licht taucht.

Infos und Adressen

SEHENSWÜRDIGKEITEN

Museo Nazionale del Palazzo di Venezia. Beeindruckende Renaissancesäle mit fantastischen Fresken, eines der wichtigsten Museen Roms. Via del Plebiscito 118, Tel. 06/69 99 42 84, www.museopalazzovenezia. beniculturali.it

San Marco. Reizvolle Renaissancekirche, die ein Teil des Palazzo Venezia ist. Piazza di San Marco 48, Tel. 06/679 52 05, www.sanmarcoevangelista.it

Vittoriano. Man sollte auch auf die aktuellen Ausstellungen achten, vor allem die Kunstausstellungen. Der Panoramaaufzug ist gratis zu erreichen, kostet dann jedoch 14 € pro Person. Die Aussicht lohnt sich aber auf jeden Fall. Piazza Venezia 3, Tel. 06/6 78 99 17 18.

ESSEN UND TRINKEN

Enoteca Provincia Romana. Schicke Weinbar mit Tropfen der Region Latium und leckeren Gerichten. Mit tollem Blick auf die Trajanssäule! Largo Foro Traiano 82/84, Tel. 06/69 94 02 73, www.enotecaprovinciaromana.it

EINKAUFEN

House & Kitchen. Haushaltswaren all'italiana. Via del Plebiscito 103, Tel. 06/6 79 42 08.

KOCHKURS

Italian Gourmet. Kochkurse mit Diana Seeds, in ihrer Wohnung mit einem beeindruckenden Blick Richtung Kolosseum. Via del Plebiscito 112, Tel. 06/6 78 57 59, www.italiangourmet.com

ANTIKE UND TRENDVIERTEL

17 Kapitolsplatz
Der »Bauchnabel« Roms

Hier fühlt man sich wie in der Mitte der Stadt. Mit dem Kaiserbildnis im Zentrum der Piazza, den Renaissancebauten Michelangelos an drei Seiten, mit einem zauberhaften Blick auf die Stadt, mit Museen, die zu den reichsten der Welt gehören, und dem Wissen, dass sich direkt hinter Rathaus und Museum die alten Römer auf ihrem Forum trafen.

Zunächst schwitzt man. Den rund um die Uhr unterhalb des Kapitolhügels brausenden Verkehr hinter sich lassend, steigt man die lange Treppe hinauf. Oben angekommen, ist man außer Atem und darf staunen. Der Platz präsentiert sich in vollendeten Proportionen. Rechts und links wird der Besucher von zwei antiken, komplett erhaltenen Statuen zweier Pferdebändiger, den Dioskuren, begrüßt.

Renaissancegenie Michelangelo entwarf für diesen Platz, der in der Antike das religiöse Zentrum Roms mit gigantischen Tempeln bildete, zwei identische, zweigeschossige Gebäude, rechts den Konservatorenpalast und links den Palazzo Nuovo, die heute beide zu den Kapitolinischen Museen gehören. Michelangelo stellte diese beiden Palazzi nicht parallel gegenüber. Sie öffnen sich ein wenig Richtung Senatorenpalast, der sich der Treppe gegenüber stehend erhebt. Ein optischer Geniestreich, denn auf diese Weise wird die Längsrichtung der Piazza deutlich betont.

Es heißt, dass Michelangelo bei den Gebäuden für diesen Platz die einstmals politisch von Rom unabhängigen Stadtrepubliken Italiens im Sinn hatte, eine Idee, die den Päpsten gar nicht gefiel.

Mitte: Das weltschönste Rathaus: der Senatorenpalast
Unten: Ein Muss für den Rombesucher: die Galerie im Palazzo Nuovo

Kapitolsplatz

Die antiken Statuen der Dioskuren Castor und Pollux wachen an der Cordonata, der Treppe zum Kapitol.

Michelangelo wollte auf diese Weise das Prinzip der städtischen Freiheiten gegenüber dem autokratischen Vatikan unterstreichen. Eine Freiheit, die es für Rom aber nie gab. Bevor die Bürgermeister Roms in den Senatorenpalast einzogen, residierte in früheren Jahrhunderten hier der städtische Senat. Dieser hatte aber nie viel zu sagen.

Weltuntergang verschoben

In der Mitte des Platzes träumt Kaiser Mark Aurel von anderen Zeiten, oder genauer gesagt, eine Kopie seines Standbildes. Das Original aus der Spätantike steht, geschützt vor der schlimmen Luftverschmutzung, in den Kapitolinischen Museen. Dieses beeindruckende Reiterstandbild überlebte nur deshalb den Untergang des Römischen Reiches und wurde nicht als heidnische Darstellung von aufgebrachten Frühchristen vernichtet, weil man es für die Darstellung des ersten christlichen Kaisers Konstantin des Großen hielt.

Einst war es mit Gold bedeckt, doch davon sind nur noch geringe Reste geblieben. Römischer Volksglaube besagt, dass, wenn der letzte Rest

AUTORENTIPP!

BAMBINELLO

Direkt neben der Treppe zum Kapitol führt eine steile und noch höhere Treppe über 122 Stufen zur Kirche Santa Maria in Aracoeli. Sie wurde auf den Fundamenten des antiken Juno-Tempels errichtet. Eine Franziskanerkirche aus dem Mittelalter, mit schönem Fußbodenmosaik, einer prächtigen Holzdecke und großer Kunst. Die erste Kapelle zieren Wandmalereien von Bernardino Pinturicchio von 1485. Zu sehen sind zahlreiche Grabmäler, darunter auch von einigen Päpsten. In einer Seitenkapelle wird der mit Juwelen behängte Bambinello ausgestellt. Diese kleine Skulptur, die Christus als Baby zeigt, ist angeblich aus dem Holz eines Olivenbaums, der einst im Garten Gethsemane stand. Noch heute wird sie von Römern verehrt, die Eltern werden möchten oder hier für die Gesundung ihre kranken Kinder beten.

Santa Maria in Aracoeli.
Piazza Campidoglio 55,
Tel. 06/69 76 38 39

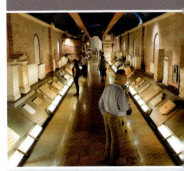

Der neu eröffnete Gang verbindet nicht nur die Gebäude der Museen, sondern auch den Besucher der Neuzeit mit der Geschichte der Antike.

AUTORENTIPP!

ZWISCHEN KAPITOL UND PALATIN

Hinter den Kapitolinischen Museen führt eine Straße, über eine kleine Aussichtsterrasse mit tollem Blick auf das Forum und bis zum Kolosseum, in das kleine Viertel zwischen Kapitol und Palatin.
Eine hübsche Umgebung zum Spazierengehen, in die sich nur selten Touristen verirren. Von der Via di San Teodoro aus hat man verschiedene Ausblicke auf das Forum und den Palatinhügel.
Hier sollte man abends einen Tisch in der Trattoria »San Teodoro« bestellen. Ausgezeichnete italienische Küche. Das Mini-Viertel verfügt mit der Casa Kolbe über ein hübsches neues Hotel. Besonders zu empfehlen sind die ruhige Zimmer zum mit Palmen bestandenen Innenhof.

San Teodoro.
Via dei Fienili 49/51, Tel. 06/678 09 33, www.st-teodoro.it

ANTIKE UND TRENDVIERTEL

Gold verschwunden ist, die Welt untergegangen. Nun, da das Original im sicheren Museum steht, ist der Weltuntergang glücklicherweise bis auf Weiteres verschoben.

Auf dem Kapitol erhoben sich die Tempel der wichtigsten römischen Götter Juno und Jupiter, die bedeutendsten Kultbauten des Reiches. Auf dem Kapitolshügel endeten die Triumphzüge römischer Kaiser. Hinter dem Senatorenpalast liegt die antike Straße, über die diese Züge vom Forum aus auf den Hügel kamen.

Immer wenn etwas Wichtiges vorauszusagen gab, machten sich auf dem Hügel Priester an die Arbeit. Der Hügel war auch ein Ort des Todes. Vom tarpejischen Felsen aus, der heute nicht mehr existiert, weil er durch die Treppe zum Hügel hinauf ersetzt wurde, stürzte man verurteilte Staatsfeinde in die tödliche Tiefe. Der Hügel beherbergte auch, schließlich waren die alten Römern exzellente Bürokraten, das römische Staatsarchiv. Auf den Resten dieses Archivs, die sich noch heute besichtigen lassen, erhebt sich der Senatorenpalast.

Die Kapitolinischen Museen ...

... sind ein absolutes Muss für Romtouristen. Der Palazzo Nuovo beherbergt eine Sammlung antiker Skulpturen, die Papst Sixtus IV. 1471 ins Leben rief. Unglaublich gut erhaltene Statuen, die beweisen, dass die Renaissance nicht viel Neues erfand. Ein Beispiel ist das Bildnis eines sterbenden Galliers im ersten Stock. Man hat den Eindruck, der Mann in Marmor beginnt zu atmen, so echt wurde er in Stein nachgebildet. Dieser Teil des Museums zeigt auch römische Mosaikkunst, darunter ein farbenfrohes Taubenmosaik aus dem 2. Jahrhundert.

Romulus und Remus

Durch die einzelnen Sektionen des Museums im Konservatorenpalast sollte man in Ruhe einen Spaziergang machen. Um die einzelnen Exponate allesamt zu sehen, braucht man Tage, wenn nicht sogar Wochen. Da sind zunächst die mit Fresken nahezu komplett ausgemalten Säle in Michelangelos Palast. Beeindruckend ist vor allem der Saal der Horatier und Curatier. Hier stellte Cavaliere d'Arpino Szenen aus der römischen Gründungslegende dar.

In diesem Teil steht auch die sogenannte kapitolinische Wölfin, die Romulus und Remus säugt. Neuesten Forschungen zufolge handelt es sich aber um eine mittelalterliche Skulptur, die weder etruskisch noch römisch ist. Trotzdem ist und bleibt diese Wölfin das Symbol Roms.

Es folgt eine Reihe von Sälen mit antiken Kunstwerken von großer Schönheit. Fast alle Objekte sind in erstaunlich gutem Zustand ausgegraben

Oben: Symbolbild: Die römische Wölfin in den Kapitolinischen Museen nährt Roms Stadtgründer.
Unten: Man fühlt sich richtig winzig, vor diesem riesigen Bild im Palazzo dei Conservatori.

105

Oben: Der sterbende Gallier im Palazzo Nuovo ist eine Kopie des griechischen Originals aus dem 3. Jh. v. Chr.
Unten: Ausschnitt aus *Madonna und Kind mit Heiligen* im Palazzo dei Conservatori

106

worden. Wie zum Beispiel die Skulptur eines sitzenden Mädchens aus dem 2. Jahrhundert v. Chr. Dieses Mädchen ist in der Galleria degli Orti Lamiani ausgestellte, einer Folge von Sälen, die Skulpturen zeigen, welche auf dem nahen Esquilinhügel gefunden wurden.

Einst standen sie in den in der Antike berühmten Gärten eines wohlhabenden Konsuls. Dieser Konsul besaß auch die Büste des Kaisers Commodus, die hier ausgestellt wird. Es handelt sich um eines der eindrucksvollsten und realistischsten Bildwerke der gesamten Römischen Antike.

Frevel auf dem Kapitol

Man muss sich vorstellen, dass diese Skulpturen ebenso wie die vielen marmornen Einrichtungsgegenstände, zum Beispiel Kandelaber und Tische, in den Villen des Adels und der reichen Bürger standen. So auch der berühmte Krater des Aristonothos aus dem 7. Jahrhundert v. Chr. Es handelt sich um ein vom Künstler gezeichnetes Werk, das Szenen aus dem Leben des Odysseus darstellt.

Kapitolsplatz

Zu den Kapitolinischen Museen gehört auch eine Pinakothek – neun Säle mit Meisterwerken vor allem der Römischen Schule. Zu bestaunen sind Gemälde von Tizian und Raffael, von Zuccari und Caravaggio.

Vor einigen Jahren wurde ein neuer Flügel errichtet, begleitet von üblen Polemiken, denn auf dem Kapitol etwas Neues zu bauen, gilt fast schon als Frevel an den Relikten der Antike. In diesem Neubau stehen nun das bereits erwähnte originale Reiterstandbild von Kaiser Mark Aurel, andere Kolossalstatuen und die Basis eines der Kapitolinischen Tempel, der dem Jupiter geweiht war.

Sicherlich zu den Hauptwerken der Museen gehören 65 Büsten römischer Kaiser. Wer sich die Zeit nimmt, sich diese und andere Büsten genauer anzuschauen, wird sehen, wie sehr antike Künstler darauf bedacht waren, den dargestellten Figuren einen individuellen Charakter zu verleihen. Männer aller Zeiten sind hingerissen von der kapitolinischen Venus, einer fast nackten Dame. Auch sie ist eine römische Kopie nach einem griechischen Original aus dem 3. Jahrhundert v. Chr.

MAL EHRLICH

KAUFEN STATT KLAUEN

Warum keine Kopien kaufen? Sie sehen fast echt aus und sind echt erschwinglich. Wer kein Snob ist, der nur Originale kauft oder sich von Kunsträubern klauen lässt, sollte ArcheoArt aufsuchen. Der kleine Laden zu Füßen des Kapitols führt fast perfekte Nachbildungen von marmornen Kaiserbüsten, Gladiatorenhelme für Kinder und Erwachsene, bemalte Vasen und altrömischen Schmuck für die moderne Frau auf der Suche nach dem originellen Kick.
Via del Teatro di Marcello 12.

Infos und Adressen

Seit fast 2000 Jahren wird der *Dornauszieher*, die Bronzefigur eines Knaben, von seinem Leiden gepeinigt.

SEHENSWÜRDIGKEITEN

Musei Capitolini. Für diese Museen sollte man mindestens einen kompletten Vor- oder Nachmittag einplanen. Man kann die antiken Gebäudereste unter dem Rathaus besichtigen. Anfrage direkt vor Ort. Via del Campidoglio 1, Tel. 06/06 08, www.museicapitolini.org

ESSEN UND TRINKEN

Caffé Capitolino. Museumscafé, das man auch ohne Eintrittskarte betreten kann. Leckere Gerichte und traumhafte Aussicht auf Rom und das ehemalige Ghetto. Piazza Caffarelli 4, Tel. 06/69 19 05 64.

ÜBERNACHTEN

Kolbe Hotel Rome. Ruhiges Hotel, nur einen Katzensprung vom Kapitolshügel entfernt. Via di San Teodoro 42, Tel. 06/6 79 88 66, www.kolbehotelrome.com

ANTIKE UND TRENDVIERTEL

18 Forum Romanum
Das Herz der römischen Welt

Der politische und geschäftliche Nabel des Römischen Reiches lag dort, wo sich noch heute grandiose Ruinen erheben. Man traf sich, Geschäfte wurden getätigt, Senatoren und Kaiser ernannt. Heute ist das Forum Romanum das größte archäologische Gebiet innerhalb einer Hauptstadt.

Am besten schaut man erst einmal vom Kapitol aus, von der Aussichtsterrasse ❿ hinter dem Senatorenpalast auf das Forum. Der Blick aus dieser Höhe hilft, die vielen Ruinen zu ordnen. Rechts auf den Palatinhügel stehen die ehemaligen Kaiserpaläste. Direkt vor einem liegt das eigentliche Forum, das politische und geschäftliche Zentrum des Römischen Reiches. Linkerhand erhebt sich auf dem Ruinenfeld ein wie neu wirkendes Gebäude – die unter Mussolini rekonstruierte Kopie des ehemaligen Senatsgebäudes. Wiederum links davon, jenseits der breiten Straße hinter dem Senat, liegen die einzelnen Foren römischer Kaiser und der wohl erste Supermarkt, die trajanischen Märkte.

Siebenfünfdrei

Die Talsenke des späteren Forums war schon in der Frühzeit besiedelt, ebenso wie der Palatin. Das beweisen Ausgrabungen hölzerner Reste von Wohn- und Sakralbauten, die bis ins 9. Jahrhundert v. Chr. zurückreichen. Der bekannte Spruch »753, Rom kroch aus dem Ei« scheint also nicht aus der Luft gegriffen. Damals sah es hier allerdings anders aus als heute. Man muss sich steile Hügel vorstellen, die von Flüssen umgeben waren. Die tiefen Senken wurden in erst in späteren Jahrhunderten mit Bauschutt gefüllt. Hier siedelten die ersten Römer, weil die Erde fruchtbar, die Ge-

Mitte: Beneidenswerte Kulisse: Hochzeitsbilder am Forum Romanum.
Unten: Der Titusbogen im Osten des Forum, ist ein Nachbau aus dem 19. Jahrhundert.

Das östliche Forum Romanum mit der riesigen Maxentiusbasilika lässt die Besucher wie Ameisen wirken.

gend leicht zu verteidigen, der Tiber schiffbar und das Meer nicht fern war. Mit der Zeit wurde der Hügel immer mehr bevölkert und die Talsenke zum wichtigsten Markt. Doch gab es einen gravierenden Nachteil – Sümpfe mit Mücken zuhauf. Schon Tarquinius Superbus, der letzte Etruskerkönig, legte das Sumpfgebiet trocken. Es entstand die Cloaca Maxima, die erste Abwasserleitung der Menschheit. Sie existiert noch heute und kann auch an einem Abschnitt besichtigt werden – natürlich nur mit Maske.

Die ersten Tempel waren noch aus Holz, erst später entstanden die marmornen Prachtbauten, deren Ruinen noch heute beindrucken. Dass die Römer ihre Tempel direkt an den Versammlungsorten errichteten, liegt an der engen Verbindung von Politik und Religion. Mit den Jahrhunderten wurde das Forum Romanum zum beliebtesten Aufenthaltsort, hier erfuhr man, was in Politik und Kaiserhaus los war, welche Schlachten geschlagen wurden und mit wem welcher Senator ins Bett ging.

AUTORENTIPP!

HIER TRAUT MAN SICH

Am Arco di Travertino führt eine kleine und mit Bäumen bestandene Straße über mehrere Kurven und fast immer ohne einen Touristen auf den Palatin. Die Ruinen dürfen leider nicht betreten werden. Ein hoher Zaun, wohlgemerkt hoch, aber nicht unüberwindbar, trennt einen von der archäologischen Zone. Auf dem Palatin angekommen, erreicht man eine stille und sehr romantische Baumallee, an deren Ende San Sebastiano al Palatino steht, eine der beliebtesten Hochzeitskirchen Roms. Das Gotteshaus steht auf den Resten eines antiken Tempels für Jupiter und wurde im 10. Jahrhundert errichtet. Seine aktuelle Form erhielt San Sebastiano im 17. Jahrhundert.

San Sebastiano al Palatino.
Tel. 06/6 78 42 36,
Mobil 00 39/33 17 23 19 78,
www.vicariatusurbis.org/
SanSebastianoalPalatino

AUTORENTIPP!

PETRUS UND DER MAGIER
So etwas ist wohl nur in Rom möglich! Auf dem Forum befindet sich die uralte Kirche Santa Francesca Romana. In der rechten Mauerwand des Querschiffes befindet sich ein kurioses Mauerwerk, das auf den ersten Blick nicht zu entschlüsseln ist. Ein Hinweisschild erklärt, dass es sich um den Knieabdruck des Apostels Petrus handelt. Petrus soll sich genau hier hingekniet haben, als der böse heidnische Magier Simon hoch über dem Forum schwebte, um dem Jünger seine Macht zu beweisen. Kniend betete Petrus, und der Magier fiel tot zu Boden.

Chiesa di Santa Francesca Romana,
Piazza Santa Francesca Romana, Tel. 06/679 55 28

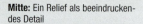

Mitte: Ein Relief als beeindruckendes Detail
Unten: Manche antiken Stücke wirken wie arrangierte Motive.

ANTIKE UND TRENDVIERTEL

Kühe auf dem Forum

Als Kaiser Konstantin die Hauptstadt seines Reiches nach Konstantinopel verlegte, verlor das Forum seine politische Bedeutung, blieb aber weiterhin religiöses Zentrum des Reiches. Erst 394, als die heidnischen Tempel geschlossen wurden, ging es mit dem Forum bergab. So sehr, dass im Mittelalter ein Teil der Gebäude unter antikem Bauschutt vergraben lagen und Hirten ihre Kühe zwischen Kolosseum und Kapitol weideten. Das Forum wurde damals »Campo vaccino«, Kuhweide, genannt. Hier wohnte niemand mehr, und noch Goethe staunte über die Menschenleere am einstmals so lebhaften Ort. Übrigens wurde die erste christliche Kirche auf dem Forum erst im 6. Jahrhundert auf den Ruinen eines heidnischen Tempels errichtet. In den Jahrhunderten nach dem Ende des Römischen Reiches verschwanden viele der kunstvoll gestalteten Kapitele, der Friese, der Säulen und sogar Statuen in den Kalkbrennöfen, um neues Baumaterial für das christliche Rom zu schaffen, das mit der antiken, »gottlosen« Kunst nichts anfangen konnte. Antike Tempel entgingen nur dann der christlichen Zerstörungswut, wenn sie in Kirchen umgewandelt wurden. Viele Jahrhunderte später erst ließen die Päpste die antike Kunst nicht mehr verfeuern, sondern begannen sie zu sammeln.

Auf Spurensuche

Besucher benötigen heute schon ein wenig Fantasie, um sich die einstigen Paläste und Tempel, die Triumphbögen und Straßen vorzustellen. Auf dem archäologischen Gebiet des Forums fällt zunächst die Curia auf, das Sitzungsgebäude des Senats G. Es wurde nur deshalb nicht zerstört, weil es lange eine Kirche war. Innen sind an den Längsseiten noch die Stufen zu erkennen, auf denen die Senatoren saßen. Die Versammlungen fanden unter

Vom Vittoriano aus sieht man das Forum, das Kolosseum und die Laterankirche in einer Linie.

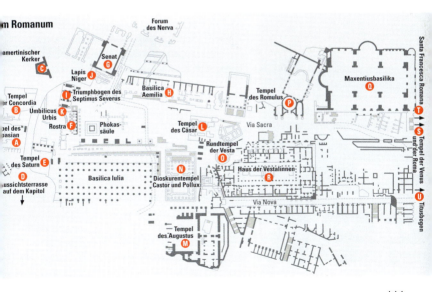

AUTORENTIPP!

KULTUR AM ABEND
Im Sommer finden in den gewaltigen Ruinen der Maxentiusbasilika, auf den Foren und in der Nähe des Kolosseums viele sehr gut besuchte Veranstaltungen statt.
In der Regel handelt es sich um Lesungen von Schriftstellern, seltener um Konzerte. Auch wenn man kein italienisch spricht, empfiehlt es sich, ein Eintrittsticket zu kaufen, denn abends, nach Einbruch der Dunkelheit, sind die szenografisch ausgeleuchteten Ruinen mit ihren noch erhalten Kuppelkonstruktionen atemberaubend schön.

Hinter dem Kapitol bietet eine Aussichtsterrasse einen fantastischen Blick auf die Foren im Abendlicht.

dem symbolischen Vorsitz der Siegesgöttin Victoria statt. Ihre Statue, von der nur noch der Sockel steht, wurde im 4. Jahrhundert nach einem heftigen Streit zwischen dem heiligen Ambrosius und einem Senator entfernt. Vor der Curia erhebt sich der 23 Meter hohe und 25 Meter breite Triumphbogen des Septimus Severus ❶. Nicht weit von ihm entfernt befinden sich die Reste der Rostra ❻, jenem Podium, von dem Senatoren und Kaiser zum Volk sprachen. Der Name bezieht sich auf die Bugspitzen eroberter Kriegsschiffe, die an der Tribüne angebracht wurde. Sie existieren nicht mehr, aber die Löcher, in denen sie befestigt waren, sind noch deutlich zu erkennen.

Mittelpunkt der Stadt

Rechts hinter der Rostra steht der Umbilicus Urbis ❿, der Nabel des Imperiums. Daneben befand sich der Miliarium Aureum, von dem aus die Entfernungen des rund 80 000 Kilometer langen römischen Straßennetzes gemessen wurden. In den Ruinen der Basilica Aemilia ❽ hatten die Bankiers ihre Filialen.

Forum Romanum

Direkt bei den Stufen der Vorhalle ist die runde Marmorbasis des kuriosen Heiligtums der Venus Cloacina zu erkennen. Sie markiert die Stelle, an der die Cloaca Maxima ins Forum mündete. Gegenüber der Basilica befinden sich die Reste des Tempels des Cäsar **L**, der nach seinem Tod hier aufgebahrt wurde. Ganz in der Nähe war der Sitz des Pontifex Maximus, des heidnischen Oberpriesters.

Die Grabstätte Romulus

An das Comitium, dem Zentrum des republikanischen Roms, erinnern nur noch wenige Pflastersteine. An dieser Stelle wuchs einst ein Feigenbaum, unter dem die Mamma Lupa Romulus und Remus gesäugt haben soll. Der Lapis Niger **J**, ein quadratisches Stück schwarzen Marmorfußbodens, markiert eine unterirdische Kultstätte, die im 6. Jahrhundert v. Chr. als Grabstätte des Romulus verehrt wurde.

Auf dem Forum erhoben sich zuzeiten des Reiches viele, häufig sehr bunte, Ehrenstatuen und -säulen, von denen aber nur noch die Sockel erhalten sind. Am Abhang des Kapitols Richtung Forum stand der Saturntempel **E**, in dem die Römer ihren Staatsschatz verwahrten. Man vermutet, dass hier einer der ältesten Altäre Roms aus dem 5. Jahrhundert v. Chr. stand. Neben dem Saturntempel und den drei korinthischen Säulen des Vespasiantempels **A** führt der Porticus Deorum Consentium, in dem zwölf olympischen Götter verehrt wurden, zu den Fundamenten des Concordiatempels **B**.

Michelangelo und die Plünderer

Eine Basilika war früher kein Gotteshaus, sondern ein Ort der Rechtsprechung und des gesellschaftlichen Lebens. So sind in den Grundmauern der Basilica Julia auch Spielfelder für Mühle und Dame im Marmorfußboden zu erkennen. Vom Castor- und Pollux-Tempel **N** sind nur das Guss-

Oben: Die Reste des Tempels des Vespasian
Unten: Lateinexperten können in Rom an zahlreichen Stellen mit ihrem Wissen glänzen. Hier in Trajans Märkten.

AUTORENTIPP!

ANTIKER SUPERMARKT
Eine Art antiker Supermarkt, ausgezeichnet erhalten, weil im Mittelalter hier ein Kloster untergebracht war. Die trajanischen Märkte sind eines der interessantesten römischen Bauwerke überhaupt. Über mehrere Stockwerke verteilt befanden sich hier Geschäfte aller Art. Sogar ein Stück antiker Straße ist im Erdgeschoss erhalten. So gut sogar, dass man hier einen Historienfilm drehen könnte.
Der Besucher erhält einen faszinierenden Eindruck vom alten Rom. Und dann erst die verschiedenen Ausblicke aus den großen ehemaligen Fenstern auf die Foren und das Kapitol. Man betritt die Anlage durch eine große komplett erhaltene Halle. Im Mittelalter baute auch der Malteserorden ein Gebäude mit Kirche und Panoramaterrasse in die grandiosen Ruinen.

Mercati di Traiano.
Via 4 Novembre 94,
Tel. 06/69 94 10 20,
www.mercatiditraiano.it

ANTIKE UND TRENDVIERTEL

mauerwerk des Podiums, drei Säulen und Gebälk erhalten. Die meisten Marmorblöcke wurden von Plünderern geklaut, zu deren Kunden auch Michelangelo gehörte. Der Sockel für das Reiterstandbild auf dem Kapitolsplatz wurde aus einem Block gemeißelt, der aus diesem Tempel stammte. Erstaunlich gut erhalten ist der ehemalige Tempel des Antonius Pius und der Faustina. Er überdauerte die Zeiten, weil er im 11. Jahrhundert zur Kirche San Lorenzo in Miranda wurde. Dabei übernahm man auch den wunderschönen Greifenfries der Vorhalle.

Ein Tempel, der nie einer war

Der Tempel des Augustus Ⓜ war nie ein Tempel – Kaiser Domitian ließ ihn als riesige Eingangs- und Wachhalle zu den Tempeln und Palästen auf dem Palatin errichten. Aus der Halle wurde später die Kirche Santa Maria Antiqua, die 847 durch einen Erdrutsch verschüttet wurde. Bei Grabungen Anfang des letzten Jahrhunderts entdeckte man herrliche römische Wandmalereien des Frühchristentums, die aber leider nur Experten zugänglich sind.

Im Vestatempel Ⓞ wurde von den Vestalinnen das heilige Feuer bewacht. Der Teil, der um 1930 aus Fragmenten wieder rekonstruiert wurde, zeugt von der eleganten Architektur. Daneben, im Haus der Vestalinnen Ⓡ, wurden jene Gegenstände verwahrt, die Äneas aus Troja nach Rom gebracht haben soll und die die Grundlage des römischen Staatsschatzes bildeten. Die Priesterinnen stammten aus gehobenen Familien, genossen gesellschaftliche Privilegien und waren, theoretisch jedenfalls, zur Keuschheit verpflichtet. Gut erhalten geblieben ist der Tempel des Divus Romulus Ⓟ. Ein überkuppelter Rundbau mit antikem Bronzetor. Auch er wurde im 6. Jahrhundert als Vorhalle Teil der Kirche Ss. Cosma e Damiano.

Forum Romanum

Besucher sollten auf Veranstaltungshinweise, sommerliche »spettacoli«, in der Maxentiusbasilika ◉ achten. Nur die Nordseite dieses einst kühnen Bauwerks mit seinem fast 25 Meter hohen und 20 Meter breiten Tonnengewölbe blieb erhalten, aber schon dieser Rest verschlägt den Besuchern den Atem. Man fragt sich, wie so etwas ohne moderne Techniken gebaut werden konnte. Dahinter, neben der Basilica Santa Francesca Romana ◉, schließt das Forum mit dem Titus-Bogen ◉, dessen Reliefschmuck an die Eroberung Jerusalems und des Tempels der Juden im Jahr 70 erinnert.

Passiert man dieses Tor, gelangt man zum Tempel der Venus und der Roma ◉, der auf dem Abhang zum Kolosseum hin liegt. Außerhalb des Forums, am anderen Ende, ist noch eine Sehenswürdigkeit zu finden, der Mamertinische Kerker ◉. Unter der Kirche San Giuseppe dei Falegnami kann man gegen eine kleine Spende in das dunkle Loch hintersteigen, das heute als Kapelle dient. Einer der berühmtesten Gefangenen war der Gallierfürst Vercingetorix, der hier seinen Tod fand.

Im Tempel der Vesta befand sich einst das »Lebenslicht« der Stadt, ein Feuer das Tag und Nacht brannte.

MAL EHRLICH

DAS FORUM IM MONDSCHEIN

Am schönsten ist das Forum Romanum, wenn die viele Touristen verschwunden sind, das heißt, wenn es Nacht ist. Besteigen Sie das menschenleere Kapitol über eine Riesentreppe, die nur für Sie da ist. Die Paläste sind szenografisch ausgeleuchtet, und Kaiser Mark Aurel schaut nur Sie an. Dann gehen Sie rechterhand am Senatorenpalast vorbei, wo heute der Bürgermeister residiert. So kommen Sie auf eine Panoramaterrasse. Das Forum, der Palatin und in der Ferne des Kolosseum sind spärlich beleuchtet und wirken wie verzaubert. Wenn dann noch der Mond und die Sterne leuchten ...

Infos und Adressen

SEHENSWÜRDIGKEITEN

Forum Romanum und Palatin.
Largo Salara Vecchia und Via di San Gregorio 30, Tel. 06/39 96 77 00, www.archeoroma.beniculturali.it/siti-archeologici/foro-romano-palatino

Hier können Eintrittskarten auch für die Casa di Augusto erworben werden. Es ist ratsam, die Foren mit gutem Schuhwerk zu besichtigen, denn oftmals ist der Gehweg sehr uneben und bei regnerischem Wetter, was in Rom inzwischen gar nicht mal so selten ist, sehr schlammig. Ratsam ist auch, sich etwas Proviant mitzunehmen, denn eine halbwegs gründliche Besichtigung der Ruinen kann schon einige Stunden dauern. Und bei heißem Wetter wird es ohne etwas zu trinken zu einer echten Tortur.

115

ANTIKE UND TRENDVIERTEL

19 Kolosseum
Grausame Spiele zur Zerstreuung des Volkes

Es ist das größte und am besten erhaltene Amphitheater des gesamten Römischen Reiches. Eine Theatermaschine wie man sie erst wieder im 20. Jahrhundert zu sehen bekam. Eine Kampfarena, die perfekt funktionierte, um den Publikumsmassen kurzweiliges Vergnügen zu bescheren. Dieses Vergnügen ging auf Kosten von Abertausenden von Tieren und Menschen, die mit ihrem Leben dafür bezahlen mussten.

Ritus oder Lust an der Gewalt?

Einer der erschreckendsten Aspekte der römischen Kultur betrifft das Unwesen der Kampfarenen. Historiker vermuten, dass die ersten Gladiatoren gegeneinander kämpften, um Todesriten zu vollziehen. Wahrscheinlich kannten auch schon die Etrusker diese Riten.

Es sollten schon lange nicht mehr irgendwelche Götter beschwichtigt werden, sondern die perverse Gewaltlust des Volkes musste befriedigt werden. Männer hatten gegen Männer oder Tiere zu kämpfen, aus reinem Vergnügen und zur Zerstreuung für das Publikum. Dabei muss man sich jedoch vor Augen halten, dass das menschliche Leben vor der Christianisierung einen ganz anderen, niedrigeren Stellenwert hatte als später. Nur so kann man nachvollziehen, wieso auch gebildete antike Römer regelmäßige Gäste in den Kampfarenen waren. Die größte und perfekteste Kampfstätte des gesamten Römischen Reiches war das Kolosseum.

Mitte: Lichtbänder vom Verkehr umspülen das Kolosseum bei Nacht.
Unten: Im Inneren des Kolosseums, wo einst Christen und Gladiatoren starben, trifft man auf zahlreiche Kultur- und Geschichtsinteressierte.

Kolosseum

Das goldene Haus

Es erhebt sich aus einem ehemaligen See. Gerade Kaiser geworden, ordnete Nero den Bau der Domus Aurea an, des goldenen Hauses, einer riesigen Palastanlage mit Parks und einem künstlichen See. Nach der Ermordung Neros 68 n. Chr. machte Kaiser Vespasian das gesamte Gebiet der Villa der Öffentlichkeit wieder zugänglich. Teile des Palastes wurden dafür eingerissen oder bildeten die Fundamente für neue Gebäude. Den See legte man trocken und errichtete an seiner Stelle die Arena, eines der größten Bauwerke der Antike.

Die Fassade ist fast 49 Meter hoch und besteht aus Travertinstein. Sie ist in 80 Bögen auf drei Etagen unterteilt. Der Gesamtumfang der Arena umfasst zirka 570 Meter. Die elliptische Arena in ihrem Inneren, der eigentliche Ort der Kämpfe, misst stolze 86 mal 54 Meter. Ein Meisterwerk antiker Ingenieurskunst, denn das Herein- und Herausströmen der zirka 50 000 Zuschauer ist durch ein raffiniertes Treppen- und Torsystem geregelt.

Im Jahr 80 n. Chr. weihte Titus das Kolosseum ein, mit Spielen, die 100 Tage dauerten und einem brutalen Massaker gleichkamen. Es heißt, dass über 5000 Tiere, darunter Löwen und Elefanten, von denen die meisten aufwendig aus Afrika nach Rom gebracht wurden, und rund 1000 Gladiatoren starben.

Blutiges Handwerk

Gladiatoren waren Berufskämpfer, zumeist Sklaven, die in speziellen Schulen – eine davon ist in den Grundmauern des Kolosseums zu besichtigen – auf ihr tödliches Handwerk vorbereitet wurden. Die frühe Kirche wetterte gegen die Gladiatorenkämpfe, aber es dauerte bis 404, dass sie verboten

AUTORENTIPP!

BIS AUF WEITERES GESCHLOSSEN

Auch wenn die Domus Aurea, Neros goldenes Haus, die sich unterhalb der Wiesen im Park Colle Oppio beim Kolosseum befindet, für Besucher derzeit geschlossen ist, sollte man sich erkundigen, wann diese fantastischen Ruinen endlich wieder zugänglich sein werden. Geldmangel und Wasserschäden provozierten die Schließung. Nero ließ sich diese Villa in nur wenigen Jahren auf mehreren Hektar Land errichten. Große Säle mit ausgezeichneten, gut erhaltenen Stuckaturen und Wandmalereien, die zu den schönsten der Römischen Antike gehören, sind hoffentlich bald wieder zu besichtigen.

In Augenhöhe zur einstigen Arena des Kolosseums, versucht man sich vorzustellen, welch grausame Kämpfe hier stattgefunden haben.

117

AUTORENTIPP!

NACHTS IM KOLOSSEUM
Gerade im Sommer finden immer wieder Tanz- und Musikveranstaltungen im Kolosseum statt.
Wenn möglich, sollten Sie unbedingt versuchen, eine Eintrittskarte zu ergattern. Auch wenn einen das Event selbst nicht unbedingt interessiert – das nach Einbruch der Dunkelheit szenografisch ausgeleuchtete Oval des Kolosseums mit seinen hohen Rängen und darüber der sternenklare Himmel sind ein unvergessliches Erlebnis.

ANTIKE UND TRENDVIERTEL

wurden. Kaiser Honorius musste sich damit gegen die Römer durchsetzen, die diesen grausamen Spielen sehr verfallen waren und auf sie nicht verzichten wollten.

Der Eintritt ins Kolosseum war für alle Bewohner Roms kostenlos. Die Sitzaufteilung spiegelte haargenau die Trennung der damaligen gesellschaftlichen Klassen wider. In den ersten Rängen saßen der Kaiser und seine Familie sowie die Senatoren. Es folgten die Ritter und dann die restlichen Bevölkerungsgruppen. Noch heute sind Inschriften zu erkennen, die angeben, wer wo seinen Platz hatte.

Die miesesten Plätze waren den Frauen vorbehalten, sie mussten in den oberen Rängen sitzen. Zum einen, weil Frauen, so entschied vor allem Kaiser Augustus, sich nicht unbedingt an den Spielen berauschen sollten, aber auch um zu verhindern, dass es zu handfesten Liebeleien im Kolosseum kam, was, so ist bei Ovid nachzulesen, anscheinend an der Tagesordnung war. Bei allzu lästigem Sonnenschein zogen Heerscharen von Sklaven ein Stoffdach über dem gesamten Bauwerk auf. Bei Bedarf wurde die Arenen-Ellipse unter Wasser gesetzt, um Seeschlachten nachzustellen, bei denen Hunderte von Sklaven in den Fluten umkamen.

In den letzten Jahren wurden die ausgedehnten Räumlichkeiten unter der eigentliche Arena archäologisch erforscht, dort, wo Tiere und Gladiatoren auf ihren Einsatz warteten. Diese Räumlichkeiten sind heute zugänglich. Seinen Namen hat das Kolosseum übrigens von einem Koloss. Vor dem Bau der Arena stand neben dem See des Kaisers Nero eine 35 Meter hohe Monumentalskulptur des skrupellosen Kaisers. Sie verschwand mit seinem Tod, aber der Name blieb.

ANTIKE UND TRENDVIERTEL

Der Verfall

Mit dem Ende des Römischen Reiches verfiel das Kolosseum und wurde später als Steinbruch für neue Gebäude genutzt. Im Mittelalter wohnten Bürger und Händler in Teilen des riesigen Gebäudes. Jüngste archäologische Grabungen weisen nach, dass in der ersten Galerie Wohngebäude und Handwerksstätten standen, die bis in den Barock bewohnt bzw. betrieben wurden. Das mittelalterliche Kolosseum war auch eine Art Einkaufszentrum.

Zunehmend nutzten Roms Adelsfamilien die Steine des Kolosseums als Baumaterial für ihre neuen Paläste. Diese langsame Zerstörung wurde erst im 18. Jahrhundert beendet, als Papst Benedikt XIV. das Kolosseum zu einer Märtyrer-Stätte erklärte. Ein päpstliches Edikt von 1744 ordnete auch den Erhalt der restlichen Ruine an. Die letzten Einwohner der Arena mussten umziehen. Die jüngsten Grabungen sollen fortgesetzt werden. Geplant ist, dass die neuen Grabungsstätten mit den Resten von Wohngebäuden, Geschäften und Kneipen aus dem Mittelalter in den Besichtigungsparcours des Kolosseums einbezogen werden.

MAL EHRLICH

INTOLERANZ

Viele Römer finden es skandalös, dass sich junge Homosexuelle vor allem abends und nachts in den ebenerdigen Bogengängen des Kolosseums küssen und nicht in der vor allem abends quirligen römischen Gay Street Via dei Ss. Quattro Coronati ganz in der Nähe bleiben. Sie schlagen sie dafür zusammen, und die Polizei verhaftet die Küssenden. Dank solchen Verhaltens trägt Rom inzwischen den zweifelhaften Ruf der schwulenfeindlichsten Hauptstadt Europas. Complimenti!

Oben: Triumphbogen von Kaiser Konstantin, direkt am Kolosseum
Unten: Eines der Medaillons am Konstantinbogen

Bilder Seite 119:
Oben: Das Kolosseum heute: ein riesiges, elliptisches Gerippe
Unten: Die meisten Figuren des Konstantinbogens, waren von älteren Denkmälern entwendet worden.

Infos und Adressen

SEHENSWÜRDIGKEITEN

Domus Aurea. Leider derzeit nicht zugänglich. www.archeoroma.beniculturali.it/siti-archeologi ci/domus-aurea

Kolosseum. Piazza del Colosseo, www.archeoroma.beniculturali.it/siti-archeologici/colosseo

San Clemente. Drei Sakralbauten übereinander. Via Labicana 95, Tel. 06/7 74 00 21, www.basilicasanclemente.com

Ss. Quattro Coronati. Eine der schönsten mittelalterlichen Kirchen Roms. Via dei Santi Quattro 20, Tel. 06/70 47 54 27.

ESSEN UND TRINKEN

Ai tre scalini. Trattoria mit klassischer römischer Kost. Via dei Ss. Quattro 30, Tel. 06/7 09 63 09, www.ai3scalini.com

Aroma. Terrassenrestaurant mit umwerfendem Blick auf das Kolosseum, kreative italienische Küche. Via Labicana 125, Palazzo Manfredi, Tel. 06/97 61 51 09, www.hotelpalazzomanfredi.it

Icecreambears versüßt auf alle Fälle den Besuch antiker Stätten.

Coming out. Die bekannteste Schwulen- und Lesbenbar des Viertels. Via San Giovanni in Laterano 8, Tel. 06/7 00 98 71, www.comingout.it

Icecreambears. Der beste Eisladen der Gay-Street und des Viertels. Via San Giovanni in Laterano 120, Mobil 00 39/33 57 29 95 69

Pace del Cervello. Bier und Cocktails für Nachtschwärmer am Kolosseum. Via dei Ss. Quattro 63, Tel. 06/7 00 51 73

Luzzi. Historische Trattoria, in der römische Hausmannskost serviert wird. Via San Giovanni in Laterano 88, Tel. 06/7 09 63 32.

Taverna di Quaranta. Gegessen wird wie bei einer römischen Mamma. Via Claudia 24, Tel. 06/7 00 05 50, www.tavernadeiquaranta.com

ÜBERNACHTEN

Hotel Capo d'Africa. Schönes und ruhiges Hotel, besonders schön: die Suite mit Terrasse und Blick auf das Kolosseum sowie die Hotelbarterrasse. Via Capo d'Africa 54, Tel. 06/77 28 01 www.hotelcapodafrica.com

Ein Vorgeschmack auf das Angebot in der Bar im Capo d'Africa

ANTIKE UND TRENDVIERTEL

20 Palatin
Antikes Prominentenviertel

Wer Geld und Einfluss hatte, wollte auf dem Palatin in direkter Nachbarschaft zum Kaiser leben. Auf diesem Hügel standen die prächtigsten, die am reichsten geschmückten Paläste der Hauptstadt. Hier arbeiteten Heerscharen von Sklaven, und die Räumlichkeiten waren so groß und umfangreich, dass man sich schnell verlaufen konnte. Heute fasziniert dieser Ort, der zuletzt im Mittelalter von den deutschen Kaisern bewohnt wurde, nur noch als Ruine.

Auf dem Palatin selbst wirkt alles ein wenig ländlich. Zypressen, Pinien und Ruinen laden zum Verweilen ein, ja zum Picknicken – was man nach der anstrengenden Besichtigung einplanen sollte. Deshalb ein wichtiger Tipp: Für den Palatin braucht man einige Stunden. Sie sollten sich etwas zu essen und zu trinken mitnehmen. Zu sehen gibt es sehr viel, auch wenn man leider eine gute Portion Vorstellungsvermögen mitbringen muss, um in dem steinigen Durcheinander dieser imposanten Ruinen die einstigen Paläste, Arenen, Zisternen und Parks erkennen zu können.

Der älteste Teil Roms

Bevölkert wurde der Hügel bereits im 8. Jahrhundert v. Chr., das belegen archäologische Grabungen. Der Legende nach soll Romulus hier die Siedlung Rom gegründet haben. Erst seit dem 1. Jahrhundert v. Chr. siedelten sich hier vornehmlich die Reichen und Mächtigen an. Die Luft war auf dem damals noch höher als heute gelegenen Hügel weitaus frischer als in den sumpfigen, heißen Tälern darunter. Dazu muss man wissen, dass

Die Kaiserforen und der Palatin erstrahlen im frühen Morgenlicht.

122

Palatin

in der Antike die Hügel Roms deshalb höher als heute lagen, weil der Bauschutt aus Jahrtausenden die Täler noch nicht angefüllt hatte. Heute hat der Hügel eine Höhe von 51 Metern.

Der Palatin wurde unter den ersten Kaisern zu einem Hügel mit zahllosen Palastbezirken ausgebaut – das Wort »Palast« leitet sich übrigens vom Namen Palatin ab. Der Hügel wurde über eine eigene Wasserleitung, ein Aquädukt, mit reichlich Wasser für die Thermen, die Brunnen und die damals für Reiche bereits existierende Versorgung mit Leitungswasser versorgt.

Casa Augusto

Einige Räume einer kaiserlichen Residenz, der Casa di Augusto, können seit wenigen Jahren besichtigt werden. Es handelt sich um einige Privaträume von Kaiser Augustus, dem ersten Imperator des Römischen Reiches. Sie strahlen noch nicht die Pracht und Größe der späteren Kaiserpaläste aus, zeigen in ihrer Dekoration mit Wandmalereien aber die hohe Kunstfertigkeit jener Periode. Man braucht sich nur noch einige Möbel in diese Räume zu denken, und schon wirkt alles wie vor rund 2000 Jahren.

Nach Augustus ließ Kaiser Domitian den Hügel komplett einebnen und mit gewaltigen Stützmauern erweitern. So wurde Raum für riesige neue Bauten geschaffen. Rund zehn Hektar standen fortan für kaiserliche Bauwerke zur Verfügung. Nach dem Ende des Römischen Reiches im 5. Jahrhundert nutzte man einige der Bauten noch eine Zeit lang, doch dann verfielen sie unbeachtet und wurden als Steinbrüche missbraucht. Im Jahr 800 residierte hier Kaiser Karl der Große, der anlässlich seiner Krönung durch den Papst nach Rom gekommen war.

AUTORENTIPP!

NUR UNTER DER WOCHE
Nie am Wochenende den Palatin besichtigen! Das gilt auch für das gesamte Forum Romanum. Am besten unter der Woche, denn da kommen fast nie Römer. Ansonsten kann es hier sehr voll werden. Und: am besten am späten Nachmittag besichtigen, wenn die meisten Touristen wieder fort sind. Man hat dann vom Palatin aus einen herrlichen Blick auf die Foren, auf den Circus Maximus und das Kapitol. Ein weiterer Tipp: Nehmen Sie sich zur Besichtigung dieses antiken Zentrums der Stadt etwas zu essen und zu trinken mit. Machen Sie auf einer Bank am Palatin ein Picknick – nicht einfach durch die Ruinen laufen, sondern die archäologische Zone wie einen Park mit Ruinen genießen. Nur so kommt keine Langeweile auf, vor allem nicht bei Kindern.

Oben und Unten: Das sogenannte Domitianstadion war kaiserlicher Privatgarten.

Kulturgut in Gefahr

Heute sind nicht alle Ruinen auf dem Palatinhügel zu besichtigen. Der chronische Geldmangel der römischen Altertumsbehörde führt dazu, dass die Statik einiger Gebäude in Gefahr ist und teilweise Einsturzgefahr besteht. Daher ist es einfach zu gefährlich, die Ruinen öffentlich zugänglich zu machen. Leider ist auch in Zukunft nicht abzusehen, dass sich diese Situation gravierend ändern könnte.

Kaiser Augustus lebte auch eine Weile im Haus der Livia, das zu einem Komplex vornehmer Wohnhäuser gehörte, die sich einflussreiche Familien während der Epoche der Römischen Republik auf dem privilegierten Hügel errichten ließen. Rund 100 Jahre später begann Kaiser Domitian mit dem Bau jener immensen Palastanlage, die so groß und prachtvoll war, dass sie, immer wieder erweitert, bis zum Ende des Römischen Reiches in Funktion blieb.

Oben: Domus Augustana, der eigentliche Wohnbereich der römischen Kaiser
Mitte: Der Zahn der Zeit nagt schon erheblich an vielen antiken Stücken, wie an diesem Kapitell.

Palatin

Enge auf dem Palatin

Es wurde damals schnell eng auf dem Palatin, denn neben den Kaisern und Aristokraten ließen es sich hier auch Konsuln, Volkstribune und gutbetuchte Intellektuelle wie Cicero und Catull gut gehen. Jeder Bewohner des Hügels versuchte seine Nachbarn beim Bau eines neuen Palastes mit Luxus und Pracht zu übertrumpfen.

Zu besichtigen sind die Ruinen der Domus Flavia, die Repräsentationsfunktionen hatte und die Privatgemächer der Domus Augustana. Daneben stehen noch die Überreste des Stadions des Domitian. Dort wurden allerdings keine Kampfspiele veranstaltet. Diese Arena war ein Park, in dem auch Pferderennen stattfanden. Allein schon der herrliche Blick von hier auf den Circus Maximus und den Aventinhügel verdient einen Aufstieg auf den Palatin.

In der 30 Meter hohen Aula Regia zeigte sich der Kaiser während der Audienzen. Im gegenüber liegenden Speisesaal verfügte der Marmorfußboden über einen Bodenheizung, denn in Rom kann es im Winter recht kühl werden. In nächster Umgebung befand sich eine Thermenanlage von Kaiser Septimus Severus.

Auf dem Paladin werden nach wie vor archäologische Ausgrabungen durchgeführt. Erst 2007 entdeckte man dabei in 16 Meter Tiefe eine mit Muscheln und Marmor geschmückte Höhle. Mehreren antiken Schriften zufolge soll es sich hierbei um das legendäre Lupercal handeln. Das war eine der wichtigsten Kultstätten der antiken Stadt. Es ist deshalb eine Kultstätte, weil nach dem Gründungsmythos der Stadt Rom zufolge genau hier Romulus und Remus von der Wölfin gesäugt worden sein sollen.

Das Domitianstadion ist zwar wie eine Arena angelegt, diente aber als Park.

Infos und Adressen

SEHENSWÜRDIGKEITEN
Forum Romanum und Palatin.
Largo Salara Vecchia und Via di San Gregorio 30, Tel. 06/39 96 77 00, www.archeoroma.beniculturali.it/siti-archeologici/foro-romano-palatino

Auch im Fall des Palatins sollte man den Ratschlag befolgen und festes Schuhwerk anziehen, denn hier geht es einen Hügel hinauf, mit Treppenstufen, von denen viele anscheinend seit Urzeiten nicht mehr restauriert worden sind. Auch bei der Besichtigung des ausgedehnten Palatins ist Proviant für ein schnelles Häppchen zwischendurch angesagt, ganz zu schweigen von Getränken.

ANTIKE UND TRENDVIERTEL

21 Circus Maximus, Caracalla-Thermen
Vergnügen für das Volk

Die alten Römer waren wohl die ersten, die ganz groß in Vergnügungen fürs Volk investierten. Was heute unsere Fußballstadien sind, das waren damals Arenen, Pferderennbahnen und Badeanstalten, die bis zu 2500 Badegäste fassen konnten. Damals alles kostenlos, denn die Kaiser wollten mit diesen Ausgaben die vielen Armen und sozial Unzufriedenen von ihrem Los ablenken.

Am schönsten präsentieren sich die gewaltigen Ruinen der Thermen von Kaiser Caracalla abends, nach Einbruch der Dunkelheit. Im Sommer, wenn die römische Staatsoper auf einer riesigen Bühne mit den stimmungsvoll ausgeleuchteten Ruinen als atemberaubender Kulisse Opern aufführt, Klassiker wie *Aida*, *Tosca* oder *Turandot*, die, leider mit Lautsprechern verstärkt, jeden Abend bis zu 2500 Besucher beglücken. Ein wirklich unvergessliches Erlebnis!

Mitte: Reste des kreisförmigen Kaldariums in den Caracalla-Thermen
Unten: Mosaik eines Eroten auf einem Meeresungeheuer in den Caracalla-Thermen

Aber auch tagsüber lohnen die Thermen einen Besuch. Ihre Ruinen gehören zu den eindrucksvollsten der Römischen Antike. Beschädigt wurden die Thermen vor allem durch ein schweres Erdbeben im Jahr 847. Anschließend setzten Regen, Frost und Hitze den Überresten kräftig zu. Die Thermen waren so groß, dass glücklicherweise auch jahrhundertelanger Steinraub sie nicht vollständig zerstören konnte. Selbst Paul III., der Farnese-Papst, ließ aus den Ruinen kostbare antike Marmorplatten und Skulpturen entfernen, um sie in seinem Familienpalast und im Petersdom zu verwenden.

Wellness in der Antike

In nur zehn Jahren wurden die Thermen zwischen 206 und 216 von Kaiser Caracalla errichtet. Er wollte sich mit diesem Bau beim Volk einschmeicheln und gewährte ihm freien Eintritt. Die Gesamtanlage maß 330 mal 330 Meter. Das Hauptgebäude mit seinen bis zu 36 Meter hohen Gewölbedecken war 220 mal 114 Meter groß und komplett mit großen Kuppeldecken bedeckt. Im Gegensatz zu unseren heutigen Badeanstalten und Sportclubs mit Schwimmbädern verfügten die Caracalla-Thermen nicht nur über alle nur denkbaren Kalt- und Wasserbecken, sondern auch über Gymnastikräume und Versammlungssäle, über gut bestückte Bibliotheken und verschiedene Dienstleistungsbetriebe. Man konnte sich also stundenlang die Zeit vertreiben, seinem Körper Gutes tun, Sport treiben, lesen und shoppen oder sich beim Friseur die Haare schneiden lassen.

Ein Heer von Sklaven arbeitete dafür, dass die Anlage rund um die Uhr funktionierte. Die Thermen wurden mit Unmengen von Wasser über ein der-

Oben: Gerne nutzen heute Jogger den Circus Maximus, der gleich neben dem Palatin liegt.
Unten: Im Apodyterium der Caracalla-Thermen waren früher die Umkleideräume untergebracht.

127

AUTORENTIPP!

EIN MUSS FÜR LIEBHABER DER KLASSISCHEN MUSIK

Wer im Juli und August nach Rom kommt, sollte unbedingt eine der Inszenierungen der römischen Staatsoper in den Caracalla-Thermen besuchen. Seit 50 Jahren ist die Klassik-Saison in den Caracalla-Thermen ein unvergessliches Sommererlebnis. Unter freiem Himmel und mit den riesigen antiken Ruinen als Bühnenbild werden Klassiker der italienischen Oper wie Tosca, Turandot oder Adia, aufgeführt.
Seit kurzem wird das Kulturangebot auch um Ballette und Symphoniekonzerte ergänzt. An einer Bar gibt es zu trinken und zu essen und der Abend wird nie lang.
Ein ganz besonderes Erlebnis, das man sich auch gönnen sollte, wenn man kein ausgesporchener Opernfreak ist. www.operaroma.it

ANTIKE UND TRENDVIERTEL

art ausgeklügeltes und perfektes System versorgt, dass Ingenieure noch heute staunen. Die Beheizung der riesigen Anlage erfolgte über kilometerlange Tonrohre, die heiße Luft in die Fußböden wie in die Wände sämtlicher Räume leitete. Über hundert Sklaven waren ausschließlich damit beschäftigt große Öfen unterhalb der Thermen am Brennen zu halten.

Das Zentrum der Anlage bildete das Caldarium. Dort war es sehr heiß, und die Luftfeuchtigkeit lag bei fast einhundert Prozent. Dieser Raum war von der 35 Meter hohen Kuppel gekrönt, der größten ihrer Art in der antiken Welt. Ein ingenieurtechnisches Meisterwerk, das nur mit dem Verfahren der leichten Tonhohlkörper zu realisieren war. Die Thermen wurden bis ins 6. Jahrhundert genutzt, dann unterbrachen die Goten 536 die Wasserzufuhr der Anlage und setzten dem Badebetrieb ein Ende.

Die größte Arena der Geschichte

Der Circus Maximus, ebenfalls ein kostenloses Volksvergnügen, war die größte Arena der Antike und wahrscheinlich der gesamten Menschheitsgeschichte. In der 600 Meter langen und 140 Meter breiten Arena fanden zur Zeit Julius Cäsars 145 000 Menschen, nach Ausbauarbeiten in der Spätantike ganze 385 000 Menschen Platz. Man kann also ohne Übertreibung sagen, dass man es in diesem Fall mit dem größten Vergnügungsort aller Zeiten zu tun hat.

Viel zu sehen bekommt man heute im Circus Maximus nicht. Die Anlage liegt fast komplett unter einer Schicht Gras südwestlich des Palatinhügels begraben. Nur an einer Seite förderten archäologische Grabungen neben Resten der Grundmauern auch einige Kneipen und Latrinen zu Tage. Sie um-

Circus Maximus, Caracalla

gaben einst die Arena, schließlich wollten die vielen Zuschauer auch essen, trinken und auf die Toilette gehen. Noch erkennt man deutlich, wo sich in der Antike die Ränge und die eigentliche Rennbahn befanden. Der Circus Maximus wurde für Wagenrennen genutzt, die die Kaiser aus einer Loggia auf dem Palatinhügel bequem mitverfolgen konnten.

Vom Ursprung bis zur Gegenwart

Im 7. Jahrhundert v. Chr. wurde die Talsenke trockengelegt, um dort erste Wettkämpfe stattfinden zu lassen, die die Zuschauer von Holztribünen aus mitverfolgten. Erst Julius Cäsar errichtete erste Steinsitzreihen. Die beiden ägyptischen Obelisken, die die Arena zierten, stehen heute auf der Piazza del Popolo und vor dem Lateranpalast. 103 baute Kaiser Trajan die gesamte Anlage mit Marmor und einem beton-ähnlichen Material aus. Dieser Baustoff gab ihr erst die Statik, die Hunderttausende von Menschen beherbergen konnte, ohne Tribüneneinstürze zu riskieren. Die Wagenrennen fanden den ganzen Tag über statt. Dabei ging es nicht zimperlich zu, die Wagenlenker starben zuhauf. Nach der Antike wurde das Gelände landwirtschaftlich genutzt. Heute ist es ein beliebter Jogging-Parcours und Picknickplatz und dient für Großveranstaltungen wie Popkonzerte und die jährliche Gay-Pride-Parade.

Mosaikfragment in den Caracalla-Thermen

Sommerliche Opernaufführungen in den Caracalla-Thermen

Infos und Adressen

SEHENSWÜRDIGKEITEN

Circus Maximus. Circo Massimo, Roms größte Rennbahn. Eintritt frei.

Terme di Caracalla. Roms gigantischste Thermen. Via delle Terme di Caracalla 52, Tel. 06/48 16 02 55, www.archeoroma.beniculturali.it/siti-archeologici/terme-caracalla

ESSEN UND TRINKEN

Alvaro al Circo Massimo. Römisch-italienische Traditionsküche. Via dei Cerchi 53, Tel. 06/6 78 61 12

0,75 zerosettantacinque. Wein- und Cocktailbar mit Blick auf den Circus Maximus. Via dei Cerchi 65, Tel. 06/6 87 57 06, www.075roma.com

ANTIKE UND TRENDVIERTEL

22 Santa Maria in Cosmedin
Antike und frühes Christentum auf Schritt und Tritt

Zwischen dem Aventinhügel, dem Forum Romanum und dem Kapitolshügel erheben sich eine Reihe antiker Gebäude von großer Schönheit. Ein Spaziergang zu einem Theater, zu antiken Tempeln, einer frühchristlichen Kirche und einem Kanaldeckel, in den alle ihre Hände stecken.

Ein Kanaldeckel – wahrscheinlich. Oder vielleicht auch ein Brunnenmotiv? Die »Bocca della verità«, der Mund der Wahrheit, ist einer der populärsten Anlaufpunkte für römische Touristen. Sie stellen sich hintereinander an, denn die vielen Menschenmassen haben die Verwalter der Kirche Santa Maria in Cosmedin dazu veranlasst, Absperrungen aufzustellen, damit alle Besucher in einer geordneten Reihe anstehen. Man steckt dem Relief die Hand in den Mund und lässt sich ablichten. Das machen Tausende von Touristen täglich, es gehört traditionell einfach zu einer Romreise.

Mitte: Das Mittelschiff in S. Maria in Cosmedin mit der Schola Cantorum
Unten: Ob der Mund der »Bocca della verità« schon jemals zugebissen hat?

Der runde Stein, der ein bärtiges männliches Gesicht mit Löchern für Mund und Nase zeigt, hat einen Durchmesser von 1,75 Meter und wiegt rund 1300 Kilogramm. Es wird vermutet, dass er aus dem 1. Jahrhundert stammt. Schon seit jeher verbindet man mit diesem Relief magische Kräfte. Im 11. Jahrhundert hielt man ihn sogar für einen Orakelstein. Einer deutschen Legende aus dem 15. Jahrhundert zufolge beißt der Steinmund zu, wenn man lügt oder jemanden betrogen hat. Der Mund der Wahrheit steht im Vorbau der frühchristlichen Kirche Santa Maria in Cosmedin, die heute leider von ständigem Verkehr umbraust ist.

130

Santa Maria in Cosmedin

Santa Maria in Schola Graeca

Die Kirche entstand aus einer Säulenhalle des 1. Jahrhunderts, die ursprünglich als Statio Annonae, als zentrale Verwaltungsstelle für Lebensmittel fungierte. Im 5. Jahrhundert wurden die Zwischenräume der Säulen zugemauert und das neue Gebäude der Mutter Christi gewidmet. Zum Gotteshaus gehört einer der eindrucksvollsten romanischen Glockentürme Roms. Er erstreckt sich über sieben Geschosse und ragt wie ein Zeigefinger in die Luft. Von Anbeginn kümmerten sich vor allem griechischstämmige römische Kaufleute um das Gotteshaus, weshalb der erste Name der Kirche Santa Maria in Schola Graeca hieß. Noch heute verwalten Christen der Melkitisch Griechisch-Katholischen Kirche das Gotteshaus. Sehr interessant ist es, einem ihrer Gottesdienste beizuwohnen. In diesen Messen stimmen Männer, ähnlich wie in der griechisch-orthodoxen Kirche, lange Gesänge an.

Während der Zeit des Bildersturms in Byzanz im 8. Jahrhundert, als alle Darstellungen religiöser Persönlichkeiten bei Strafe verboten waren, flohen viele Griechen nach Rom, sodass Papst Hadrian I. die Kirche ausbauen ließ. Im Zuge dessen wurde sie mit kostbar gestalteten Mosaiken und Marmorarbeiten ausgestattet. Der neue Name Santa Maria in Cosmedin leitet sich vermutlich vom griechischen »cosmedin« ab, was so viel bedeutet wie Schmuck. Dieser Beinamen trifft auf jeden Fall auf den reich geschmückten Innenraum zu. Zu sehen sind 18 gut erhaltene antike Säulen, ein roter Granitblock, der als Altar dient, und verzierte romanische Marmorschranken. Der Fußboden erinnert mit seinen Marmormosaiken an einen Teppich. Ein Werk der sogenannten Kosmaten, eine Steinmetzfamilie, die im Mittelalter für ihre raffinierten Marmoreinlegearbeiten berühmt war.

Oben: Mosaik aus dem 18. Jahrhundert im Bücherladen der Kirche
Unten: Der Altar von S. Maria in Cosmedin

Infos und Adressen

SEHENSWÜRDIGKEITEN

Santa Maria in Cosmedin. Sehenswert nicht nur wegen des Mundes der Wahrheit, sondern auch eine der schönsten frühchristlichen Kirchen Roms. Piazza Bocca della Verità 18, Tel. 06/6 78 14 19,
www.centroboccadellaverita.com

ANTIKE UND TRENDVIERTEL

23 Templo di Vesta, Teatro Marcello
Tempel und Theater

Santa Maria in Cosmedin erhebt sich am Ort des antiken Forum Boarium, einem der wichtigsten Handelsorte Roms. Ein antiker Ort mit verschiedenen Sakralbauten, von denen zwei noch ungewöhnlich gut erhalten sind: der quadratische Tempel des Portunus und der kreisrunde Tempel des Hercules Victor.

Der runde und allseitig von ehemals 19 – eine fehlt heute – über zehn Meter hohen Säulen umstandene Bau, wirkt ungewöhnlich elegant und ist das älteste erhaltenene römische Bauwerk aus Marmor. Der Durchmesser des um 120 v. Chr. errichteten Tempels beträgt rund 15 Meter. Sein Innenraum besteht aus der Cella, dem kreisrunden Kultraum. Das ursprüngliche Dach fehlt, aber das später errichtete runde und zur Mitte hin ansteigende Ziegeldach passt optisch gut zu dem Bauwerk.

Vesta zu Ehren?

Man glaubte ursprünglich, dass es sich um einen Tempel zu Ehren der Göttin Vesta handelte, die keusche Hüterin des ewigen Feuers, aber heute vermuten Archäologen, dass das Bauwerk dem siegreichen Herkules geweiht war. Im 12. Jahrhundert zur Kirche umgebaut, überlebte das antike Bauwerk den leider üblichen Abriss und wurde zum gestalterischen Vorbild für viele Baumeister der Renaissance. Der ganz in der Nähe stehende rechteckige Tempel war Portunus geweiht, dem Gott der Häfen. Errichtet wurde das Bauwerk im 1. Jahrhundert v. Chr. auf Gebäuderesten aus dem 4. Jahrhundert.

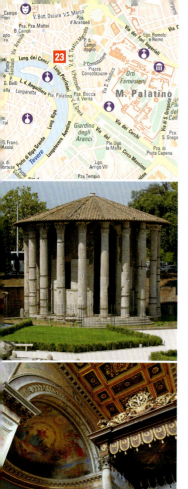

Mitte: Verwirrend, der Herkules-Tempel wird oft wegen seiner Ähnlichkeit mit dem gleichnamigen Tempel am Forum ebenso Vesta-Tempel genannt.
Unten: Die Apsis und der Baldachin in S. Nicola in Carcere

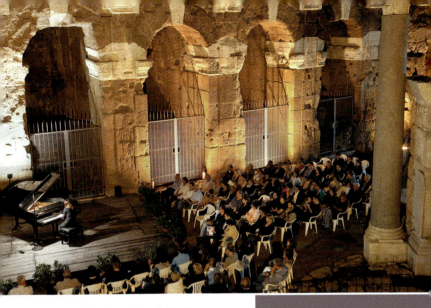

Klein aber fein, die Konzerte am Marcello-Theater

Der Kultraum ist über eine Treppe zu erreichen. Auch dieser Tempel ist ganz mit Säulen umstellt, wobei bis auf den Eingangsbereich die übrigen Säulenzwischenräume zugemauert wurden. Auch er wurde im 9. Jahrhundert zur Kirche umgebaut und entging somit glücklicherweise Verfall und Zerstörung. Beachtenswert ist das fast komplett erhaltene dreieckige Tympanon des Giebels. So werden wohl alle Tempel im antiken Rom ausgesehen haben.

Ein Juwel von einem Gotteshaus

Links von Santa Maria in Cosmedin liegt eine weitere Besonderheit, die ebenfalls zum Forum Boarium gehört. San Giorgio in Velabro ist nicht ohne Grund eine der romantischsten und begehrtesten Hochzeitskirchen Roms. Ein frühchristliches Gebäude aus dem 5. Jahrhundert mit einem romanischen Vorbau aus dem 13. Jahrhundert. Im vergangenen Jahrhundert wurde die Kirche von allen

AUTORENTIPP!

KLASSIK – TRAUMHAFT SCHÖN

Man stelle sich vor: ein warmer römischer Abend, Sternenhimmel, antike Säulen. Im Hintergrund die Fassade des Teatro di Marcello, dazu mittelalterliche Häuser und antike Ruinen. Nicht weit entfernt steht die große Synagoge Roms. Man sitzt bequem auf Stühlen bei klassischer Musik und genießt die zauberhafte Atmosphäre. Den ganzen Sommer über ist's möglich. In der archäologischen Zone beim antiken Amphitheater gibt es fast jeden Abend klassische Konzerte, zwar nicht unbedingt mit erstklassigen Interpreten, doch das Ambiente ist so schön, da sollte man kein musikalischer Purist sein.

Concerti del Tempietto.
Infos: Mobil 00 39/34 87 80 43 14,
www.tempietto.it

AUTORENTIPP!

STADT-OASE

Nicht weit entfernt liegt die Tiberinsel, eine Welt für sich, zu erreichen über den 62 v. Chr. errichteten Pons Fabricius, eine der ältesten Brücken der Welt. Die kleine Insel bietet eine antike Kirche, San Bartolomeo all'Isola, die auf den Resten eines Tempels errichtet wurde. Die südliche Inselspitze, die in der Antike in der Form eines Schiffsbugs ausgebaut wurde, ist mit Bäumen bestanden und an heißen Tagen ein idealer Ort für eine erholsame Pause. Genau hier stürzt der Tiber über eine Stufe einige Meter in die Tiefe. Im Sommer gibt es auf der Insel ein Open-air-Kino.

Oben: Ruheoase oberhalb von Tempeln und romanischen Kirchen: Terrasse des Hotels Fortyseven
Unten: San Giorgio in Velabro ist eine der beliebtesten Hochzeitskirchen Roms.

ANTIKE UND TRENDVIERTEL

späteren architektonischen Hinzufügungen befreit und präsentiert sich jetzt wieder in ihrer frühchristlichen und romanischen Schlichtheit mit antiken Säulen, mit Mosaiken und Fresken von Pietro Cavallini.

Zur Kirche gehört der Arco degli Argentari, ein Tor aus dem 2. Jahrhundert, das den Eingang von der Straße Vicus Jugarium auf das Forum Boarium kennzeichnet. Die Abmessung des Tores ist beeindruckend. Zirka sechs Meter hoch und 3,3 Meter breit präsentiert es sich mit zahlreichen marmornen Inschriften und Reliefs sowie Dekorationsfriesen. Dem Arco gegenüber erhebt sich ein großer, ungemein wuchtig wirkender Triumphbogen, der Arco di Giano. Dieser 16 Meter hohe Janusbogen wurde vermutlich zu Ehren von Kaiser Konstantin errichtet.

Kurioses Patchwork

Von der Piazza Bocca della Verità führt die Via Petrosselli Richtung Teatro di Marcello, linkerhand vorbei an der kuriosen Casa dei Crescenzi. Dieses Gebäude ist eines der wenigen nahezu komplett erhaltenen aus der Zeit des römischen Mittelalters. Errichtet im 11. Jahrhundert vornehmlich aus antikem Baumaterial, das man damals zuhauf in der nächsten Umgebung fand. So ist ein marmornes Patchwork ist entstanden, das selbst für Rom einmalig ist.

Heiliger Nikolaus im Gefängnis

Diesem Haus gegenüber, inmitten antiker Ruinen, befinden sich zahlreiche Gemälde des 15. bis 18. Jahrhunderts in der Kirche San Giovanni Decollato. Auf dem Weg zur Teatro di Marcello stößt man auf eine weitere Kirche, San Nicola in Carcere. Auch sie wurde in die Reste eines antiken Tempels gebaut.

Tempio di Vesta, Teatro Marcello

Die Fassade ist ein Werk des Renaissancekünstlers Giacomo Della Porta. Bemerkenswerterweise befinden sich unterhalb dieser Kirche die gut erhaltene Basis zweier Tempel und eine schmale Gasse. Zu sehen sind quadratische Eingänge, die man lange für Gefängniszellen hielt – daher der Name der Kirche, der übersetzt bedeutet »Zum Heiligen Nikolaus im Gefängnis«. In Wirklichkeit aber hatten hier, so vermuten Archäologen, Geldwechsler ihre Büros.

Vorbild für das Kolosseum

Die Via Petroselli geht in die Via del Teatro di Marcello über. Und da ist es auch schon – das halbrunde Marcellustheater, dessen beeindruckende Überreste sich nördlich des Forum holitorium, des antiken Gemüsemarktes, erheben. Auf dem von Julius Cäsar erworbenen Baugrund errichtete Augustus dieses Theater, das er dem Andenken seines verstorbenen Neffen Marcellus widmete. Im Jahr 13 v. Chr. wurde es vollendet. Der rund 33 Meter hohe Bau konnte bis zu 15 000 Zuschauer fassen. Es handelt sich um das größte Theater Roms. Beim Anblick fällt auf, dass der Baustil dem des späteren Kolosseums ähnelt.

In der Tat war das Marcellustheater das Vorbild für die größte Arena Roms. Ende des 4. Jahrhunderts verfiel es und wurde als Steinbruch genutzt. Damals wurden die beiden ersten Arkadenreihen zu Wohnhäusern umgebaut. Die Familie Savelli ging noch einen Schritt weiter. Sie machte aus dem gut erhaltenen Bauwerk im 13. Jahrhundert eine Festung. Die späteren Besitzer, die Familie Orsini, machten im 16. Jahrhundert aus der Festung einen prächtigen Renaissancepalast. Dieser Adelspalast existiert bis heute. Leider sind seine prächtigen Räume, die sich hinter den antiken Arkadenreihen verbergen, für die Öffentlichkeit tabu.

Infos und Adressen

SEHENSWÜRDIGKEITEN

San Giovanni Decollato. Kirche auf antiken Ruinen, kann auf Wunsch besichtigt werden. Via di San Giovanni Decollato 22, Tel. 06/6 79 18 90.

San Giorgio in Velabro. Frühchristlich-mittelalterliche Kirche. Via del Velabro 19, Tel. 06/69 79 75 36, www.sangiorgioinvelabro.org

San Nicola in Carcere. Kirche auf antiken Konstruktionen. In der Kirche nach den antiken Ruinen nachfragen. Via del Teatro Marcello 46, Tel. 06/6 86 99 72.

Tempel des Hercules Victor. Sopraintendenza, Tel. 06/48 02 01, www.archeoroma.beniculturali.it

Tempel des Portunos. Sopraintendenza, Tel. 06/48 02 01, www.archeoroma.beniculturali.it

ESSEN UND TRINKEN

Circus al Fortyseven. Panorama-Terrassen-Restaurant. Man sollte sich hier abends einen Tisch an der Brüstung buchen. Der Blick auf die ausgeleuchteten Tempel ist umwerfend. Via Luigi Petroselli 47, Tel. 06/6 78 78 16, www.fortysevenhotel.com

ÜBERNACHTEN

Fortyseven. Modernes Designhotel umgeben von antiken Bauten und alten Kirchen. Besonders schön: die Zimmer mit Panoramablick. Störend: tagsüber der schlimme Autoverkehr. Via Petroselli, 47, Tel. 06/67 87 88 16, www.fortysevenhotel.com

ANTIKE UND TRENDVIERTEL

24 Ghetto
Eine eigene Welt für sich

1870, mit der italienischen Staatseinigung, fielen die hohen Mauern des römischen Ghettos, das Papst Paul IV. 1555 errichten ließ. Mit seinem *Edikt Cum nimis absurdum* grenzte er die Juden gesellschaftlich aus. Obwohl das ehemalige Ghetto mit seinen fünf Toren heute Teil des historischen Zentrums ist, hat es seinen ganz besonderen Charme bewahrt und präsentiert sich als eigenes, malerisches Dorf mitten in der Weltstadt.

Es gibt keinen pittoreskeren Zugang zum ehemaligen jüdischen Ghetto als von der Piazza di Campitelli aus. Ein Platz, der durch eine der prächtigsten barocken Kirchenfassaden Roms, S. Maria in Campitelli, dominiert wird. Die Kirche gilt als Hauptwerk Carlo Rainaldis. Empfehlenswert ist das Restaurant Vecchia Roma mit seinen Tischen direkt bei der Kirche auf dem Platz.

Durch die schmale und romantische Via della Tribuna di Campitelli geht es vorbei an uralten Häusern, die sich auf antiken Mauerresten erheben, wie linkerhand gut zu sehen. Durch einen schmalen antiken Torbogen erreicht man die Hauptstraße des jüdischen Viertels, die Via Portico d'Ottavia. Eine Art Dorfstraße, mit einer Vielzahl empfehlenswerter Lokale und Einwohnern, die bei schönem Wetter mit ihren Stühlen vor ihren Häusern sitzen und sich mit Freunden unterhalten und ihr Wohnzimmer ins Freie verlegen. Ein kleines Viertel, in dem man jahrhundertelang so eng zusammenwohnte, dass Rombesucher, die das Ghetto vor 1870 besichtigten, über die düsteren Straßen und die unmenschlichen Lebensbedingungen klagten.

Mitte: Zwischen den Baumreihen am Tiber findet man die größte Synagoge südlich der Alpen.
Unten: Wer über die Piazza Mattei spazieren geht, kommt direkt am Schildkrötenbrunnen vorbei.

Ghetto

Zwiespältige Beziehung

Das Verhältnis der Päpste zu den Juden in ihrer Stadt war lange gespalten. In Rom gab es nie Pogrome und ebensowenig wurden Juden ermordet. Das taten erst 1943 die Deutschen, als sie alle römischen Juden verhafteten und in Konzentrationslager deportierten. Die meisten von ihnen starben dort.

Jahrhundertelang war der wichtigste Arzt des Papstes immer ein Jude. Roms Juden mussten zwar Demütigungen in Kauf nehmen, konnten aber als Bevölkerungsgruppe in Frieden leben. Dazu muss man wissen, dass in Rom die älteste jüdische Gemeinde Europas ist. Schon seit dem 2. Jahrhundert v. Chr. leben Juden in Rom, vor allem im jüdischen Viertel beim Tiber.

Größte Synagoge im Süden

Das größte und eindrucksvollste Gebäude des Viertels ist die Anfang des 20. Jahrhunderts errichtete Große Synagoge von Rom, die Tempio Maggiore di Roma. Sie gilt als die größte ihrer Art südlich der Alpen. Errichtet wurde sie nach der Zerstörung der Ghetto-Mauern. Ihr eklektischer Baustil setzt sich im Inneren fort. Der Zentralraum lohnt einen Besuch.

In der Nähe der Synagoge, Richtung Tiber, steht die kleine Kirche S. Gregorio Divina Pietà. Sie hat eine ungewöhnliche Historie. Errichtet wurde sie, um die Juden zu bekehren. An verschiedenen Sonntagen mussten sie in dieser Kirche katholischen Gottesdiensten lauschen. Man hoffte, sie auf diese Weise zum »wahren« Glauben zu bekehren. Die Juden aber, so erzählt man sich, steckten sich während der Gottesdienste Wachs in die Ohren. Von Bekehrung konnte also keine Rede sein.

AUTORENTIPP!

DORFIDYLL MITTEN IN DER STADT

Kommen Sie am späten Nachmittag ins ehemalige Ghetto. Alte Leute sitzen vor den Häusern und spielen mit ihren Enkelkindern oder schauen dem bunten Treiben zu. Man kennt sich, man unterhält sich. Dorfatmosphäre. Das ideale Ambiente, um sich vom Besichtigen in der Stadt zu erholen. In einem der Cafés und mit Blick auf die ganze Straße. Sie ist die Lebensader des Viertels und so entgeht einem nichts. Auch ideal, um den Tag vor dem Abendessen ausklingen zu lassen, mit einem Aperitif und einem Snack, bevor es später ins Restaurant geht.

Mit einem altrömischen Relief wurde hier in der Via Portico d'Ottavia die Fassade verschönert.

AUTORENTIPP!

WILDE STUBENTIGER

Nicht weit vom Ghetto ließ ausgerechnet der Diktator Benito Mussolini in den 20er-Jahren das Forum des republikanischen Roms ausgraben. Es befindet sich mit seinen Gebäuden und Säulen auf dem verkehrsumbrausten Largo Argentina. Dieses Forum ist von Katzen bevölkert.
Um sie kümmern sich die »gattare«, wie man in Rom Katzenmütter nennt, im Katzenzentrum direkt am Forum. Über eine kleine Treppe geht es hinab, wo die Damen sich um die Vierbeiner kümmern. Hier kann man auch eines der kastrierten Tiere adoptieren und mit nach Hause nehmen. Das machen übrigens nicht wenige Romtouristen.
www.gattidiroma.com

ANTIKE UND TRENDVIERTEL

Aufregender Mix

Frappierend im Ghetto ist die Mischung aus antiken, katholischen und jüdischen Sakralbauten auf einem Fleck. Ein gutes Beispiel dafür ist die Kirche S. Angelo in Pescheria. Diese frühe Kirche aus dem 8. Jahrhundert wurde in den Portico d'Ottavia hineingebaut, mitten in den mit Säulen bestandenen Vorbau, der im 2. Jahrhundert v. Chr. errichtet wurde.

Rechts von der Kirche führt ein archäologischer Spaziergang eine Treppe hinab zu den antiken Resten vor dem Teatro di Marcello. Ebenfalls rechts der Kirche lockt der Showroom des Haushaltswarengeschäfts Limentani. Ein Oratorium aus dem 18. Jahrhundert wurde in ein Luxusgeschäft umfunktioniert. Die Hauptniederlassung von Limentani, direkt gegenüber dem Portico d'Ottavia, ist einer der ausgefallensten Läden ganz Roms. Im Keller gelegen, verläuft man sich in einem Labyrinth von Räumen mit Porzellan, Glas, Bestecken etc. – unbedingt zu besichtigen.

Die Via Portico d'Ottavia verführt mit zahllosen koscheren Restaurants, in denen die typisch römisch-jüdische Küche zubereitet wird. Mit Gerichten, die es so nur in Rom gibt, wie zum Beispiel »il carciofo alla giudia«, eine knusprig in Olivenöl ausgebackene und mit Salz und Zitronensaft gewürzte Artischocke. Schmeckt super! Sehr zu empfehlen ist die Trattoria »Nonna Betta«, bei der man einen Tisch auf dem Bürgersteig reservieren sollte. Deftige römisch-jüdische Küche – unbedingt probieren: die Nudel- und Fischgerichte sowie die Desserts! Wer es jüdisch-eleganter mag sollte im »Piperno« reservieren.

Die an der Straße errichteten Häuser stehen auf antiken Fundamenten. Oftmals, wie bei der Casa dei Manili, wurden altrömische Bauelemente wie-

Il Portico D'Ottavia stammt ursprünglich aus dem 2. Jahrhundert v. Chr. und wird heute vom jüdischen Ghetto umrahmt.

Rundgang

Das ehemalige Ghetto ist eines der stimmungsvollsten römischen Viertel. Hier protzen keine barocken Paläste und riesigen Kirchen. Hier geht es fast schon gemütlich und wie auf einem Dorf zu. Das Viertel bietet viele gute Lokale und kuriose Geschäfte. Zentrum des ehemaligen Ghettos ist die Via Portico d'Ottavia. Hier trifft sich Jung und Alt.

A **Synagoge** – die größte Europas südlich der Alpen. Interessant: das jüdische Museum zur Geschichte der Juden in Rom

B **Via Portico d'Ottavia** – die Hauptschlagader des Viertels, mit zahlreichen Geschäften und Lokalen und zwei ausgezeichneten Konditoreien

C **Piazza Mattei** – berühmt wegen des Schildkrötenbrunnens, eines der schönsten Kunstwerke der römischen Renaissance

D **Palazzo Mattei di Giove** – prächtiger Palast mit antiken Skulpturen und Malereien

E **Crypta Balbi** – nach dem Abriss alter Häuser wurden spätantike und frühmittelalterliche Gebäude sicht- und begehbar

F **Piazza Margana** – einer der schönsten und stillsten Plätze des historischen Stadtzentrums

G **Piazza di Campidoglio** - Aussichtspunkt bei den Kapitolinischen Museen und Adresse eines Panoramacafés

H **Piazza Campitelli** – schöner Platz mit eindrucksvoller barocker Kirche

I **San'Angelo in Pescheria** – eine katholische Kirche mitten in einen antiken Tempel gebaut

J **Teatro Marcello** – ein antikes Theater, später von einer Adelsfamilie in einen Palazzo umgebaut

K **San Gregorio Divina Pietà** – hier mussten die Juden im Papststaat katholischen Messen lauschen, in der Hoffnung, sie zur Konversion zu bewegen

Oben: Die Via Portico d'Ottavia ist das Herz des jüdischen Zentrums.
Unten: Charmant und fachmännisch wird man bei bei »Beppe e i suoi formaggi« bedient.

derverwertet. Hier ein imposantes Relief, das einen Löwen darstellt, wie er einen Hirsch erlegt. Die Via Portico d'Ottavia mündet in die Piazza delle Cinque Scole. Der Name spielt auf die fünf Thoraschulen an, die bis zum Ende des Ghettos 1870 existierten. Linkerhand geht es zum Monte Cenci, ein Hügel, der seinen Ursprung in antikem Bauschutt hat. Hier erhebt sich der Palazzo Cenci Bolognetti.

Kulinarische Entdeckungsreise

Hier befindet sich ein wirklich empfehlenswertes Lokal. In der Via Santa Maria de' Calderari 38 geht es in den ersten Stock des Palazzos, wo im gut bürgerlichen Restaurant »Il Pompiere«, unter nachgedunkelten Deckenfresken, echt römische Gastro-Klassiker serviert werden. Darunter Nudelgerichte mit Innereien.

Das Ghetto ist ein Feinschmecker-Viertel. Nicht verpassen dürfen Sie die österreichisch angehauchten Leckereien im »Dolce Roma« , die osteuropäische Kuchen, die in der Pasticceria »Limentani« von dezidiert unfreundlichen Damen verkauft

Ghetto

werden oder die köstlichen Käsespezialitäten von »Beppe e i suoi formaggi«. Gastronomisch geht es auch auf der Piazza Mattei zu, die von der Via Portico d'Ottavia durch malerische schmale Gassen zu erreichen ist.

In der Mitte dieses zauberhaften Platzes erhebt sich der Schildkrötenbrunnen, ein Meisterwerk des Renaissancekünstlers Giacomo Della Porta aus dem späten 16. Jahrhundert. An der Piazza sollte man die Gerichte mit dem herzhaften San-Daniele-Schinken im »Pane Vini e San Daniele« probieren und zuvor einen Aperitif in der hübschen Bar gegenüber genießen.

Kunsthistorische Leckerbissen

Durch die Via dei Falegnami geht es zum Palazzo Mattei di Giove, einem gewaltigen Palastblock aus dem späten 16. Jahrhundert. Im Gegensatz zu den meisten historischen Palazzi Roms darf man hier mehr als nur einen Blick hinein werfen. Der Innenhof, erreichbar über die Hausnummer Via Caetani 32, zeichnet sich durch Loggien und antike Skulpturen aus. Im ersten und zweiten Stock sind öffentliche Bibliotheken untergebracht. Die Decken der Säle zieren Fresken von Malerstars wie Domenichino, Lanfranco und Pietro da Cortona.

Nicht weit vom Palazzo Mattei kann einer der interessantesten antiken und mittelalterlichen Orte Roms besichtigt werden: die Crypta Balbi. Der Besucher geht durch ein rund 7000 Quadratmeter großes ober- und unterirdisches Ambiente und durchquert dabei Bauten aus der Zeit der Spätantike und des Mittelalters. Unter dem ehemaligen Standort mehrerer Wohnhäuser legten die Archäologen mehrstöckige imposante Gebäudereste frei. Auf diese Weise entstand eine historische Zone von großer Bedeutung.

AUTORENTIPP!

JÜDISCHES MUSEUM
Die römischen Juden durften viele Berufe nicht ausüben. So spezialisierten sie sich vor allem auf die Wiederverwertung alter Stoffe. Daraus schufen sie kostbarste Kleider und Umhänge. Sie sind im kleinen aber reich bestückten Jüdischen Museum, in den Kellergewölben der Synagoge, zu besichtigen. Wunderschön sind auch die sakralen Silber- und Goldgegenstände. Ein Museum, das Einblick in die mehr als 2000 Jahre währende Geschichte der Juden in Rom gibt.

Museo Ebraico di Roma.
Lungotevere Cenci. Tel. 06/68 40 06 61, www.museoebraico.roma.it

Oben: »Il carciofo alla giudia« sind fantastisch zubereitete Artischocken.
Unten: Kulinarischer Ausflug nach Österreich im Dolce Roma

Durch die Via dei Polacchi geht es zur malerischen Piazza Margana, einem der schönsten kleinen Plätze Roms. Hier, wie im gesamten Viertel, trifft man nur selten auf Touristengruppen. Durch die Via dei Delfini erreichen wir wieder die Piazza Campitelli. Um den Rundgang mit einem Caffè oder einem Drink und einem umwerfenden Panoramablick zu beenden, empfiehlt es sich, den nahen Kapitolshügel zu besteigen. Von der Café-Terrasse der Kapitolinischen Museen, die man durch einen Sondergang erreicht, blickt man auf das gesamte Ghetto. Toll beim Sonnenuntergang!

MAL EHRLICH

FINGER WEG VOM FAST FOOD

Im ehemaligen Ghetto machen sich immer mehr jüdische Imbisse breit. Vor allem in der Via del Portico d'Ottavia Richtung Via Arenula. Die meisten von ihnen bieten nur gastronomischen Mist. Zu teuer und zu mies. Ich habe dort so schlechten Hummus gegessen, ein eigentlich köstliches Puree aus Kichererbsen, dass ich vom Besuch solcher Schnelllokale abraten muss. Besser ist es, sich ein wenig Zeit zu nehmen und eine Vorspeise und einen ersten Gang in einem der wirklich guten jüdischen Restaurants zu gönnen.

Oben: Bei der Ponte Cestio, die auf die Tiberinsel führt, findet man die Ausflugsboote für eine reizvolle Flussfahrt.
Mitte: Mitten in dem sogenannten Ghetto, die Piazza Costaguti
Unten: Buchhandlung und Galerie »il museo del louvre«

Infos und Adressen

SEHENSWÜRDIGKEITEN

San Angelo in Pescheria. Eine Kirche im antiken Tempel. Via della Tribuna di Campitelli 6, Tel. 06/68 80 18 19.

San Gregorio Divita Pietà. Kleine barocke Kirche. Lungotevere Pierleoni 9, Tel. 06/68 80 23 60.

Palazzo Mattei di Giove. Toller Innenhof und bemalte Säle. Via Caetani 32, Tel. 06/6 82 81 71.

Synagoge und Museo Ebraico di Roma. Eine der größten europäischen Synagogen und ein kleines aber reiches jüdisches Museum. Lungotevere Cenci, Tel. 06/68 40 06 61, www.museoebraico.roma.it

Süße Versuchungen bei »Dolce Roma«

ESSEN UND TRINKEN

Al Pompiere. Gutbürgerliche römische Küche in einem Palazzo. Via di Santa Margherita de'Calderali 38, www.alpompiereroma.com

Nonna Betta. An der koscheren Küche orientierte Gerichte. Via Portico d'Ottavia 16, Tel. 06/68 80 62 63, Mobil 00 39/34 96 67 16 20, www.nonnabetta.it

Pane Vino e San Daniele. Rustikale Trattoria, wo es u.a. den schmackhaften San-Daniele-Schinken gibt. Piazza Mattei 16, Tel. 06/6 87 71 47.

Piperno. Ausgezeichnete römisch-jüdische Küche. Monte de' Cenci 9, Tel. 06/68 80 66 29, www.ristorantepiperno.it

Sora Margherita. Piazza delle Cinque Scole, Tel. 06/6 87 42 16.

Terrazza Caffarelli. Tolle Café-Terrasse. Piazza Caffarelli, Tel. 06/5 21 60 57.

Vecchia Roma. Beste römische Küche, ideal zum draußen sitzen. Piazza Campitelli 18, Tel. 06/6 86 46 04, www.ristorantevecchiaroma.com

Vinando. Hübsche Wein-Trattoria. Piazza Margana 23, Tel. 06/69 20 07 41, www.vinando.eu

EINKAUFEN

Beppe e i suoi formaggi. Käseladen und Trattoria. Via Santa Maria del Pianto 9/a, Tel. 06/68 19 22 10, www.beppeeisuoiformaggi.it

Dolce Roma. Österreichisch-jüdische Konditorei. Via Portico d'Ottavia 20b, Tel. 06/6 89 21 96, www.ladolceroma.com

Limentani. Super Küchenladen. Via Portico d'Ottavia 47, Tel. 06/68 80 69 49, www.limentani.com

Pasticceria Boccioni Limentani. Tolle jüdische Bäckerei, Unbedingt probieren: Pizze! Via Portico d'Ottavia 1, Tel. 06/6 87 86 37.

Limentani, der Küchenladen mit großer Auswahl

ANTIKE UND TRENDVIERTEL

25 Santa Sabina, Aventin
Das grüne Nobelviertel –
einst und jetzt

Eine frühchristliche Kirche, ein zauberhafter Park mit Orangenbäumen, eine vornehme Straße und ein Schlüsselloch. Der sattgrüne Aventinhügel, der südlichste der sieben Hügel von Rom, war schon in der Römischen Antike ein begehrtes Wohnviertel für Wohlhabende und Aristokraten. Hier erheben sich heute romantisch anmutende Kirchen von großer Schönheit. Und gleich hinter dem Hügel locken eine ägyptische Pyramide und ein Friedhof für »Ungläubige«.

Namen für eine Kirche

Am schönsten ist es, den Aventinhügel von der Bocca della Verità aus zu Fuß zu besteigen. Dabei geht es über den romantischen Clivo di Rocca Savella, von dem aus man einen zauberhaften Blick auf Rom genießt. Auf diese Weise erreicht man die Via Santa Sabina, eine elegante schnurgerade Straße gesäumt von prachtvollen Villen, viel Grün und einer Kirche.

Santa Sabina wurde im frühen 5. Jahrhundert auf den Ruinen des Wohnhauses der einflussreichen Römerin Sabina errichtet, die später heiliggesprochen wurde. Der Name der Kirche rührt auch daher, dass frühchristliche Kirchen oftmals aus frühen Gemeindezentren hervorgingen, die in Privathäusern entstanden waren. So kam es, dass eben diese Kirchen die Namen der jeweiligen Hauseigentümer trugen.

Der Friedhof für Nichtkatholiken ist von antiken Stadtmauern umrahmt.

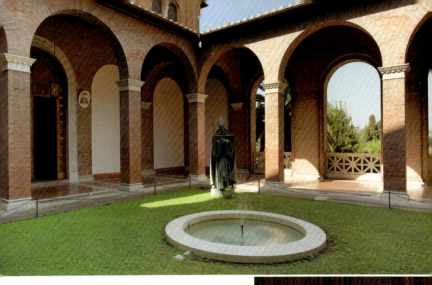

Kostbares Portal

Das Portal von Santa Sabina ist eines der wertvollsten der Welt. Es stammt aus dem 5. Jahrhundert und wurde aus afrikanischem Zedernholz geschnitzt. Eine absolute Kostbarkeit, die alle Wirren der Jahrhunderte überlebt hat. Von ursprünglich 28 Bildern sind immerhin 18 erhalten geblieben. In großer Kunstfertigkeit sind verschiedene Szenen aus dem alten und neuen Testament dargestellt. Zu sehen ist auch eine der ältesten Kreuzigungsdarstellungen der Kunstgeschichte. Dass Christus dabei größer gezeigt wird als die beiden anderen Verurteilten, zeigt den epochalen Wandel im Kunstgeschmack. Gefragt war fortan nicht mehr der antike Realismus, sondern man bewegte sich mit Riesenschritten auf den mittelalterlichen Symbolismus zu.

Überwältigend ist das Innere der Kirche. Ein großer Raum, dessen Dach im Hauptschiff von 24 kannelierten Säulen in der korinthischen Ordnung getragen wird. Oft findet man in frühchristlichen

Oben: Die Mönche von S. Anselmo beten nicht nur, sie betreiben auch einen Laden.
Unten: Das kostbare Portal von Santa Sabina

AUTORENTIPP!

MASCHINEN UND GÖTTER

Antike Skulpturen von faszinierender Schönheit und riesige historische Maschinen zur Energieerzeugung aus der ersten Hälfte des letzten Jahrhunderts. In der Centrale Montemartini, von der U-Bahn-Station Ostiense mit der Linie B, Station Garbatella, zu erreichen, wird ein spannender Kunst-Mix geboten. Unter dem Titel *Maschinen und Götter* werden rund 400 antike Meisterwerke aus den kapitolinischen Museen vor Eisen-Ungetümen mit Rohren und Schaltpulten gezeigt. Industrie- und antike Archäologie gehen eine anregende Symbiose ein. Interessant sind auch komplette Giebelfronten antiker Tempel, die in diesem großen Ambiente Platz finden.

Centrale Montemartini.
Via Ostiense 106, Tel. 06/574 80 42,
www.centralemontemartini.org

ANTIKE UND TRENDVIERTEL

Kirchen unterschiedliche Säulen aus verschiedenen antiken Gebäuden. Hier ist das nicht so, wahrscheinlich stammen alle Säulen aus demselben antiken Gebäude. Santa Sabina ist eine der ersten Kirchen, in denen über den einzelnen Säulen Rundbögen errichtet wurden. Das traditionelle waagerechte Gebälk hatte bis zur Renaissance ausgedient, eines der gebräuchlisten Stilmittel der folgenden Jahrhunderte war geboren. Über den Bögen und einem Fries lassen große Fenster viel Licht in das Hauptschiff. Von den antiken Fresken sind nur noch Reste erhalten. Doch der Gesamteindruck von Santa Sabina hat sich seit über 1500 Jahren nicht verändert.

Thomas von Aquin

Im angeschlossenen Kloster lebte Thomas von Aquin. Den Orangenbaum, den man von Eingangsbereich durch ein Loch in der Wand zu sehen bekommt, soll einer frommen Legende nach der Kirchenvater höchstpersönlich gepflanzt haben. Neben der Kirche im Orangenpark hat man von der Terrasse einen tollen Blick auf den Stadtteil Trastevere und das übrige Rom. Weiter durch die Via di Santa Sabina erreicht man Sant'Alessio. Diese Kirche hat ihren Ursprung im 8. Jahrhundert und erhielt ihr heutiges Aussehen im 18. Jahrhundert. Man betritt das Areal durch einen Torbogen, der in einen schönen kleinen Innenhof führt. Die dreischiffige Kirche ist mit detailreichen barocken Malereien ausgeschmückt.

Die Via di Santa Sabina endet auf einem der interessantesten Plätze Roms. Die Piazza dei Cavalieri di Malta wurde nach einem Entwurf des berühmten Kupferstechers Giovanni Battista Piranesi errichtet. Am Platz fasziniert ein Portal, Hausnummer 2, vor dem sich fast zu jeder Tageszeit Besucher befinden.

Bücht man sich und schaut hindurch, stößt das Auge – anders kann man es nicht nennen – auf die Kuppel des Petersdoms. Sie wirkt, ein optischer Effekt, durch das Loch betrachtet riesengroß und ungewöhnlich nah. Dieser Effekt wird durch eine Baumallee hinter dem Tor verstärkt, deren Baumkronen zu einem Tunnel zusammen gewachsen sind.

Hauptsitz des Malteserordens

Hinter dem Tor liegt das Priorat des im Mittelalter entstandenen Malteserordens. Die in Deutschland vor allem als Malteser bekannte Organisation von Krankenpflegern und Sozialhelfern blickt auf eine lange Geschichte zurück. In Rom hat der Orden seinen Hauptsitz, Villa und Park sind für Italien Ausland, denn der Malteserorden genießt souveränen Status. Das wirkt sich natürlich auch auf das Postwesen aus. Briefmarkensammler sollten den Platz überqueren und in die gut zu erkennende kleine Sackgasse gehen, läuten, und schon geht es hinein ins Minireich der Malteser.

Oben: Vom Parco Savello aus genießt man eine wundervolle Aussicht auf die Ewige Stadt.
Unten: Der berühmte Blick durch das Schlüsselloch auf die Peterskuppel

Bilder Seite 147:
Oben: Im Stil einer antiken Basilika: S. Sabina
Unten: Wunderschöne und reich verzierte Kapelle in S. Sabina

Santa Sabina, Aventin

Hier können die begehrten Briefmarken des Ordens erworben und auf Postkarten oder Briefe geklebt werden, die man direkt von hier nach Hause schicken kann.

Von der Piazza dei Cavalieri di Malta aus ist die moderne, aber im frühchristlichen Stil errichtete Kirche Sant'Anselmo zu besichtigen, der Hauptsitz des Benediktinerordens. Man sollte sich die Zeit nehmen und über den Aventin bummeln. Ein Villenviertel mit Baumalleen und vornehmer Stille. Eine der beliebtesten und somit auch teuersten Wohngegenden Roms.

Bei der Kirche S. Prisca geht es ins Erdreich. Hier kann das Mitreo di S. Prisca besichtigt werden. Unter der Erde liegen hier die eindrucksvollen Reste eines antiken Wohnhauses aus dem 1. Jahrhundert, ein Ninfeo aus der Zeit von Kaiser Hadrian und die Reste von Räumlichkeiten, in denen Mitra verehrt wurde. Mitra war eine antike Gottheit, die in der Zeit der frühen Christenheit dem Gottessohn Christus Konkurrenz machte. Ein Besuch dieses Ortes ist ungemein suggestiv.

MAL EHRLICH

SCHMUTZFINKEN

Römer sind oft Schmutzfinken, das wird immer wieder im Orangenpark auf dem Aventin deutlich. Noch immer werden ständig kleine Abfälle, leere Zigarettenpackungen, Papiertaschentücher und anderer Müll einfach auf den Boden geworfen. Schön anzusehen ist das nicht. Doch wehe, man weist diese wenig umweltbewussten Zeitgenossen darauf hin, doch bitte ihre Abfälle in einen der Müllbeutel des Park zu werfen. Dann wird man angepöbelt, man solle sich doch bitte um seinen eigenen Kram kümmern.

AUTORENTIPP!

RÖMISCHE TRADITIONSKÜCHE

Rund um den Monte Testaccio trifft sich freitags und samstags in verschiedenen Lokalen die junge und schwule Szene Roms. Hier finden sich die hippsten In-Lokale der Stadt, darunter vor allem das berühmte Alibi, Diskothek und Bar. In den letzten zwei Jahren kam es immer wieder zu gewaltsamen Übergriffen homophober Zeitgenossen, weshalb sich ausländische Besucher nur dort aufhalten sollten, wo sich auch andere Personen befinden. In der Regel ist die Gegend nicht gefährlich, aber man sollte seine Augen immer offen haben. Wer tagsüber kommt, sollte bei »Checchino dal 1887« einkehren: In traditionellem Ambiente kommt hier garantiert echt römische Küche auf den Tisch.

Checchino dal 1887.
Via di Monte Testaccio 30,
Tel. 06/5 74 38 16,
www.checchino-dal-1887.com

Markt auf der Piazza Testaccio.
Hier bekommt man noch alle Waren hübsch präsentiert.

149

Infos und Adressen

SEHENSWÜRDIGKEITEN

Cestius Pyramide. Tel. 06/574 31 93, archeoroma.beniculturali.it, www.pigierre.com

Piazza dei Cavalieri di Malta. Tel. 06/5 77 91 93 www.orderofmalta.org

Porta San Paolo. Piazza di Porta San Paolo, Tel. 06/67 10 23 08.

Sant'Alessio. Frühchristliche und barocke Kirche. Piazza Sant'Alessio 23, Tel. 06/5 74 34 46.

Sant'Anselmo. Benediktinerkloster. Piazza Cavalieri di Malta 5, Tel. 06/5 79 11, www.santanselmo.it

Santa Sabina. Eine der schönsten frühchristlichen Kirchen Roms. Piazza Pietro d'Illiria 1, Tel. 06/57 94 04 47.

S. Prisca. Antikes Stadttor. Via di Santa prisca 11, www.romasotteranea.it

Hunderte von Biersorten im Bierkeller Palombi

ESSEN UND TRINKEN

Apuleius. Gutbürgerliche italienische Küche, hier verkehren viele Römer. Via del Tempio di Diana 15, Tel. 06/57 28 92 29, www.apuleius.it

Aventino. Ausgezeichnete Weinbar mit erstaunlich guten Preisen. Viale Aventino 97, Tel. 06/5 74 39 97.

Bucatino. Typisches Quartierslokal für alle Geldbörsen. Gekocht wird »alla mamma«. In der Regel geht es in diesem Lokal immer laut zu. Via Luca della Robbia 84, Tel. 06/5 74 68 86.

Chiosco Testaccio. Auch hier im Testaccio-Viertel kann man sommers das erfrischende, frisch vom Eisblock abgeschabte Eis mit Sirupüberguss probieren: die berühmte Grattachecca! Via Giovanni Branca

Court delicate. Mal keine Pizza und Pasta? In diesem orientalischen Restaurant wird wirklich gute chinesische und malaysische Küche serviert. Viale Aventino 41, Tel. 06/5 74 61 08.

Fraschetta Di Mastro Giorgio. Einfache aber ausgezeichnete Römerküche. Via Mastro Giorgio 19/Via Volta 36, Tel. 06/5 74 13 69.

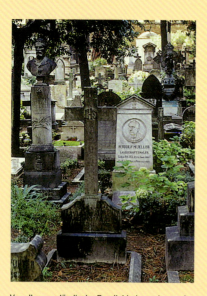

Vor allem ausländische Romliebhaber ruhen auf dem Cimitero Protestante.

Gelato. Viale Aventino 59. Erfrischendes Eis am Aventinhügel. Tel. 06/5 12 89 48.

Palombi. Über 700 Biersorten. Dazu gibt es warme und kalte Gerichte. Roms bester Bierkeller. Piazza Testaccio 38, Tel. 06/5 74 61 22.

Remo. DIE Pizzeria des Testaccio-Viertels. Schlange stehen lohnt! Es geht zwar etwas ruppig zu, aber das ist typisch römisch, und das werden Sie auch in vielen feinen Restaurants antreffen. Piazza di Santa Maria Liberatrice 44, Tel. 06/5 74 62 70.

AUSGEHEN

Akab. Club und Disco. Via di Monte Testaccio 69, Tel. 06/57 25 05 85.

Conte Staccio. Bar, Restaurant, Live-Musik. Via di Monte Testaccio 65b, Tel. 06/57 28 97 12, Mobil 0039/338-162 53 70, www.contestaccio.com

Ketumbar. Restaurant und Cocktailbar. Via Galvani 24, Tel. 06/57 30 53 38, www.ketumbar.it

L'Alibi. Roms wichtigste Schwulendisco. Mittlerweise so »in«, dass auch immer mehr Heteros kommen. Am Wochenende finden oftmals opulente Feste statt, die in ganz Rom berühmt-berüchtigt sind. Via di Monte Testaccio 44, Tel. 06/5 74 34 48, www.lalibi.it

Ein Zimmer im Hotel Aventino

Auf dem Markt auf der Piazza Testaccio kann man lecker einkaufen.

EINKAUFEN

Antonio Aglietti. Handgemachte und bezahlbare Designerschuhe. Via Giovanni Branca 47, Tel. 06/57 30 03 99.

Il Baratto. Secondhand-Kleiderladen für Sie. Via Beniamino Franklin 3, Tel. 06/97 61 71 03.

Volpetti. Einer der besten Feinstkostläden Roms, vor allem für Käse- und Wurstleckereien. Via Marmorata 47, Tel. 06/5 74 23 52, www.volpetti.com

ÜBERNACHTEN

Hotel Aventino. Ruhige Adresse. Via San Domenico 10, Tel. 06/5 78 32 14, www.aventinohotel.com

Peger Longo B&B. Komfortbles B&B auf dem nahen San-Saba-Hügel. Sehr ruhig und angenehm. Gute Verkehrsanbindung. Via di Villa Pepoli 16, Mobil 00 39/34 80 11 45 58, www.pegerlongo.com

Hotel Sant'Anselmo. Schönes, ruhiges und komfortables Haus. Piazza Sant'Anselmo 2, Tel. 06/57 00 57, www.aventinohotels.com

ANTIKE UND TRENDVIERTEL

26 Trastevere
Bummeln und Genießen

Trastevere heißt »Jenseits des Tibers«. In der Antike wohnten in diesem Viertel die eher ärmeren Leute. Heute hingegen ist es in. Vielleicht ein bisschen zu in, weil recht überlaufen. Aber wenn man nicht nur durch die Gassen rund um die Piazza Santa Maria in Trastevere bummelt, wo sich alle Welt trifft, findet man immer noch den dörflichen Charakter, für den Trastevere immer berühmt war.

Secondhand-Kleidung, Krimskrams, Gewürze aus aller Welt, Schnickschnack und auch Antiquitäten, alte Kupferstiche, Waffen und Knöpfe, Bücher und und und ...

Auf Schatzsuche

Immer noch ist »la Porta Portese« Roms wichtigster und größter Trödelmarkt, jeden Sonntag bei der Via Ippolito Nievo und der Via Ettore Rolli. Hierher sollte man frühmorgens kommen, wenn es noch nicht brechend voll ist. Beim ungestörten Wühlen und Schnuppern finden sich dann vielleicht auch so manche Schätze. Der Markt liegt im Süden von Trastevere. Das heißt, dass man nach seinem Besuch entlang der Viale Trastevere ein bisschen laufen muss, bevor man in die eigentliche Altstadt von Trastevere gelangt.

Mitte: Die Vicolo della Torre verströmt einen idyllisch dörflichen Charme.
Unten: Ein Gelato, eine Mauer zum Sitzen und perfekt ist eine Pause im Spätsommer.

Ein Tipp: Wer seine auf der Porta Portese erworbenen Schätze nicht beim Spaziergang durch Trastevere mit sich herumschleppen will, der sollte erst bummeln und danach, so gegen 13 Uhr, auf den Trödelmarkt kommen, bevor dieser dicht macht und man ganz besonders niedrige Preise erstreiten kann.

Der Flohmarkt in Trastevere ist eine wunderbare Abwechslung zu den vielen Designerläden der Stadt.

Das Viertel wird durch die Viale Trastevere in zwei Hälften geteilt. Wir halten uns rechts und erreichen bald schon die Kirche San Francesco a Ripa. Hier soll Franz von Assisi während seines Romaufenthalts gewohnt haben und so gibt sich dieses Gotteshaus von außen franziskanisch schlicht. In seinem Inneren findet sich ein Meisterwerk Berninis. Die vierte Kapelle des linken Seitenschiffs zeigt die liegende Ludovica Albertoni in religiöser Verzückung, umgeben von fast schon lüstern auf sie blickenden Putti – eine Skulptur von großer Ausdruckskraft.

Spuren des Mittelalters

Weiter nördlich erwarten den Spaziergänger enge, verträumte Gassen mit Gebäuden aus dem Mittelalter und der Antike. Weil Trastevere in der Renaissance und im Barock für adlige Bauherrn von geringem Interesse war – hier war es gar nicht schick zu residieren – blieben glücklicherweise auf

AUTORENTIPP!

»FLORIANSJÜNGER« DER ANTIKE

Die alten Römer kannten schon die Feuerwehr. Vor allem in dieser Riesenstadt waren Feuerwehrleute angesichts der vielen Brände unerlässlich. Sie waren militärisch organisiert und verfügten über eine eigene Kaserne. Im 19. Jahrhundert wurde eine solche antike Kaserne in Trastevere entdeckt und dann sich selbst überlassen. In den letzten Jahren wurden die imposanten unterirdischen Räumlichkeiten restauriert und können heute besichtigt werden. Darunter auch eine Art Kapelle, in der die römischen Feuerwehrleute ihre Gottheiten verehrten.

L'Excubitorium.
Via della Settima Coorte,
Sovraintendenza Comunale,
Tel. 06/06 08 oder über die
Vereinigung www.romasotteranea.it

AUTORENTIPP!

KRÄUTER, SALBEN UND PÜLVERCHEN

ÖKO

Eine Apotheke aus dem 18. Jahrhundert? Bitteschön! Es handelt sich bei dieser Räumlichkeit im ersten Stock über einer modernen Apotheke um ein Unikum. Ein historisches Geschäft wie auf einem alten Gemälde. Diese Apotheke öffnete 1523 und erhielt ihr jetziges Aussehen im 18. Jahrhundert. Es handelt sich um die Apotheke eines Mönchs, der 1804 starb und dessen Portrait von dem bekannten Maler Pier Leone Ghezzi zu sehen ist. Sehr schön sind die kostbaren alten Behälter für Medikamente und ihre Zutaten.

L'antica farmacia di Santa Maria della Scala.
Piazza Santa Maria della Scala,
Tel. 06/5 80 62 33

Elegant und mit stilvoller Klasse, das Hotel Donna Camilla Savelli Rome

ANTIKE UND TRENDVIERTEL

dieser Flussseite zahlreiche Gebäude erhalten. Auf der anderen Tiberseite mussten viele antike Bauwerke prächtigen neuen Palästen weichen. Da ist zum Beispiel der Vicolo dell'Atleta, den selbst viele Römer nicht kennen. Eine schräge und enge Gasse mit einem komplett erhaltenen mittelalterlichen Steinhaus, Hausnummer 14. Zum Bau dieses kuriosen Gebäudes wurden, wie kann es anders sein in Rom, auch antike Materialien wiederverwertet. Das Haus war in früheren Jahrhunderten eine Synagoge.

Für eine Mittagspause empfiehlt es sich, bei »Asincotto« einzukehren. Ein gutes Restaurant, wo zwar kein Eselsfleisch serviert wird, wie der Name eigentlich suggeriert, dafür aber andere ausgezeichnete Traditionsgerichte mit Fleisch und Fisch. Eher eine Weinbar ist »Spirito Divino«. Klassische römische Küche mit einem guten Tropfen dazu. Eine Adresse auch für ein Häppchen zwischendurch, wenn es schnell gehen soll. Wer keine Zeit in einem Lokal verlieren möchte und nur etwas zum auf der Hand essen sucht, der sollte bei »Innocenti« einkehren. Die Konditorei ist bei Römern sehr beliebt. Ausgezeichnete Pizza, Kuchen und das berühmte Mandelgebäck garantieren süßen und herzhaften Genuss.

Nicht weit davon entfernt, über die Viale Trastevere, liegt die Piazza Sonnino, wo sich die schöne Kirche San Crisogono erhebt. Von der mittelalterlichen Kirche aus dem 12. Jahrhundert ist nur noch der prächtige Glockenturm im Ursprung erhalten, das restliche Gotteshaus wurde barockisiert. Dabei ging zum Glück nicht der zauberhafte Kosmatenfußboden aus kleinen Marmorstücken verloren. Unter der Kirche lässt sich eine Krypta mit Wandmalereien aus dem 8. bis 10. Jahrhunderts besichtigen.

Rundgang

Ⓐ Porta Portese – Roms Trödelmarkt Nummer eins. Hier wird alles verkauft, sogar Diebesware.

Ⓑ San Francesco a Ripa – Hier wohnte der heilige Franz, als er in Rom zu Besuch war. Tolle Bernini-Skulptur in der Kirche

Ⓒ Vicolo dell'Atleta – eine der seltenen und fast unbekannten Straßen des römischen Mittelalters

Ⓓ San Crisogono – uralte Kirche mit barocker Fassade und Fußboden aus antikem Marmor

Ⓔ Piazza Santa Maria in Trastevere – der wichtigste Platz des Viertels, Treffpunkt für Jung und Alt

Ⓕ Piazza San Cosimato – Marktplatz und Ort, wo die Bewohner Trasteveres noch unter sich sind.

Ⓖ Ospedale Regina Margherita – ein Krankenhaus mitten in einem Kloster aus dem Mittelalter

Ⓗ Piazza Sant'Egidio – einer der beliebtesten Plätze Trasteveres. Mit Museum und dem Hauptsitz der katholischen Laienvereinigung Sankt Ägidius

Ⓘ San Pietro in Montorio – kreisrunder Rundtempel von Renaissancegenie Bramante

Ⓙ Largo Masina – Die amerikanische Akademie zeigt viele interessante Kunstausstellungen.

Ⓚ Gianicolo-Hügel – vor allem an Spätnachmittagen wegen der Sonnenuntergänge empfehlenswert

Ⓛ Villa Lante – Renaissancevilla in prachtvoller Panoramaposition

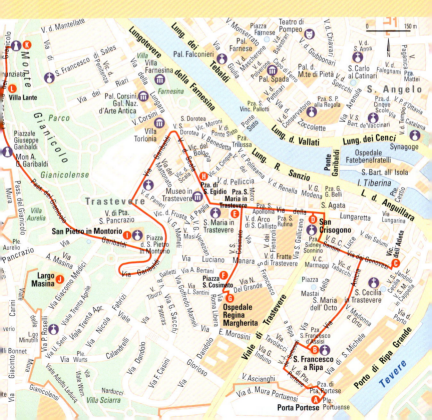

Oben: Nur für Fußgänger: die Ponte Sisto
Unten: Oft geht es nur noch mit der Sackkarre weiter in den Gassen.

Verführerisches für die Nase

Rechts von San Crisogono geht es Richtung Piazza Santa Maria in Trastevere (siehe Kapitel 27). Auf dem Weg dorthin empfiehlt es sich für den duftliebenden Rombesucher, im Roma Store einzukehren, einem Parfümparadies, das auch die exklusivsten und ausgefallensten Düfte führt. Kinoliebhaber sollte in die nahe Via dei Fienaroli gehen. Die Libreria del Cinema ist ein Pilgerziel für Cineasten.

Links von dieser ständig stark belebten Piazza, keine fünf Minuten entfernt, schlägt das weniger touristische, noch ursprüngliche Herz des Viertels. Auf der Piazza San Cosimato liegt der lokale Markt, und hier sitzen keine Touristen, sondern Einheimische auf den Bänken. Ein einfacher hübscher Platz, an dem sich das mittelalterliche, von zwei Säulen getragene Portal eines ehemaligen Klosters befindet. Dieses wurde aufgrund seiner Größe nach der italienischen Staatseinigung in

Trastevere

das Krankenhaus Regina Margherita umgebaut. Im leicht herunter gekommenen Inneren finden sich zwei schöne Klosterinnenhöfe aus dem Mittelalter und der Renaissance.

Wenn die Kirche geöffnet ist, was leider nicht immer der Fall ist, sollte man ohne viel zu fragen hineinhuschen. Drinnen warten barocke Gemälde von großer Schönheit auf einen Betrachter. Durch die Via Venezian und die Via della Paglia erreicht man den vielleicht schönsten Platz des Viertels, eine Art Freiluftwohnzimmer von Trastevere.

Die Piazza di Sant'Egidio ist fast rechteckig und bietet hübsche Cafés. Hier hat die auch in Deutschland bekannte katholische Laienorganisation Comunità Sant'Egidio ihren Sitz, die sozial- und friedenspolitisch international berühmt ist. Der Gemeinschaft gehört die Kirche, die dem Platz ihren Namen gab und deren Fassade sehr elegant ist. An der kleinen Piazza liegt das Museo di Roma, in dem immer wieder interessante Wechselausstellungen stattfinden.

Shoppen und Genießen

Weiter geht es zur Porta Settimiana aus dem 15. Jahrhundert. Von hier aus führt die Via della Lungara Richtung Vatikan (siehe Kapitel 28). Ganz in der Nähe, im Vicolo del Cinque, liegt die Schuhboutique von Joseph Debach. Super-Designer-Schuhe, die zum Beispiel Meryl Streep in dem Film *Der Teufel trägt Prada* anhatte.

Nicht weit entfernt lockt auch das herrliche Durcheinander von Donatella. In ihrem Laden gibt es tolle Taschen, Schmuck, Schuhe etc. Von der Via Garibaldi aus geht es bergauf zum Gianicolo-Hügel, einem der schönsten Aussichtspunkte der Stadt. In der Via Garibaldi befindet sich »Isole di

AUTORENTIPP!

VOLKSTÜMLICHE KÜCHE

Trastevere war einst die Hochburg der römischen Volksküche. Heute finden sich deren Gerichte nur noch selten. In diesem Restaurant werden sie so präsentiert wie zu Großmutters Zeiten, ohne modernen Zutatenschnickschnack und trendigen Firlefanz. Das Lokal existierte bereits, als die Päpste noch wie Könige über Rom regierten. Zu probieren sind authentische Spezialitäten der römischen Traditionsküche. Unbedingt vorbuchen.

Checco Er Carettiere.
Via Benedetta 10, Tel. 06/5 80 09 85, www.checcoercarettiere.it

Mitte: Sand- und Sonnenuhren sowie Globen im Ambiente- und Souvenirgeschäft Polvere di Tempo
Unten: Nur wenige Radler wagen es, das römische Pflaster zu befahren.

Oben: Garibaldidenkmal auf dem Gianicolohügel
Mitte: Die Piazza S. Maria in Trastevere ist das Herz des Viertels.
Unten: Durch die Via di Santa Dorotea schnell zur Uni geflitzt

ANTIKE UND TRENDVIERTEL

Scilia«, ein echt sizilianisches Restaurant, das man unbedingt einmal ausprobieren sollte. Vielleicht die beste Adresse in Rom mit Spezialitäten von der größten Insel Italiens.

Paradies auf Erden

Oberhalb der Via Garibaldi sollte man bei S. Pietro in Montorio einen Halt einlegen. Im Innenhof des Klosters erhebt sich die berühmte kreisrunde Kirche des Bramante, ein Architekturjuwel aus dem frühen 16. Jahrhundert.

Nach Anfrage bei der hiesigen Altertümerbehörde (Tel. 06/06 08, www.romasotterranea.it) können in der Nähe, römische Toiletten aus dem 1. Jahrhundert besichtigt werden, mit originalen Fußböden und Abwasserkanälen. In der Via Angelo Masina bietet die Amerikanische Akademie mit einer Villa und einem traumhaften Garten ein Paradies auf Erden, in dem amerikanische Künstler dank großzügiger Stipendien leben und wirken.

Auf dem Gianicolo-Hügel angekommen, bietet sich eine umwerfende Aussicht auf ganz Rom. Am schönsten ist der Blick auf die Stadt bei Sonnenuntergang, wenn Dächer und Kuppeln golden leuchten. Kurios: Zum Sonnenuntergang treffen sich hier zahllose Liebespärchen, um dicht an dicht und ganz keusch zu schmusen. Der Romantik dieses Platzes kann sich so leicht niemand entziehen. Dass man nicht allein ist, scheint niemanden wirklich zu stören. Im Gegenteil. Auf Anfrage kann die von der Panoramastraße nicht einzusehende Villa Lante besichtigt werden, eine der schönsten Villen der römischen Renaissance. Ein Hauptwerk von Giulio Romano aus dem frühen 16. Jahrhundert, mit Fresken und einer Loggia, die eine atemberaubende Panoramaansicht auf die Altstadt bietet.

Infos und Adressen

Trastevere

SEHENSWÜRDIGKEITEN

American Academy. Amerikanische Kulturakademie mit herrlichem Park. Via Angelo Masina 5, Tel. 06/5 85 21 51, www.aarome.org

Comunità di Sant'Egidio. Piazza di Sant'Egidio 3, Tel. 06/8 99 22 34, www.santegidio.org

Museo di Roma. Piazza di Sant'Egidio 1, Tel. 06/5 81 65 63, www.museodiromaintrastevere.it

Ospedale Regina Margherita. Krankenhaus mit zwei Klosterinnenhöfen und einer schönen Kirche mit barocken Gemälden. Via Morosini 30, Tel. 06/584 41.

Porta Portese. DER römische Trödelmarkt. www.portaportesemarket.it

San Crisogono. Barocke Kirche mit mittelalterlichem Marmorfußboden. Via di San Gallicano 8

San Francesco a Ripa. Franziskanerkirche mit toller Bernini-Skulptur. Piazza di San Francesco d'Assisi 88, Tel. 06/5 81 90 20.

San Pietro in Montorio. Piazza di San Pietro in Montorio 3, Tel. 06/5 81 39 40, www.sanpietroinmontorio.it

Villa Lante. Zauberhafte Renaissancevilla. Besichtigung auf Anfrage. Passeggiata del Gianicolo 10, Tel. 06/68 80 16 74, info@irfrome.org

ESSEN UND TRINKEN

Asinocotto. Gute Fleisch- und Fischgerichte. Via dei Vascellari 48, Tel. 06/5 89 89 85, www.asinocotto.com

nnocenti. Hervorragende Konditorei und Bäckerei mit verführerischen Leckereien. Via Luce 21, Tel. 06/5 80 39 26.

Isole di Sicilia. Ausgezeichnete sizilianische Inselküche. Via Garibaldi, 68, Tel. 06/58 33 42 12, www.siciliainboccaweb.com

Spirito Divino. Weinbar mit Restaurant. Via dei Genovesi 31. Tel. 06/5 89 66 89, www.spiritodivino.com

IÜBERNACHTEN

Clarisse. Zentrales B&B. Via Cardinal Merry de Val 20, Tel. 06/58 33 44 37, www.leclarisse.com

Hotel Donna Camilla Savelli Rome. 4-Sterne-Luxushotel in einem historischen Gebäude. Via Garibaldi 27, Tel 06/58 88 61.

Ripa all Suite Hotel. Komfortables Designhotel. Via degli Orti di Trastevere 1, Tel. 06/5 86 11, www.ripahotel.com/it

Das Ripa all Suite Hotel bietet richtig cooles Design.

EINKAUFEN

Joseph Debach. Designer-Schuhe vom Feinsten. Vicolo del Cinque 19, Mobil 0039/33 95 08 58 10.

Libreria del Cinema. Roms beste Kino-Buchhandlung. Via dei Fienaroli 31d, Tel. 06/5 81 77 24, www.libreriadelcinema.roma.it

Pandora della Malva. Schmuck, Taschen, Schuhe. Piazza Giovanni della Malva 3, Tel. 06/5 81 34 06.

Roma Store. Via della Lungaretta 63, Tel. 06/5 81 87 89, www.romastoreprofumi.com

ANTIKE UND TRENDVIERTEL

27 Santa Maria in Trastevere
Die wahrscheinlich älteste Marienkirche von Rom

Seit dem 4. Jahrhundert steht dieses Gotteshaus mitten in Trastevere. In der Antike wohnten hier die einfachen Leute, die Plebejer. Seit Jahren ist Trastevere ein viel besuchtes Ausgehviertel. Lokale über Lokale, aber auch stille Gassen mit historischen Gebäuden und Kirchen wie Santa Maria in Trastevere, die viele Geschichten zu erzählen haben.

Die Kirche und ihr Platz: einer der beliebtesten Orte für Verabredungen in Rom. Volkstümlich und zauberhaft in einem. Auf den Stufen zum Brunnen in der Mitte des Platzes treffen sich die Generationen, und abends wirkt der ganze Platz wie eine große Open-Air-Weinbar.

Santa Maria in Trastevere wurde im 4. Jahrhundert errichtet. Der Legende nach soll sich an der Stelle dieses Gotteshauses Roms erste Kirche befunden haben. Im 12. Jahrhundert wurde sie komplett erneuert und erweitert. Das Hauptschiff des Innenraums erhebt sich auf antiken Säulen, die aus den Caracalla-Thermen hierher transportiert wurden. Sie sind nicht, wie in der späteren Architektur, von Arkaden überspannt, sondern, wie in der Antike üblich, von geradem Gebälk. Auch das, wie viele andere Architekturelemente, verweist auf die frühchristliche Kirche. Die beeindruckenden Mosaiken in der Chorapsis stammen aus verschiedenen Perioden. Die Darstellungen im Apsisbogen und in der Halbkuppel sind ein Werk von Künstlern des 12. Jahrhunderts. Das Zentralmotiv mit Maria und Christus wurde von byzantinischen

Die berühmteste Sehenswürdigkeit in Santa Maria in Trastevere ist das Apsismosaik.

160

Santa Maria in Trastevere

Licht flutet unterhalb der Kassettendecke in Santa Maria in Trastevere ins Kircheninnere.

Künstlern geschaffen. Pietro Cavallini, einer der bedeutendsten Reformer der Malerei des 13. Jahrhunderts, befreite die dargestellten Personen von der byzantinischen Ikonenstarre und stellt sie plastischer dar. Zu beachten ist auch das Altarbild – die Madonna aus dem 6. oder 7. Jahrhundert ist eine absolute Seltenheit.

Unerlässlich für Kunstfreunde ist ein Besuch von S. Cecilia in Trastevere, rund zehn Minuten entfernt – ein Klosterkomplex mit ganz großer Kunst. In dem seit dem 5. Jahrhundert errichteten und ausgebauten Kirchengebäude wirkten große Namen wie der Architekt Ferdinando Fuga, die Maler Paul Brill und Guido Reni u.a. Am beeindruckendsten sind die Wandmalereien von Pietro Cavallini aus dem späten 13. Jahrhundert. Sein *Jüngstes Gericht* gilt als sein Hauptwerk. Noch vor dem Maler Giotto, der die europäische Malerei revolutionierte, in dem er die Darstellung individueller Ausdrucksformen einführte und damit der Dominanz der von der griechisch-orthodoxen Kirche bevorzugten statischen Malerei ein Ende setzte, stellte Cavallini echte menschliche Gesichter mit individuellen Zügen dar. Seine Malereien, die Figuren des Neuen Testaments und Engel zeigen, sind von ergreifender Schönheit.

Infos und Adressen

SEHENSWÜRDIGKEITEN

Santa Cecilia in Trastevere. Mittelalterliche Wandmalereien. Piazza di Santa Cecilia 22, Tel. 06/5 89 59 45.

Santa Maria in Trastevere. Schönste Kirche des Viertels. Piazza Santa Maria in Trastvere, Tel. 06/5 81 48 02.

ESSEN UND TRINKEN

Freni e Frizioni. Trendiges, loftartiges Lokal mit tollem Buffet. Via del Politeama 4, Tel. 06/4 54 974 99, www.freniefrizioni.com

Sabatini. Bester Fisch. Piazza Santa Maria in Trastevere 13, Tel. 06/5 81 83 07, www.ristorantisabatini.com

Trattoria de gli Amici. Römische Küche. Piazza Sant'Egidio 5, Tel. 06/5 80 60 33, www.santegidio.org

ÜBERNACHTEN

Fate Apartments. Hübsche komfortable B&B-Gästezimmer. Viale Trastevere 130, Mobil 00 39/33 34 44 58 35, www.lefateapartments.it

Hotel Santa Maria. Vicolo del Piede 2, Tel. 06/5 89 46 26, www.htlsantamaria.com, info@hotelsantamaria.info

EINKAUFEN

Dolce Idea. Original neapolitanische Delikatessen. Via San Francesco a Ripa 27, Tel. 06/5 88 33 40 43.

Joseph Debach. Designerschuhe vom Allerfeinsten. Vicolo del Cinque 19, Mobil 00 39/33 95 08 58 10.

ANTIKE UND TRENDVIERTEL

28 Villa Farnesina
Die eindrucksvolle Prachtvilla aus der Renaissance

Von Trastevere aus führte eine schnurgerade Straße, ein Werk des bauwütigen Papstes Julius II. aus dem frühen 15. Jahrhundert, direkt zur Engelsburg und zum Vatikan. Eine Straße, die man unbedingt abgehen sollte, bietet sie doch ganz große Kunst und viel zu sehen. Allerdings sollte man sich für diese Besichtigungstour ein wenig Zeit nehmen, denn es gibt einiges zu entdecken.

Sagenhafter Reichtum

Julius II. legte, an ein antikes Stadt-Ideal anknüpfend, viele gerade Straßen an. Die Via della Lungara bietet zwei Adressen von großem kunsthistorischem Wert. Die Villa Farnesina gilt als eines der eindrucksvollsten Beispiele einer Prachtvilla der Renaissance. Sie steht in einem kleinen Park am Tiber.

Die Villa entstand für den reichen Bankier Agostino Chigi, der die Päpste immer mit frischem Geld versorgte. Als sie nach einem Entwurf von Baldassare Peruzzi Anfang des 16. Jahrhunderts errichtet wurde, galt sie als suburbane Villa, als Landresidenz vor der Stadt. Chigi nutzte die Villa für sich und seine Freunde als ländlichen Rückzugsort und für rauschende Feste. Es heißt, der Bankier war so reich, dass er silbernes Geschirr extra für ein Fest mit Papst Leo X. als Gast anfertigen und nach dem Essen aus dem Fenster in den Tiber werfen ließ, damit es nach dem Papst niemand anderes mehr benutzen konnte. Es heißt aber auch, dass Chigi Fischer dafür bezahlte, das kostbare Geschirr wieder herauszufischen, denn schließlich war der

Mitte: Die Loggia mit dem Fresko von Amor und Psyche in der Villa Farnesina
Unten: Mit dem Fresko hat Raffael (1518) das Märchen von Psyche dargestellt.

Durch den Garten gelangt man in die Villa Farnesina.

Bankier für seine Sparsamkeit ebenso berühmt. 1590 wurden die Farnese Eigentümer der Villa. Sie wollten sie mit ihrem Palazzo auf der anderen Tiberseite verbinden. Die Brücke dafür wurde nie vollendet, nur der malerische Bogen über die Via Giulia zeugt von diesem Projekt. Das Mobiliar und die wertvollen Einrichtungsgegenstände existieren nicht mehr, dafür die Wandmalereien, die zum Schönsten gehören, was der Rombesucher in der Stadt zu sehen bekommt.

In der Loggia stellten Raffael, Giulio Romano und sein Schüler Francesco Penni die Liebesgeschichte von Amor und Psyche dar. Der Bilderzyklus erinnert an die Hochzeit Agostino Chigis mit Francesca Odescali. Ein Zyklus um Liebe und Unsterblichkeit, der damals als Sujet sehr beliebt war. Auch in anderen Räumlichkeiten der Villa schufen Raffael und Sebastiano del Piombo Meisterwerke. Raffael stellt Galatea auf einem Boot aus Muscheln dar, das von Delfinen gezogen wird. Fliegende Amo-

AUTORENTIPP!

BOTANISCHER GARTEN
Der Park des Palazzo Corsini geht in den Botanischen Garten Roms über. Der Garten befindet sich genau im Bereich antiker Thermen, weshalb hier und dort auch Ruinen zu sehen sind. Tausende von Pflanzen wachsen im sogenannten Garten der Aromen, im japanischen, im mediterranen und tropikalen Garten. Besonders schön: die historischen Gewächshäuser und die reiche Sammlung alter Palmen, einzigartig in Italien. Nicht nur reizvoll für Kinder: das tropische Gewächshaus und das kleine Tal der Farne. Der Botanische Garten ist eine seltene Ruheoase im sonst recht chaotischen Rom.

Botanischer Garten.
Largo Cristina di Svezia 24,
Tel. 06/6 86 41 93

Oben: Die Loggia der Galatea wurde von unterschiedlichen Künstlern ausgemalt.
Mitte: Die Hochzeit von Amor und Psyche und der Götterrat bilden die Mitte von Raffaels Fresko.
Unten: Den ersten Stock sollte man auf alle Fälle auch besuchen.

ANTIKE UND TRENDVIERTEL

retten versuchen vergeblich, die Meeresjungfrau mit Liebespfeilen zu treffen. Del Piombo zeigt Szenen aus Ovids Metamorphosen. Im ersten Stock malte Baldassare Peruzzi Darstellungen Roms des 16. Jahrhunderts. In einem angrenzenden Saal hinterließ Sodoma, einer der begabtesten Schüler Leonardo da Vincis, eindrucksvolle Fresken an den Schlafzimmerwänden Chigis. Zu sehen ist das Schlafzimmer Alexander des Großen vor der Hochzeitsnacht mit der Fürstentocher Roxane. Heute ist die Villa Farnesina Repräsentationsort der Accademia Nazionale die Lincei, der angesehensten Intellektuellenvereinigungen Italiens.

Palazzo Corsini

Gegenüber der Villa sollte unbedingt der Palazzo Corsini besichtigt werden. Ein eleganter barocker Palast nach einem Entwurf von Baumeister Ferdinando Fuga. In seinem Inneren ist die Galleria Corsini untergebracht, eine Gemäldesammlung, die im 18. Jahrhundert von Kardinal Neri, dem Neffen von Papst Klemenz XII. zusammengestellt wurde. Eine reiche Kollektion mit Werken u. a. des berühmten Portraitmalers Pompeo Batone, von Giovanni Paolo Panini, der sich auf Ruinenansichten spezialisiert hat, von Malerstars wie Beato Angelico, Peter Paul Rubens, Anton Van Dyck, Murillo, Pieter Breughel dem Jüngeren etc.

In den letzten Jahren wurde im Zuge einer kompletten Renovierung der Galleria Corsini die Sammlung wieder genauso angeordnet, wie sie sich im 18. Jahrhundert den Besuchern, darunter auch Johann Wolfgang von Goethe, präsentiert hat. Dafür wurden sämtliche Wände nach Originalentwürfen für den Palazzo Corsini mit kostbaren Seidenstoffen bespannt. Der Besucher bekommt also den Eindruck, als Gast des Fürsten dessen Bilder besichtigen zu dürfen.

Infos und Adressen

SEHENSWÜRDIGKEITEN
Palazzo Corsini. Via della Lungara 10, Tel. 06/68 80 23 23, www.galleriacorsini.beniculturali.it

Villa Farnesina. Eine der eindrucksvollsten Renaissancevillen überhaupt. Via della Lungara 230, Tel. 06/06 08 84, www.villafarnesina.it

ESSEN UND TRINKEN
Dar Poeta. Hier kommt eine ungewöhnliche Pizza aus dem Ofen, ganz anders als nach der römischen und neapolitanischen Tradition, ungemein knusprig und deftig belegt. Vicolo del Bologna 45/46, Tel. 06/5 88 05 16, www.darpoeta.com

Enoteca Ferrara e Ferrarino. In dieser hübschen Weinbar wird jüdisch-römische Küche serviert. Zum Lokal gehört ein kleiner ausgezeichneter Delikatessenladen. Piazza Trilussa 41, Tel. 06/58 33 39 20, www.enotecaferrara.it

Isolde di Sicilia. Ausgezeichnetes sizilianisches Restaurant. Via Garibaldi 68, Tel. 06/58 33 42 12, www.siciliainboccaweb.com

Das Zimmer mit der idyllischen Dachterrasse ist sehr begehrt im Buonanotte Garibaldi.

Luna e l'Altra. Essen im Internationalen Frauenhaus in Rom. Gekocht wird, und zwar ausgezeichnet, von den dort lebenden Frauen. Via San Francesco di Sales 1/a, Tel. 06/68 89 24 65, www.casainternazionaledelledonne.org

ÜBERNACHTEN
Buonanotte Garibaldi. Eines der schönsten B&B in Rom, mit privater Terrasse. Via Garibaldi 83, Tel. 06/58 33 07 33, Mobil 00 39/3 35 30 94 04, www.buonanottegaribaldi.com

Der Saal der Hochzeit Alexanders des Großen mit Roxane wurde nach dem gleichnamigen Fresko benannt.

PINCIO, TRIDENTE

29 Spanische Treppe
Italienischer Barock
von Frankreich bezahlt **170**

30 Via Condotti etc.
Kleider, Schuhe, Schmuck ... **174**

31 Il Corso
Shopping- und Bummelmeile
Nummer eins **182**

**32 Ara Pacis und
Mausoleo Augusto**
Antike, Faschismus, Moderne **188**

33 Piazza del Popolo
Wohnzimmer mit Geschichte **190**

34 Pincio und Galleria Borghese
Kunstmuseen in idyllischer
Parklandschaft **194**

**35 Etruskisches Nationalmuseum
Villa Giulia**
Antike mittelitalienische Volkskultur **200**

36 Auditorium von Renzo Piano
Moderne Architektur in der Stadt
der Antike **204**

37 MAXXI
Das Museum für Moderne Kunst
ist selbst ein Kunstwerk **206**

167

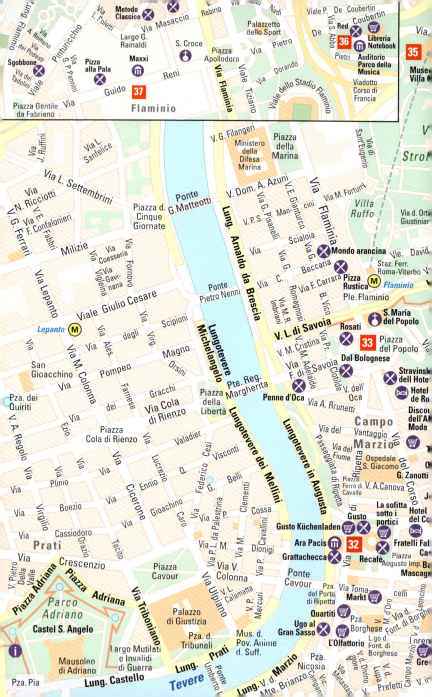

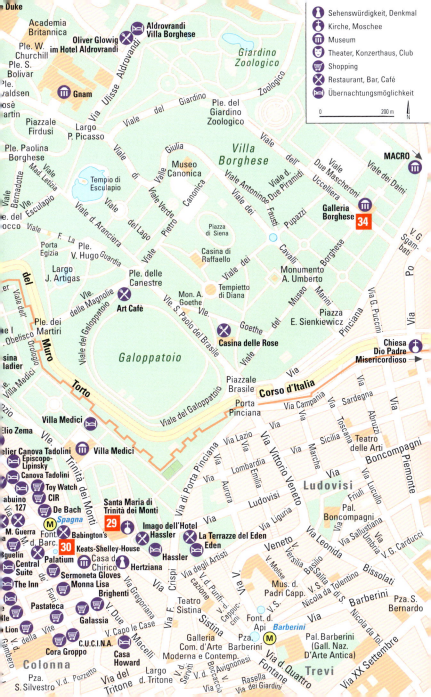

PINCIO, TRIDENTE

29 Spanische Treppe
Italienischer Barock von Frankreich bezahlt

Die Spanische Treppe ist einer der Inbegriffe Roms. Hier trifft man sich, hier lernt man Römer kennen, hier verbringt man halbe Nächte und hier geht man bummeln. Die Spanische Treppe und ihr Platz sind das Zentrum des römischen Modeviertels. Von der oberen Ebene der Treppe aus hat man einen tollen Blick auf das historische Zentrum.

Strich durch die Rechnung

Die Kirche und die Treppe haben eine kuriose Geschichte. 1502 wurde mit dem Bau der Kirche Ss. Trinità dei Monti auf dem Pincio-Hügel begonnen. Der französische König Ludwig XII. hatte den Auftrag dazu erteilt. Das 1587 fertig gestellte Gotteshaus sollte mit seinen doppelten Türmen an das Vorbild der französischen Königskathedralen erinnern.

Sonnenkönig Ludwig XIV. wollte die Kirche über eine Treppe mit dem Tal unterhalb des Pincio verbinden. Um sich zu verewigen sollte ein Reiterstandbild seiner Person die Anlage krönen. Doch die Päpste machten ihm einen Strich durch die Rechnung. Sie duldeten nicht, dass ein ausländischer König in ihrer Stadt architektonisch so dominierend auftritt.

Papst Innozenz XIII. dagegen fand die Idee mit der Treppe gar nicht so schlecht. 1721 wurde mit dem Bau begonnen. Das Geld dafür kam zwar aus Frankreich, aber der Papst setzte tatsächlich durch, dass der römische Architekt Francesco de

Unten: Von der Spanischen Treppe aus kann man das Treiben in der Via Condotti gemütlich beobachten.

Bild Seite 166/167: Das Museo Atelier Canova Tadolini bietet eine originelle Atmosphäre für eine Pause.

170

Spanische Treppe

Sactis die geplante Treppe entwarf. Der ägyptische Obelisk, der heute die barocke Treppenanlage krönt, steht an der Stelle, wo die Franzosen eigentlich ihr Reiterstandbild aufstellen wollten. Erst nach der Französischen Revolution kam der Obelisk an diesen Ort, denn zuvor protestierten die Franzosen dagegen, dass man ihren großen König durch eine Steinsäule ersetzen wollte. Übrigens tragen Treppe und Platz im Namen den Verweis auf Spanien, weil die Gegend im 17. Jahrhundert aufgrund der dort residierenden spanischen Botschaft exterritorial war.

Propaganda Fide

Noch heute residiert die spanische Botschaft aufwendig in einem Palazzo an der Piazza di Spagna. Dessen südöstliches Ende wird vom Palast der Propaganda Fide gesäumt, dem Vatikanischen »Ministerium« zur weltweiten Verbreitung des Glaubens. Im Palazzo befindet sich das Missionsmuseum, das nur von geringem Publikumsinteresse ist, doch der Besuch der Räumlichkeiten erlaubt einen Blick in das Innere dieses herrlichen Palastes. Die beeindruckende Fassade der Propaganda Fide, ein Meisterwerk barocker Architektur von 1644, stammt von Francesco Borromini. Vor dem Palazzo der Kirche ragt eine Mariensäule in die Höhe. Sie stammt aus dem Jahr 1854, in dem Papst Pius IX. das umstrittene Dogma der unbefleckten Empfängnis verkündete.

Der Platz unterhalb der Treppenanlage gehört zu den schönsten und berühmtesten von Roms. Allerdings nur frühmorgens oder nachts, wenn die Besuchermassen die architektonische Harmonie und Eleganz nicht stören. Tagsüber kann es auf dem schmetterlingsförmigen Platz sehr voll werden. Ganz zu schweigen von den herumliegenden Bier- und Weinflaschen, gegen die die römische

AUTORENTIPP!

SANTA MARIA DI TRINITÀ DEI MONTI

Unbedingt zu besichtigen sind einige Räumlichkeiten des Klosters von Santa Maria di Trinità dei Monti. Der französische Maler Charles-Luis Cléerisseau schuf Mitte des 18. Jahrhunderts den Papageiensaal mit Wand- und Deckenmalereien, die antike Ruinen und Papageien zeigen. Die Fresken gehören zu den schönsten Rokokomalereien Roms. Im Refektorium des Klosters malte Andrea Pozzo Ende des 17. Jahrhunderts eine Hochzeit von Kanaan die Wand. Ein *trompe-l'oeil*, das hinter gemalten Säulen eine virtuelle Wirklichkeit vorgaukelt. Im ersten Stock befindet sich eine Treppe, die eine seltene Anamorphose aus dem 17. Jahrhundert zeigt. Dabei handelt es sich um ein Wandbild, das nur von einer bestimmten Position aus zu erkennen ist. Ein optisches Spiel, bei dem am Treppenaufgang Heiligenfiguren zu sehen sind.

Santa Maria di Trinità dei Monti.
Piazza Trinità die Monti 3,
Tel. 06/6 79 74 36

Oben: Beliebter Treffpunkt für die Jugend aus aller Welt: die Spanische Treppe
Mitte: Statue an der Colonna dell'Immacolata nahe der Piazza Spagna
Unten: Bis zum nächsten Kunden kann man die Zeit ja gut für ein Nickerchen nutzen.

PINCIO, TRIDENTE

Stadtverwaltung anscheinend machtlos ist. An der Piazza wohnten im 18. und 19. Jahrhundert viele Künstler aus Nordeuropa. Die Deutschen trafen sich vor allem im Café Greco in der Via dei Condotti.

Wie ein steinerner Bach

Die Spanische Treppe fasziniert, weil sie sich vom Pincio-Hügel zwischen den Gebäuden rechts und links wie ein Stein gewordener Bach ins Tal ergießt, und das mit Schwung und großer Eleganz, so als ob es sich bei der Treppe um einen lebenden Organismus handeln würde. Entgegen dem ersten Eindruck ist die Treppe in keiner Weise symmetrisch konstruiert.

Architekt de Sanctis fasste jeweils zwölf Stufen zu einer Gruppe zusammen. Niedrige Mauern zur rechten und linken laden zum Verweilen und Ausruhen ein. Das Besteigen des Pincio über diese Treppe erfolgt leicht und bequem, und man kann sich vorstellen, wie die mit ihren ausladenden Reifröcken bekleideten Damen des 18. Jahrhunderts hier heraufschritten. Beim Gang von oben nach unten fühlt man sich wie ein Modell auf dem Laufsteg. Aus diesem Grund werden während der Saison der römischen Modeschauen, der Alta Moda, auf der Treppe die neuesten Kollektionen gezeigt.

Am unteren Ende der Treppe kann man sich am Trinkwasser der Fontana della Barcaccia erfrischen. Der Brunnen von 1627 hat die Form eines Schiffes und ist das letzte Werk von Pietro Bernini. Man vermutet, dass auch sein Sohn, der berühmte Gian Lorenzo Bernini, an diesem berühmten Brunnen mitwirkte. Dargestellt wird eine Barcaccia, wie man in früheren Zeiten einen typischen Lastkahn auf dem Tiber nannte.

Infos und Adressen

SEHENSWÜRDIGKEITEN

Hertziana. Via Gregoriana 28, Tel. 06/69 99 32 27, www.biblhertz.it

Santa Maria di Trinità dei Monti. Piazza Trinità dei Monti 3, Tel. 06/6 79 74 36.

Belle Époque alla romana: das Westin Excelsior an der Via Veneto

ESSEN UND TRINKEN

Babington's. Ein echt britischer Tea-Room unterhalb der Spanischen Treppe. Todschick und absolut »calm«. Ideal zum Ausspannen. Piazza di Spagna 23, Tel. 06/6 78 60 27, www.babingtons.net

Imago dell'Hotel Hassler. Exzellente Gastronomie auf dem Dach des Luxushotels Hassler, einer der spektakulärsten Terrassen Roms, hoch über der Spanischen Treppe. Teuer aber unvergesslich! Piazza Trinità dei Monti 6, Tel. 06/69 93 47 26, www.imagorestaurant.com

La Terrazza del Eden. Ausgezeichnet essen mit einem traumhaften Blick vom Pincio-Hügel auf die gesamte Altstadt. Hotel Eden, Via Ludovisi 49, Tel. 06/47 81 27 52, www.edenroma.com

ÜBERNACHTEN

Hassler Villa Medici. Eines der schönsten römischen Luxushotels. Besonders zu empfehlen: die Zimmer mit Blick auf die Spanische Treppe und die Altstadt. Schöne Hotelbar mit Innenhof. Piazza Trinità die Monti 6, Tel. 06/69 93 40, www.hotelhasslerroma.com

Hotel Eden. Elegantes 5-Sterne-Hotel in traumhafter Lage. Via Ludovisi 49, Tel. 06/47 81 21, www.edenroma.com

Rome Central Suite. B&B im barocken Palazzo Caffarelli, sehr ruhig, sehr exklusiv. Via Bocca di Leone 25, Tel. 06/6 79 30 32, www.romecentralsuites.com

The Inn at the Spanish Steps. Kleines elegantes Hotel direkt bei der Spanischen Treppe. Via dei Condotti 85, Tel. 06/69 92 56 57, www.atspanishsteps.com

The Westin Excelsior Rome. Herausragender Service vor einer atemberaubenden Kulisse. Via Vittorio Veneto 125, Tel. 06/4 70 81, www.westinrome.com

Kristallene Eleganz im großen Stil: die grandiose Bar im Hotel Westin Excelsior

PINCIO, TRIDENTE

30 Via Condotti etc.
Kleider, Schuhe, Schmuck ...

Prada, Armani, Fendi und wie sie alle heißen. Das Viertel unterhalb der Spanischen Treppe und rund um die elegante Via Condotti ist das Modezentrum Roms. Und zwar das der großen Marken, vor allem der italienischen Modemacher, die hier alle vertreten sind. Das Viertel mit seinen vielen Lokalen und Antiquitätengeschäften bietet auch schnieke Hotels.

Einen Rundgang beginnt man am besten morgens, mit einem Cappuccino in der sicherlich schönsten Kaffeebar des Condotti-Viertels. Das Café Greco wurde schon von Dichtern und Philosophen wie Goethe und Nietzsche frequentiert. An der Inneneinrichtung dieses historischen Kaffeehauses, nur einen Katzensprung von der Spanischen Treppe entfernt, hat sich seit über 150 Jahren nichts geändert. Im hinteren Raum mit antiken Bildern von Italienreisenden an den Wänden gibt es ausreichend Sitzgelegenheiten, doch am schönsten ist es, seinen Kaffee und das frische Cornetto-Hörnchen zusammen mit Einheimischen am eleganten Tresen zu genießen.

Teurer Schmuck und edle Mode

Den ganz großen Namen der Mode begegnet man auf Schritt und Tritt, sie sind vor allem in der stark frequentierten Via Condotti kaum zu übersehen. Wie zum Beispiel direkt gegenüber dem Café Greco. In großen Auslagen hinter Panzerglasscheiben locken Diamanten und andere Edelsteine, die zu kostbarstem Schmuck verarbeitet wurden. An der Glastür ins Juwelenreich des berühmten Geschäfts Bulgari erwarten den potentiellen Kunden gleich zwei Türsteher. Beim römischen Traditions-

Mitte: Ragazze beim Shoppen in der Via Condotti
Unten: Eleonora bietet erlesene Designermode.

Via Condotti etc.

Armando Rubino fertigt erlesene Anzüge für das Haus »Battistoni«.

juwelier Bulgari kaufen Stars und Könige ein. Doch hier sollen eher die kleineren Geschäfte vorgestellt werden, die originelle Mode und Accessoires bieten und nicht nur die ganz großen Namen, die man auch in Tokio, New York und Düsseldorf finden kann. Ganz zu schweigen natürlich von Feinkostgeschäften und Lokalen, von denen es auch viele im Viertel unterhalb der Spanischen Treppe gibt.

Zwei Querstraßen südlich der Via Condotti bietet die Via Frattina eine Vielzahl von Geschäften. Hausnummer 7 beherbergt seit 1952 Brighenti. Die Modemacher dieser historischen Mieder-, Nachtmode- und Badewaren-Boutique haben viele Kreationen für Fellini-Filme entworfen. Mit Intimwäsche von Dior, Cavalli und Missoni wird man bei Demoiselle reichlich bedient. Mode von Issey Miyake, von Yamamoto, dem ausgefallenen sardischen Modemacher Antonio Marras und von Ann Demeulemeester bietet Galassia, eine Adresse für Frauen, die ganz besondere Schnitte lieben.

AUTORENTIPP!

KÜNSTLERAMBIENTE

Antonio Canova (1757–1822) war einer der bedeutendsten italienischen Bildhauer und Verfechter des Neoklassizismus. Seine Skulpturen orientierten sich an klassisch-griechischen Vorbildern. Er wurde zum Star im damaligen Europa. Sogar Kaiser Napoleon ließ sich von ihm porträtieren. Die Gestaltung der Piazza del Popolo am Ende der Via del Babuino ist eines seiner Werke. In dieser Straße befand sich auch sein Atelier. Hier stehen die Räume noch voller Gipsentwürfe für kleine Büsten, Tierfiguren und zum Teil riesiger Skulpturen von realen Personen und mythologischen Wesen.
Inmitten dieser Kuriositäten, im Magazin mit großen Fenstern, kann man heute in elegantem Atelierambiente essen und trinken. Café und Restaurant sind ein idealer Ort, um sich in stilvollem Ambiente auszuruhen. Während der Restaurierung des Lokals hatte die römische Altertümerbehörde ein strenges Auge auf die Arbeiten, sodass fast alles unverfälscht beim Alten blieb.

Museo Atelier Canova Tadolini.
Via del Babuino 150 a,
Tel. 06/32 11 07 02,
www.canovatadolini.com

AUTORENTIPP!

WO FELLINI WOHNTE
Parallel zur Via del Babuina verläuft die Via Margutta, eine der schönsten und in der Regel stillsten Straßen Roms. Die einstige Straße der Künstler, hier wohnte zum Beispiel Federico Fellini, lädt mit Antiquitäten- und Designgeschäften sowie kleinen Lokalen zum Bummeln ein. Originelles findet man bei der Hausnummer 38. Man sollte man sich vergewissern, dass die Tür offen steht. Wenn ja, schlüpft man hinein, denn hinter dem unscheinbaren Eingangsportal befindet sich ein kleines Gewirr von Wegen und Treppen, die zu ungemein malerischen Häusern und Wohnungen mit winzigen Gärten führen. Das hier ist eine der nobelsten Adressen ganz Roms. Eines der ausgefallensten Geschäfte der Via Margutta ist sicherlich Animalier & Oltre, alte Möbel und Skulpturen, Gerümpel vom Feinsten, alles secondhand und trotzdem chic.

Schrill und schräg präsentierte Mode in der Via Margutta bei der »Fashion's night out«.

PINCIO, TRIDENTE

Gaumenfreuden

In der Via Frattina liegt auch »Palatium«. Das ist eine schicke Weinbar mit Restaurant, in der ausschließlich Weine der Region Latium verkostet werden – eine Weinregion, die stark im Kommen ist. Im ersten Stock werden regionale Gastro-Klassiker serviert. Kulinarische Spezialitäten bietet der Feinkostladen Castroni und in der Pastateca in der nahen »Via delle Vite« gibt es nur Nudeln, Hunderte von Sorten.

Mütter, die ihre Kinder und Jugendlichen modisch kleiden wollen, sind sicherlich bei Monnalisa in der Via Borgognona richtig aufgehoben. Die lieben Kleinen erhalten hier aber keinen klassischen Dress, so wie ihn Großmütter eher lieben. Originelle Kindermode auch aus eigener Produktion gibt es bei Calico Lion in der Via della Vite. Frauenmode von argentinischen Designern präsentiert Cora Groppo in der Via Mario de' Fiori. Interessant ist der quasi architektonische Aufbau der einzelnen Kleidungsstücke. Küchenwaren, Design und Porzellan führt c.u.c.i.n.a., einer der am besten sortierten Läden seiner Art in Rom. Um die Ecke findet sich an der Piazza di Spagna ein wahres Handschuhparadies. Bei Sermoneta Gloves werden selbst produzierte klassische Damenhandschuhe in allen nur denkbaren Farben feilgeboten. Besonders weich in feinstem Wildschweinleder.

Die Via Belsiana führt in den nördlicheren Teil des Viertels. Auch sie ist eine Modestraße. Belsiana 19 ist eine Adresse für junge und jung gebliebene Männer. Hier gibt es Mode von Jacob Cohen, Dondup, Moncler u.a. Cashmirino hingegen hat, wie kann es bei diesem Namen anders sein, ausschließlich Kaschmirprodukte in seinen Auslagen und diese vor allem für Kinder bis 14 Jahren. Henry Beguelin ist einer der elegantesten Lederwaren-

läden Roms. Alles von Hand gemacht und garantiert all'italiana. Nach Norden, von der Spanischen Treppe zur Piazza del Popolo, verläuft schnurgerade die Via del Babuino. Eine leider stark befahrene Straße, aber mit tollen Boutiquen und Antiquitätengeschäften. Ein echter Kick für Secondhand-Liebhaber ist der Discount dell'Alta Moda in der Via Gesù e Maria.

Verrückte Schuhe

De Bach ist ein verrückter und ausgefallener Schuhladen. Herzel De Bach liebt Schuhe und Kunden, die Ungewöhnliches mögen. Klamotten der bekanntesten italienischen Modemacher für Sie und Ihn gibt es bei Eleonora. Gente hat sich ebenfalls auf Mode und Accessoires der großen Namen konzentriert. Die Schuhe von Giuseppe Zanotti werden im gleichnamigen Laden vertrieben. Seine Kreationen wurden u.a. von der kessen Samantha in der Serie *Sex & the City* getragen. Ökologisch einwandfreie Mode des brasilianischen Designers Oska Metsavath führt hingegen Osklen. Toy Watch hat sich auf Trend-Uhren aus Kunststoff spezialisiert.

Spitzenwäsche fürs Neugeborene? CIR hat genau solche Kuriositäten im Angebot. Liebhaber alter amerikanischer Möbel und Einrichtungsgegen-

Oben: In der Via Frattina flanieren die Besucher der Modenacht.
Mitte: Schon die Präsentation seiner Schuhe ist sehr ausgefallen bei Herzel De Bach.
Unten: Bei Brighenti wurden bereits viele Kreationen für Fellini-Filme entworfen.

PINCIO, TRIDENTE

Oben: Bei Bulgari kaufen Scheichs und Könige ein, aber das Schauen ist gratis.
Mitte: Hier in der Via Margutta pulsiert die »Fashion's night out«.
Unten: Die Lobby im Hotel Art

stände kommen bei Elio Zema auf ihre Kosten und TAD ist ein cooler Multistore für Kleidung, Parfüms, Blumen und Einrichtungsgegenstände. Der Shop bietet mittags kleine Häppchen in seiner hauseigenen Bar. Ein Geschäft zum Bummeln. Die expressiven Düfte des Briten Jo Maline gibt es im gleichnamigen Parfümgeschäft. Am besten geht man alle Straßen, die in diesem Viertel im rechten Winkel angelegt sind, eine nach der anderen ab. So entgeht einem kein Geschäft und man verpasst keines der zahlreichen hübschen Lokale.

Nördlich und parallel zur Via Condotti ist die Via della Croce sehr reizvoll. Pizzerien und kleine Lokale laden zum Essen ein. »Fratelli Fabbi« ist einer der bekanntesten Delikatessenläden des Viertels. Würste aus ganz Italien hängen von der Decke und an der kleinen aber feinen Wursttheke kann man sich mit frischem Brot ein »panino« zusammenstellen lassen, ein belegtes Brötchen für den schnellen Hunger. Drinnen sitzen sollte man in der »Antica Enoteca«, ebenfalls in der Via della Croce. Der historische Innenraum dieser urigen Weinbar verfügt über einen seltenen marmornen Weinspender aus dem 18. Jahrhundert direkt hinter dem Tresen an der Wand.

Persönliches Souvenir

Ein kurioses Mitbringsel gibt es bei Ricami Veronica. Genauer: Man kann es sich dort anfertigen lassen. Sofort, ohne langes Warten. Der kleine Laden bietet verschiedenen Schürzen, Lätzchen für Kleinkinder und andere Kleidungsstücke, die mit Essen in Verbindung stehen. Auf Wunsch wird auf einer Nähmaschine ein Text auf die entsprechenden Kleidungsstücke genäht, in Sekundenschnelle. »Für Mamma« oder »Peter der große Koch« usw. Der Fantasie sind keine Grenzen gesetzt, und die Überraschung daheim ist garantiert.

Via Condotti etc.

Einen der letzten Nudelläden Roms im historischen Stil besitzt Massimiliano Guerra in der Via della Croce 8. Ein einfaches Ladenlokal ohne modischen Schnickschnack, mit viel Marmor und einem Tresen mit frisch zubereiteter Pasta. In Rom ist es normal, sich seine Nudeln einen Tag im Voraus zu bestellen. Mittags werden sehr leckere Nudelgerichte, immer nur zwei, auf Plastiktellern serviert. Ein echter Geheimtipp für Romtouristen, die schnell etwas Gutes und Herzhaftes probieren möchten.

Sardisches gibt es gleich um die Ecke bei »Peonia« in der Via della Carozze. Unbedingt mitnehmen: »Bottarga«, eine Spezialität aus Sardinien. Es handelt sich um den Rogen der Großkopfmeeräsche. Die Fischeier werden gesalzen, gepresst, in der Sonne getrocknet und mit einer dünnen Wachsschicht überzogen. Dieser sardische Kaviar, wie Bottarga auch genannt wird, schmeckt sehr würzig bis rauchig und erinnert an frischen Fisch. Bottarga wird über gekochte Pasta gerieben und mit den Nudeln vermischt. Ein Fest für den Gaumen. Buon appetito!

MAL EHRLICH

MODISCHE GEHEIMTIPPS

Fendi, Dolce & Gabbana, Armani etc. – die Namen und die Klamotten kennt man. Dafür braucht man nicht in Rom zu shoppen. Das Viertel unter der Spanischen Treppe bietet alle diese gängigen Markennamen. Hier finden sich zwar auch originelle römische oder italienische Modemacher, doch Frau/Mann sollte auch die Viertel San Lorenzo, Monti oder die Via del Governo Vecchio, die schließlich zur Via dei Banchi Vecchi wird, aufsuchen. Dort finden sich Boutiquen mit italienischer Mode, die man nicht überall finden kann.

AUTORENTIPP!

WIE EINE FILMKULISSE

Romantisch wird es im Keats-Shelley House. Ein barockes Haus direkt unterhalb der Spanischen Treppe. Hier starb der britische Dichter John Keats 1821 mit nur 25 Jahren – aber bereits eine Berühmtheit beim romantisch angehauchten Publikum. Die Wohnung, die weitgehend erhalten geblieben ist, mit Originalmöbeln, mit vielen Skulpturen, Gemälden und Manuskripten von Keats und P. B. Shelley, von Oscar Wilde, William Wordsworth, Lord Byron und vielen anderen, wirkt in ihrem Einrichtungsstil wie eine Kulisse für einen britischen Historienfilm.
Ein echtes Liebhabermuseum, das einen Einblick in jene Italien-Verliebtheit gibt, die vor allem Goethes *Italienische Reise* in Deutschland ausgelöst hatte, und in deren Folge vor allem deutsche und britische Schöngeister nach Rom kamen.

Keats-Shelley House.
Piazza di Spagna 26,
Tel. 06/6 78 42 35,
www.keats-shelley-house.org

Hochzeitsmode in der Via Condotti bei der »Fashion's night out«

Infos und Adressen

ESSEN UND TRINKEN

AnticaEnoteca. Traditionsweinbar. Via della Croce 76b, Tel. 06/6 79 08 96, www.anticaenoteca.com

Cafe Greco. DAS römische Kaffeehaus. Via dei Condotti 86, Tel. 06/6 79 17 00, www.anticocaffegreco.it

Massimialiano Guerra. Jeden Mittag zwei frisch zubereitete Nudelgerichte. Via della Croce 8, Tel. 06/6 79 31 02.

Palatium. Weine aus Latium und regionale Küche. Via Frattina 94, Tel. 06/69 20 21 32, www.enotecapalatium.it

Hinterzimmer des Caffè Greco, in dem einst Künstlerzirkel diskutierten, malten und schrieben

ÜBERNACHTEN

Babuino 127. Elegantes B&B. Via del Babuino 127, Mobil 00 39/34 93 51 13 05, www.babuino127.it

Casa Howard. Trendy-elegantes B&B. Via Capo le case 30, Tel. 06/69 92 45 55, www.casa-howard.com

Canova Tadolini Luxury Rooms & Suites. Klassisch-elegantes Wohnen im Modeviertel. Via del Babuino 151, Tel. 06/32 60 94 93, www.canovatadoliniroma.com

D'Inghilterra. Hier steigen Modells und Jet-Set ab, historisches Hotel. Via Bocca di Leone 14, Tel. 06/69 98 11, www.royaldemeure.com

Episcopo-Lipinsky. Fast im Grünen wohnen! Via Margutta 33, Mobil 00 39/33 35 70 88 79, www.bbepiscopolipinsky.it

In Town Luxury House. Wirklich luxuriöses B&B mitten im Modeviertel. Via Bocca di Leone 7, Tel. 06/69 38 02 00 www.intownroma.it

EINKAUFEN

Belsiana 19. Sportliche Kleidung. Via Belsiana 94, Tel. 06/6 78 05 29, www.belsiana19.it

Brighenti. Eines der feinsten Wäschegeschäfte. Via Frattina 7, Tel. 06/6 79 14 84.

Bulgari. Bekannte Nobelmarke. Edler und teurer Schmuck. Via dei Condotti 61, Tel. 06/69 92 46 85, www.it.bulgari.com

Calico Lion. Klassische und auch selbst entworfene Kindermode. Via delle Vite 80, Tel. 06/67 84 66 26, www.calicolion.com

Cashmirino. Kaschmir auch für Kinder. Via Belsiana 92a, Tel. 06/69 92 13 43

Castroni. Feinkostladen mit guter Auswahl. Via Frattina 79, Tel. 06/69 92 19 03.

CIR. Tischdecken und Kinderstickereimode. Via del Babuino 103, Tel. 06/6 79 17 32,

Cora Groppo. Mode von der lateinamerikanischen Modemacherin Groppo. Via Mario de' Fiori 32, Tel. 06/6 79 00 45, www.coragroppo.com

c.u.c.i.n.a.. Designer-Küchenwaren. Via Mario de' Fiori 65, Tel. 06/6 79 12 75, www.cucinastore.com

De Bach. Designerschuhe von Herzel De Bach. Via del Babuino 123, Tel. 06/6 78 33 84.

Die Modemeile Via Condotti nutzen Kleinkünstler als Bühne.

Demoiselle. Elegante Intimmode. Via Frattina 93, Tel. 06/6 79 37 52.

Discount dell'Alta Moda. Via gesù e Maria 14/16a, Tel. 06/3 61 37 96

Eleonora. Ausgewählte Designermode und Assecoires. Via del Babuino 97, Tel. 06/6 79 31 73, www.eleonoraboutiqye.com

Elio Zema. Einrichtungsgegenstände. Via del Babuino 31, Tel. 06/3 21 68 78, www.eliozema.com

Fratelli Fabbi. Delikatessen. Via della Croce 28, Tel. 06/6 79 06 12, www.fabbi.it

Galassia. Designerkleidung für Sie. Via Frattina 2, Tel. 06/6 79 78 96, www.galassiaroma.com

Gente. Ausgewählte Designermode und Accesoires. Via del Babuino 81, Tel. 06/3 20 76 71, www.genteroma.com

Giuseppe Zanotti Design. Glamourschuhe. Via del Babuino 136, Tel. 06/32 65 19 25.

Henry Beguelin. Handgemachte Lederwaren. Via Belsiana 97, Tel. 06/69 92 40 66, www.henrybeguelin.it

Jo Malone. Ausgefallene britische Parfüms und Kosmetik. Via del Babuino 42, Tel. 06/3 20 14 04, www.jomalone.com

La Peonia. Sardische Delikatessen. Via delle Carrozze 12, Tel. 06/6 79 85 52, www.lapeonia.it

Massimiliano Guerra. Frische Nudeln. Via della Croce 8, Tel. 06/6 79 31 02.

Monna Lisa. Coole Kinder- und Jugendmode. Via Borgognona 22, Tel. 06/83 60 62 51

Osklen. Ökologisch-schicke Mode. Via del Babuino 52, Tel. 06/32 60 04 26.

Pastateca. Nichts als Nudeln. Via della Vite 44, Tel. 06/45 49 14 31, www.pastateca.it

Sermoneta Gloves. Lederhandschuhe in allen Farben. Piazza di Spagna 61, Tel. 06/6 79 71 67, www.sermonetagloves.com

TAD. Schicker Einrichtungsladen. Via del Babuino 155a, Tel. 06/96 84 20 86.

Toy Watch. Trendy Uhren. Via del Babuino 143, Tel. 06/32 2 70 80.

Der Feinkostladen Castroni

PINCIO, TRIDENTE

31 Il Corso
Shopping- und Bummelmeile Nummer eins

Wohl keine andere Straße Roms lockt vor allem junge Römer so zum Spazierengehen. Insbesondere samstags ist die zu einem großen Teil verkehrsberuhigte Via del Corso brechend voll. Für Touristen ist diese vom Papst Paul II. ins römische Häusermeer geschlagene, schnurgerade und 1,5 Kilometer lange Straße vor allem wegen ihrer Bauwerke und deren Geschichte(n) interessant.

Rom und der Dichterfürst

Der junge Goethe lehnt sich aus dem Fenster heraus – wahrscheinlich um einem weiblichen Rockzipfel hinterher zu schauen, war der Dichter aus deutschen Landen doch für seine galanten Begegnungen bekannt. Johann Wolfgang von Goethe lebte von 1786 bis 1788 in der römischen Via del Corso, Hausnummer 18. Genau dort, wo sich heute die Casa di Goethe befindet, eine Gedenkstätte, die als Museum und Kulturzentrum zahlreiche Veranstaltungen und Ausstellungen bietet und auf jeden Fall einen Besuch wert ist. Von seiner Mietwohnung aus, die er sich mit dem deutschen Maler und Freund Johann Heinrich Wilhelm Tischbein teilte, konnte er die ausgelassenen Vergnügungen auf dem Corso anlässlich des Karnevals beobachten. In den literarisch »heiligen Hallen« seiner Wohnung schrieb er einen Teil der *Italienischen Reise* nieder.

Schon zu Goethes Zeiten war die schnurgerade Straße einer der Haupttreffpunkte der Stadt. Hier fuhren Adel und Klerus mit ihren Kutschen spa-

Mitte: Mit Vorliebe flanieren die Römer am Sonntag Nachmittag auf der Via del Corso.
Unten: Wer von der Piazza del Popolo in die Via del Corso einbiegt, kommt sehr schnell an der Casa di Goethe vorbei.

Il Corso

zieren, hier wollte man sehen und gesehen werden. Nicht anders als heute, nur ging es früher wesentlich eleganter zu.

Pferderennen und Karneval

Der Renaissancepapst Paul II. ließ im 15. Jahrhundert auf der Straße Pferderennen abhalten – deshalb der Name Corso. Diese Rennen sollten der Straße Leben einhauchen, hatte der Papst sie doch begradigen und verschönern lassen. 1736 wurde die Via del Corso gepflastert, was damals nicht selbstverständlich war und die Bedeutung der Straße hervorheben sollte. Im 18. Jahrhundert wurden die berühmten und von Goethe beschriebenen Karnevalsbelustigungen aus dem etwas außerhalb liegenden Viertel Testaccio in die Via del Corso verlegt. Dieser damals so populäre römische Karneval wurde von Napoleon I. verboten, befürchtete er doch politische Revolten.

Ein Bummel über den Corso kann man bei der eleganten Piazza del Popolo beginnen, einem Werk des neoklassizistischen Künstlers Giuseppe Valadier. Palast- und Kirchenfassaden wechseln sich in der Via del Corso ab. Auch wenn viele von ihnen »dank« der Autoabgase recht verschmutzt sind, bekommt man doch einen Eindruck von der ehemaligen Pracht dieser Straße. Nach der Casa di Goethe folgt rechts der Palazzo Sanseverino (Hausnummer 518) aus dem 18. Jahrhundert. Man sollte einen Blick in den Innenhof werfen, eine Art Freilichtmuseum mit vielen Skulpturen. Auf Nachfrage lassen sich auch die herrlich gestalteten spätbarocken Säle im ersten Stock besichtigen.

Imposante Barockkirche

Es folgt links die barocke Kirche Gesù e Maria mit ihrer eleganten Front. Der Innenraum präsentiert sich in seiner barocken Pracht mit einer Vielzahl

AUTORENTIPP!

TRIDENTE
Die Via di Ripetta, auch ein Werk des Barock, beginnt wie die Via del Corso an der Piazza del Popolo und ist ebenso schnurgerade. Die Staße endet im Süden an der Piazza Augusto Imperatore. Sie beheimatet zahlreiche bemerkenswerte Adressen.
Im »Il Pollarolo« wird echte römische Küche serviert. Im »Buccone«, einer traditionelle Weinbar, trinken die Anwohner einen Aperitif, und im Jugendstilhotel Locarno wohnt es sich ruhig und gediegen.

Il Pollarolo.
Via di Ripetta 4/5, Tel. 06/361 02 76,

Buccone.
Via di Ripetta 19/20, Tel. 06/361 21 54

Locarno.
Via della Penna 22, Tel. 06/361 08 41, www.hotellocarno.com

Suite im Art-déco-Hotel Locarno

PINCIO, TRIDENTE

von Gemälden der römischen Schule. Gegenüber erhebt sich die strenge Fassade von San Giacomo in Augusta, ein 1600 von Carlo Maderno vollendeter Bau. Der elliptische Innenraum beeindruckt mit seiner ungewöhnlichen Ovalkuppel.

Weiter in der Via del Corso stößt der Rombesucher auf einen weiteren Kirchengiganten, Santi Ambrogio e Carlo al Corso, eine der wichtigsten Barockkirchen Roms, an deren Bau Pietro da Cortona mitwirkte. Die Fassade reckt sich mit ihren angedeuteten Säulen so sehr in die Höhe, dass das Gebäude wie ein Wolkenkratzer wirkt. Der mächtige Giebel im oberen Teil der Straßenseite verstärkt den gewaltigen Eindruck dieser Architektur. Die prächtige Kuppel ist nur von der Piazza Augusto Imperatore so richtig zu erkennen, die rechterhand vom Corso liegt. Das Kircheninnere ist ein kleines Museum religiöser Kunst des 17. und 18. Jahrhunderts.

Ebenfalls auf der rechten Seite erhebt sich der wegen seiner klaren und einfachen Gestaltung imposant wirkende Palazzo Ruspoli aus dem 16. Jahrhundert. Man sollte auf die Veranstaltungsplakate am Eingang von der Via del Corso aus achten, da in diesem Palast immer wieder bedeutende und sehenswerte Kunstausstellungen gezeigt werden. Der Prachtbau grenzt an die Piazza di San Lorenzo in Lucina, einen schönen und verkehrsberuhigten Platz mit einladenden Cafés. Hier steht auch die Kirche San Lorenzo, die auf der Villa einer reichen Römerin im 4. Jahrhundert errichtet wurde. Etwas weiter streift der Corso die Piazza della Colonna, auf der sich eine der beiden römischen Siegessäulen erhebt, die die Wirren des Mittelalters überlebt haben. Auch hier ist ein Fern- oder Opernglas wieder nützlich. Die im 2. Jahrhundert von Kaiser Marc Aurel errichtete,

Oben: Die römische Siegessäule auf der Piazza della Colonna
Unten: Einfach atemberaubender Barock: die Ss Ambrogio e Carlo al Corso

Il Corso

fast 30 Meter hohe und 3,7 Meter breite Säule zieren Reliefbilder von eindrucksvoller Schönheit und Detailtreue, die den Sieg des Imperators über die Markomannen und andere Völker darstellen.

Sitz des Ministerpräsidenten

An der Piazza im frühbarocken Palazzo Chigi hat Italiens Regierungschef seinen Amtssitz. Eine autofreie kleine Straße weiter geht es zur Piazza di Montecitorio. Hier erhebt sich der eindrucksvolle Palazzo Montecitorio, ein Barockpalast, in dem die italienische Abgeordnetenkammer ihren Sitz hat. Vor dem Parlament steht ein ägyptischer Obelisk, genau an der Stelle, an der im antiken Rom eine gigantische Sonnenuhr die Uhrzeit angab. Von der Piazza della Colonna aus sind es zwei Minuten Fußweg zu einer beeindruckenden römischen Ruine. An der Piazza di Pietra, verkehrsberuhigt und mit einladenden Cafés und Trattorien – sehr hübsch – erheben sich elf rund 15 Meter hohe korinthische Säulen. Sie gehörten zu einem Hadrian geweihten Tempel aus dem Jahr 145. Auch sie haben nur überlebt, weil sie im 17. Jahrhundert Teil eines neuen Gebäudes wurden.

Wieder auf dem Corso geht es weiter zur Kirche San Marcello al Corso, vor allem berühmt für ihre schwungvolle Fassade, dem Hauptwerk von Carlo Fontana. Das Gotteshaus zeigt in seinem Inneren nicht nur ein herrliches, von Renaissancemeister Jacopo Sansovino geschaffenes, Grabmonument sowie beachtliche Gemälde von Anton van Dyk, Perin del Vaga und anderen Künstlern. Auf Nachfrage darf man auch in den Keller der frühchristlichen Basilika hinabsteigen. Hier befindet sich eines der raren Taufbecken der Kirche aus dem 8. Jahrhundert. Damals wurde die Taufe noch durch das volle Eintauchen des ganzen Körpers in geweihtes Wasser vollzogen.

Im Palazzo Montecitorio befindet sich die Abgeordnetenkammer des italienischen Parlaments.

AUTORENTIPP!

PUPPENDOKTOR…

…so könnte man diese Adresse auch nennen. Federico Squartiti ist Roms berühmtester und einer der international begehrtesten Restauratoren für antike (Porzellan-)Puppen aller Art. Seine kleine Werkstatt ist so voller Puppen, dass der Besucher sich wie in einem Traumland fühlt. Auch wer nichts zu restaurieren hat, sollte hier die Schwelle überschreiten und staunen.

Quartiti.
Via di Ripetta 29, Tel. 06/3 61 02 32.

Oben: Vom Il Vittoriano kann man über die Piazza Venezia hinweg die ganze Via del Corso überblicken.
Mitte: Ein architektonischer Leckerbissen, die Ovalkuppel von San Giacomo in Augusta
Unten: An der Piazza Capranica kann man eine ruhige Pause einlegen.

PINCIO, TRIDENTE

Architektur und Kunst

Rechterhand auf dem Corso steht der ebenfalls barocke Palazzo De Carolis. Hier hat die Banco di Roma ihren Hauptsitz. In ihren Ausstellungsräumen finden immer wieder vielbeachtete, wichtige Kunstschauen statt.

Bevor die Via del Corso in die Piazza Venezia mündet, sollte man sich auf der rechten Straßenseite die elegant und schwungvoll gestaltete Fassade des Palazzo anschauen, ein Meisterwerk des Architekten Valvassori aus der Mitte des 18. Jahrhunderts, mit reichen Verzierungen der Fenster sowie Balkondekorationen. Vom Corso aus geht der Blick in den quadratischen Ehrenhof dieses beeindruckenden Palastes, der die Größe eines ganzen Wohnblocks einnimmt. Das Gebäude beherbergt die Galleria Doria Pamphilj (Kapitel 14), eine private Kunstsammlung, die es weltweit mit den großen Museen aufnehmen kann. Ganz zu schweigen von den prachtvollen Räumen, in denen die Gemälde präsentiert werden – der Prachtbau ist eher Schloss als Palast.

> ## MAL EHRLICH
> **AMORE, AMORE!**
> Viele Römer beklagen sich darüber, dass die Via del Corso zur Anbaggermeile Roms verkommen sei. Sicherlich kommt gerade die jüngere Generation gerne aus den Stadtrandbezirken und Vorstädten ins Zentrum, bummelt die schnurgerade Straße hoch und runter, immer auf der Suche nach einem netten Gesicht – was ist daran schlimm? Es ist doch besser, sich in so einer schönen und autofreien Straße kennenzulernen, gegenseitig anzubaggern – oder wie auch immer man es bezeichnet – als in einer lauten Bar. Und warum sollen nicht auch ungebundene Romtouristen ihren Spaß haben?

Infos und Adressen

SEHENSWÜRDIGKEITEN
Casa di Goethe. Ein absolutes Muss für Literaturfreunde. Via del Corso 18, Tel. 06/32 65 04 12, www.casadigoethe.it

ESSEN UND TRINKEN
Bar Mascagni. Belle Époque-Bar. Grand Hotel Plaza, Via del Corso 126, Tel. 06/69 92 11 11.

Dal Bolognese. Elegantes Restaurant mit klassischen Italo-Leckereien. Piazza del Popolo ½, Tel. 06/3 61 14 26.

Osteria dell'Ingegno. Herzhafte römische Küche. Piazza di Pietra 45, Tel. 06/6 78 06 62.

Ferrieri. Sizilianische Eis- und Kuchenleckereien. Piazza Colonna, Tel. 06/6 79 11 77.

Gran Caffe La Caffettiera. Echt neapolitanischer Kaffee. Schön auch zum Draußensitzen. Piazza di Pietra 65, Tel. 06/6 79 81 47.

Salotto 42. Kleines hippes Lokal, wo man bei schönem Wetter leckere Gerichte auf der Piazza essen kann. Piazza di Pietra 42, Tel. 06/6 78 58 04, www.salotto42.it

ÜBERNACHTEN
Grand Hotel Plaza. Traditionsreich, luxuriös, tolle Räumlichkeiten. Via del Corso 126, Tel. 06/69 92 11 11, www.grandhotelplaza.com

Hotel del Corso. Gutes Preis-Leistungs-Verhältnis. Via del Corso 79, Tel. 06/36 00 62 33, www.hoteldelcorsoroma.com

EINKAUFEN
Bar à Parfums. Keine Bar zum Trinken, sondern zum Erduften des ganz persönlichen Parfums. Via di Ripetta 34, Tel. 06/3 61 23 25.

Caleffi. Hier kennt man die Maße aller eleganten Italo-Politiker. Eine der schniekesten Herrenausstatter Roms. Via della Colonna Antonina 53, Tel. 06/6 79 37 73, www.caleffi.net

Fincato. DER römische Zigarrenshop. Via della Colonna Antonina 34, Tel. 06/6 78 55 08, www.fincatolacasadelhabano.com

Green Street. Trendy-Männer-Mode zu bezahlbaren Preisen. Piazza San Lorenzo in Lucina 22, Tel. 06/6 87 15 20.

Libreria Feltrinelli. Große, gut sortierte Buchhandlung in der schicken Shoppingpassage Galleria Colonna. Piazza Colonna 31/35, Tel. 06/69 75 50 01.

Die Lobby des Grand Hotel Plaza ist einfach eine Wucht!

PINCIO, TRIDENTE

32 Ara Pacis und Mausoleo Augusto
Antike, Faschismus, Moderne

Ein weißer Kasten umgeben von einer Renaissancekirche und einem Platz aus der Zeit Benito Mussolinis. Die Piazza Augusto Imperatore ist wohl einer der ungewöhnlichsten und architektonisch interessantesten Plätze ganz Roms. Baustile aus rund 2000 Jahren Stadtgeschichte treffen hier aufeinander.

Das auffälligste Bauwerk ist auch das jüngste. 2006 wurde das neue Museo dell'Ara Pacis, ein Entwurf des amerikanischen Stararchitekten Richard Meier, eröffnet. An diesem historisch so bedeutenden Platz ein derart knallweißes und würfeliges Gebäude als unübersehbaren Blickfang zu errichten, beschwor viele Proteste. Doch so ungemein historisch ist der Platz gar nicht, denn drei von vier Seiten des Platzes sind mit Bauten umgeben, die aus der Zeit des Faschismus stammen.

Ufo gegenüber dem Mausoleum

In der Mitte erhebt sich die eher hässliche, weil vor sich hin gammelnde, Ruine des Mausoleums für Kaiser Augustus. Meiers Entwurf wirkt im Kontrast dazu schon aufgrund seiner Farbe sicherlich wie ein Ufo. Durch die riesigen Glaswände des Museums hat man einen guten Blick auf den berühmten Friedensaltar von Kaiser Augustus. Das Monument gehörte zu einer gigantischen Sonnenuhr, die ein ganzes Stadtviertel einnahm. 1568 wurde er bei Erdarbeiten wiederentdeckt, zersägt und verkauft. Erst im 19. Jahrhundert wurde der Altar wieder zusammengesetzt und rekonstruiert. Die fantastisch gut erhaltenen Reliefbilder der Kultstätte dienten propagandistischen Zwecken.

Mitte: Der Friedensaltar von Kaiser Augustus im lichtdurchflutetem Museo dell'Ara Pacis
Unten: Wie zu Goethes Zeiten: mit wildem Grün bewachsenes Grab von Kaiser Augustus

Ara Pacis und Mausoleo Augusto

Augustus sah sich als Erneuerer römischer Tugenden, daher wurden Szenen aus der Mythologie und dem Zeitgeschehen dargestellt – immer in Bezug auf die Gründungsgeschichte Roms.

Auch das Bauwerk selbst sollte an die ältesten römischen Traditionen anknüpfen. Eine Marmorbrüstung umgibt den über mehrere Stufen zugänglichen, dachlosen Altarraum. Der römischen Tradition folgend, wurden die Götter in umfriedeten heiligen Hainen unter freiem Himmel verehrt. Die heute bekannte Bauform römischer Tempel mit geschlossenem Dach wurde erst später in der Antike von den Griechen übernommen.

Der Duce und die Antike

Benito Mussolini ließ den Altar rekonstruieren und direkt gegenüber des Augustus-Mausoleums aufstellen. Das Vorbild dieser Begräbnisstatte war übrigens der kreisrunde Grabhügel Alexander des Großen im ägyptischen Alexandria.

Das kreisrunde Grabmonument mit einem Durchmesser von 89 Metern war über Jahrhunderte immer wieder umgebaut worden. Im 19. Jahrhundert. diente es wegen seiner ausgezeichneten Akustik sogar als Theater. Erst der Duce ließ all diese baulichen Veränderungen in den 30er-Jahren entfernen, um das Original des Grabmals wiederherzustellen. Dies tat er nicht etwa, weil er ein besonderer Liebhaber der Archäologie war, vielmehr sah sich Mussolini als Nachfolger römischer Imperatoren. Nach seinem Empfinden sollte Rom so deutlich imperialer wirken. In Fällen wie dem Augustus-Grabmal waren diese Eingriffe sicherlich positiv, bei anderen eher verheerend. Die Via Fori Imperiali zum Beispiel, die schnurgerade Straße, die die Piazza Venezia und das Kolosseum verbindet, teilte und zerstörte die antiken Kaiserforen.

Infos und Adressen

SEHENSWÜRDIGKEITEN

Museo dell'Ara Pacis. Lungotevere in Augusta, Tel. 06/48 89 91, www.arapacis.it

ESSEN UND TRINKEN

Grattachecca. Eine Bude mit einer echt römische Eisspezialität. Einige Sitzplätzen an der Ecke Ponte Cavour/Lungotevere in Augusta, am Largo S. Rocco

Gusto. Echt neapolitanische Pizzeria in Loft-Ambiente, sehr schick. Piazza Augusto Imperatore 9, Tel. 06/3 22 62 73, www.gusto.it

Recafé. Konkurrent des Gusto. Roms Pizzaliebhaber streiten sich, ob Recafé oder Gusto besser ist. Piazza Augusto Imperatore 36, Tel. 06/6 81 37 30, www.recafe.it

EINKAUFEN

Gusto-Küchenladen. Roms vielleicht bestsortierter Küchen- und Kochbuchladen. Piazza Augusto Imperatore 9, Tel. 06/3 22 62 73, www.gusto.it

La soffitta sotto i portici. Trödelmarkt. Piazza Augusto Imperatore. Jeden 1. und 3. So im Monat, außer August

L'Olfattorio. In der »Duftbar« kreiert man sich sein eigenes Parfüm. Via di Ripetta 34, Tel. 06/3 61 23 25.

Markt zwischen Via Tomacelli und Vicolo dell'Arancio. Kleiner, reich bestückter Markt für Obst und Gemüse

PINCIO, TRIDENTE

33 Piazza del Popolo
Wohnzimmer mit Geschichte

Treffpunkt für Verliebte und Kunstfreunde, Platz zum Radeln und Rollschuhlaufen, für Popkonzerte und politische Veranstaltungen, für Freiluftmusiker und diejenigen, die die ganze menschliche Fauna Roms beobachten wollen. Die Piazza del Popolo ist einer der volkstümlichsten und schönsten Orte der Stadt, eine Art Wohnzimmer für alle Römer.

»Wir treffen uns am Obelisken!«, sagt man in Rom, wenn man sich im historischen Zentrum an einem Punkt treffen will, den wirklich jeder kennt und wo das Warten auf den anderen das reinste Vergnügen ist. Die Piazza del Popolo gilt in gewisser Weise als die gute Stube des Centro histórico, wahrscheinlich aufgrund ihrer ovalen Form mit den Mauern, die sie an zwei Seiten einfassen, dem Obelisken im Mittelpunkt und der Tatsache, dass sie autofrei ist. Auf jeden Fall sind die Marmorbänke des Platzes, die Stufen beim Brunnen und die Eisenschranken als Sitz- und Beobachtungsplätze viel origineller als die vielen Cafés, die sich ganz in der Nähe befinden. Dort sitzt man sicherlich bequemer und kann ausgezeichnete Drinks genießen, aber mittendrin im Geschehen ist man dort nicht.

Ein historischer Ort

»Nur unter der Porta del Popolo war ich mir gewiss, Rom zu haben«, so schrieb Goethe 1786, nachdem er in der Stadt angekommen war. Seine damalige Wohnung liegt ganz in der Nähe, in der Via del Corso 18. Rund 1500 Jahre lang betraten alle Reisenden aus Nordeuropa die Stadt durch die Porta del Popolo.

Mitte: Auf der Piazza del Popolo: Für Verliebte ist Rom einfach am schönsten.
Unten: Die S. Maria del Popolo, 1227 als Pfarrkirche für das Volk erbaut, zeigt in ihrer Cerasi-Kapelle mehrere Caravaggio-Gemälde.

Piazza del Popolo

Seit der Römischen Antike existiert hier ein Stadttor. 1655 erhielt es sein jetziges Aussehen durch den Architekten Gian Lorenzo Bernini. Es waren die Renaissancepäpste, die den Platz in seiner aktuellen Form anlegten. Denn von hier aus, dem Eingangstor von Norden, sollten drei schnurgerade Straßen, die heutige Via del Corso, die Via del Babuino und die Via di Ripetta, strahlenförmig abgehen und dem neuen Rom eine rationale, an der Antike orientierte Form geben. Jenseits des Tors geht, ebenfalls ganz gerade, die antike Via Flaminia ab, die in den Norden führt. Eine Straße, die heute für Touristen nur deshalb interessant ist, weil sie zum MAXXI, dem neuen und spannenden Museum für die Kunst des 21. Jahrhunderts und zum Auditorium führt.

Der Platz präsentiert sich heute im neoklassizistischen Stil. Zwischen 1811 und 1822 wurde er nach einem Entwurf von Giuseppe Valadier geschaffen. Es entstanden zwei Halbkreise, in deren Mitte sich der Obelisk Flaminio erhebt, der zweitälteste und mit fast 24 Metern zweithöchste ägyptische Obelisk in Rom.

Mätresse des Papstes

Wenn man den Platz durch das Tor betritt, fällt linkerhand eine Kirche auf. Hier, im angrenzenden Kloster von Santa Maria del Popolo, wohnte Martin Luther während seines schicksalhaften Rombesuchs. Im Mittelalter wurde, vor dem Bau der ersten Kirche an dieser Stelle, auf dem Baugrund eine Teufelsaustreibung durchgeführt, denn man nahm an, dass dort Kaiser Nero begraben worden sei. Sein Geist, hieß es jahrhundertelang, spuke immer noch durch die Gegend. Die Kirche besticht im Inneren durch ihre überaus reiche Ausgestaltung. Als besonders großzügige Spenderin erwies sich dabei Vannozza de'Catanei, die Geliebte des

AUTORENTIPP!

CAFFÈ UND HIGH SOCIETY
Ein Cappuccino, ein Drink oder ein Abendessen in historischem Ambiente? Die »Casina Valadier« auf dem Pincio-Hügel macht es möglich. Die elegante Villa von Giuseppe Valadier gilt als eines der schönsten neoklassizistischen Gebäude Roms. Sie ist heute Café und Restaurant und bietet von ihren Terrassen aus einen tollen Blick auf die Stadt. Beliebter Treffpunkt der römischen Schickeria – für Romreisende eine besondere Attraktion. Der Park bei der Casina ist der volkstümlichste Teil der Villa Borghese. Hierher kommen römische Familien mit Kind und Kegel, trainieren Jogger und Blaskapellen spielen auf. Am schönsten ist es hier sonntagnachmittags.

Casina Valadier
Piazza Bucarest, Tel. 06/6 92 20 90,
www.casinavaladier.it

Dieses Grabrelief gehört zur prächtigen Ausstattung der S. Maria del Popolo.

PINCIO, TRIDENTE

Renaissancepapstes Alexander VI. und Mutter der gemeinsamen Kinder Juan, Cesare, Jofré und Lucrezia Borgia. Die zauberhaften Fresken an der Decke des Chorgewölbes sind ein Werk des Renaissancemeisters Pinturicchio. In der Cerasi-Kapelle befinden sich mehre weltbekannte Gemälde, darunter Annibale Carraccis *Mariä Himmelfahrt*. Das Bild »lebt« vor allem von den individuellen Gesten der Trauernden, die ihre Bestürzung über den Tod der Gottesmutter zum Ausdruck bringt.

Auf Caravaggios ausnehmend ausdrucksstarkem Bild *Bekehrung des Paulus* ist der spätere Apostel zu sehen, der, durch eine göttliche Vision geblendet, zu Boden gestürzt ist. Faszinierend, wie die geschlossenen Augen des Paulus, der wie unbeteiligt daneben stehende Diener und das ruhige Pferd den inneren Wandel des Bekehrten symbolisieren. Das für Caravaggio so typische, stark kontrastierende Licht unterstreicht diesen ungemein intimen Moment in der Bildaussage.

Die Kirche ist ein wahrer »Tummelplatz« bedeutender Künstler. Von Raffael stammen die Kuppelmosaiken. Andrea Sansovino schuf die Grabmäler der Kardinäle Sforza und Della Rovere. Das Grabmonument für Kardinal Mellini gilt als Hauptwerk des Alessandro Algardi, und Bernini schuf nicht nur das Kircheninnere, sondern auch einige der Skulpturen.

Den südlichen Teil des Platzes säumen Zwillingskirchen aus dem 17. Jahrhundert. Im Osten steigt ein Hang zum Pincio-Hügel hinauf. Von oben sprudelt durch den Roma-Brunnen, ein Werk Valadiers, Wasser nach unten. Ganz oben befindet sich eine Terrasse, die Piazza Napoleone, zu der der Aufstieg am besten am frühen Abend unternommen werden sollte. Der Blick auf die Stadt und den Vatikan ist traumhaft.

Oben: Die Piazza del Popolo fungiert auch regelmäßig als eine der größten Freilichtbühnen in ganz Rom.
Unten: Eine der Kapellen der S. Maria del Popolo

Infos und Adressen

SEHENSWÜRDIGKEITEN

Santa Maria del Popolo. Kirche voll großer Kunst. Piazza del Popolo, www.santamariadelpopolo.it

ESSEN UND TRINKEN

Bolognese. Klassisch italienische und erlesene Küche, Stammlokal internationaler VIPs auf Durchreise. Piazza del Popolo 1, Tel. 06/3 61 14 26.

Mondo arancina. Ein »arancino« ist ein Reisball mit verschiedenen Innereien, eine echt siziliani-

Zeitgenössische Eleganz im Hotel de Russie

Ruheoase in der Altstadt: Terrasse des Hotel de Russie

sche Spezialität. Via Flaminia 42, Tel. 06/36 11 06.

Penne d'Oca. Ausgezeichnete Fischküche. Via della Penna 53, Tel. 06/3 20 28 98, www.lapennadoca.com

Pizza Rustica. Pizza am Stück und richtig lecker. Via Flaminia 24, Tel. 06/3 22 79 56.

Rosati. Eine der schicksten Kaffeebars des Zentrums, ideal für eine kleine Pause und zum »Leute gucken«. Piazza del Popolo 5, Tel. 06/3 22 58 59, www.rosatibar.it

Stravinskij Bar dell'Hotel de Russie. VIP-Bar, ruhig, intim, elegant. Via del Babuino 9, Tel. 06/32 88 88 70, www.roccofortecollection.com

Ugo al Gran Sasso. Herzhafte Küche der Abruzzen. Empfehlung: die Aufschnittplatte als Vorspeise. Via di Ripetta 32, Tel. 06/3 21 48 83,

www.trattoriaalgransasso.com

ÜBERNACHTEN

Hotel de Russie. 5-Sterne-Komfort. Schöner, ruhiger Garten-Innenhof. Via del Babuino 9, Tel. 06/32 88 88 70, www.hotelderussie.it

EINKAUFEN

Castroni. Gutsortierter Feinkostladen. Via Flaminia

Konzert in der Kirche Santa Maria del Popolo

PINCIO, TRIDENTE

34 Pincio und Galleria Borghese
Kunstmuseen in idyllischer Parklandschaft

Ruhe vom ständigen Verkehrschaos, von der Luftverschmutzung und der vielen Kunst findet man im großen Park der Villa Borghese, einst der Privatgarten eines Kardinals. Heute ist er die beliebteste und abwechslungsreichste Grünanlage im Zentrum Roms. Joggen, picknicken, bummeln und sich sonnen und – wir sind ja schließlich in Rom – auch hier findet sich Kunst, ganz, ganz große Kunst.

Schön ist ein Spaziergang vom Pincio aus, der Aussichtsterrasse oberhalb der Piazza del Popolo, durch den idyllischen Park der Villa Borghese. Alte Bäume, kleine Täler, ein großer Teich und Parkbänke laden zu einer Ruhepause ein. Doch zu viel Zeit zum Verweilen sollte man nicht vertun, im Grün der Villa Borghese gibt es einiges zu sehen, zum Beispiel ein Museum, das viel mehr ist als eine bloße Kunstsammlung. Die Galleria Borghese ist vielmehr eine wahre Schatzkiste.

Begehrte Skulpturensammlung

Scipione Borghese (1577–1633) war Kardinal und Spross einer reichen und mächtigen Adelsfamilie. Als Neffe Papst Pauls V. genoss er zahllose Freiheiten, und so passt es gut ins Bild, dass er sich ein Lustschloss in seinem Park errichten ließ. 1633 wurde das Gebäude fertiggestellt.

Mitte: Schatzkammer des Kardinals Borghese, nach dem die Galleria auch benannt wurde
Unten: Fast wie auf dem Land: im Park der Villa Borghese

Der Kardinal stellte hier seine private Sammlung antiker Skulpturen aus, die den Grundstock des späteren Museums bildeten. Die Galleria Borghese

Pincio und Galleria Borghese

ist ein ausnehmend beliebtes Museum, und so wird wegen der Einzigartigkeit der hier ausgestellten Artefakte und der beschränkten räumlichen Verhältnisse empfohlen, die Eintrittskarten vorzubestellen. Viele der antiken Skulpturen gingen nach dem Tod Scipiones und dem späterer Eigentümer der Villa in andere Hände über. So auch in den Louvre nach Paris. Einige Exponate konnte der italienische Staat wieder zurückholen, vieles blieb verloren. Trotz dieser Verluste besitzt die Galleria Borghese eine der schönsten Skulpturensammlungen der Welt.

Berninis Meisterwerke

Dass Gian Lorenzo Bernini nicht nur ein begnadeter Architekt, sondern auch ein ebenso meisterhafter Bildhauer war, zeigen verschiedene seiner Skulpturen. *David mit der Schleuder* von 1623/24, ein Frühwerk des Künstlers, vermittelt die Illusion, der dargestellte junge Mann könnte von einem Moment auf den anderen lebendig werden, so echt wirkt jede Vene, jeder Muskel!
Der Körper des jungen Königs der Juden berührt nur ganz leicht mit seinem rechten Fuß den Boden, so als würde er über allem schweben. Er scheint noch ganz in Gedanken beim gerade vollzogenen Schleuderwurf zu sein.

Atemberaubend schön ist auch Berninis Skulptur *Apoll und Daphne* von 1624. Die beiden mythischen Figuren der Antike scheinen auf eine so intensive Weise vorwärts zu stürmen, dass man nur über die Virtuosität des Künstlers staunt. Die Nymphe Daphne kann sich vor der lüsternen Bedrängung Apolls retten, indem sie sich in einen Baum verwandelt. Die Ausdrucksstärke menschlicher Körper, wie sie Bernini aus Marmor zu schaffen verstand, findet sich auch in der Skulptur *Raub der Proserpina*. Unter der energisch zupa-

AUTORENTIPP!

UNTERIRDISCHE BASILIKA
Egal, wie man zur katholischen Laienorganisation Opus Dei steht. Die Hauptsitz des Ordens in Rom bietet ein architektonisches Kuriosum von großem Reiz, nicht nur für Gläubige. In der modernen Viale Bruno Buozzi im eleganten Stadtteil Parioli, bequem mit dem Taxi von der Villa Borghese aus zu erreichen, geht es unter die Erde. Dort nämlich errichtete man eine neoromanische Basilika, mit allem was dazu gehört. An manchen Tagen sitzt sogar ein Bettler vor dem unterirdischen Eingang. Licht hinter den Fenstern erzeugt den Eindruck, dass man sich oberhalb der Erdoberfläche befindet. Die Gebeine der Schwester des Ordensgründers befindet sich in einem mittelalterlich anmutenden Grab.

Unterirdische Kirche des Opus Dei.
Viale Bruno Buozzi 73,
Tel. 06/80 89 61, www.opusdei.it

Ein Spaziergang durch den Park ist die richtige Erholung nach langen Museumsbesuchen.

195

PINCIO, TRIDENTE

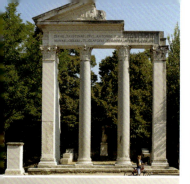

Oben: Selbst im Park trifft man auf Überreste der Geschichte.
Mitte: Fantastischer Ausblick auf Rom, von der Piazza Napoleone I. oberhalb der Piazza del Popolo
Unten: Relief am Eingang zum Park der Villa Borghese an der Viale Pietro Canonica

ckenden Pranke von Hades, Gott der Unterwelt, spannt sich die Haut der verzweifelten Proserpina. Der Betrachter hat den Eindruck, dass er keine marmorne Schönheit vor sich hat, sondern eine Frau aus Fleisch und Blut.

Renaissance und Barock

Neben den Plastiken beherbergt die Galleria Borghese auch außergewöhnliche Gemälde. Nach barocker Manier sind die Wände dicht mit Kunst behängt, manche Bilder werden sogar in den Fluren präsentiert. Unter den Gemälden bestechen unter anderem eine Grablegung von Raffael aus dem Jahr 1507 sowie einige sakrale Bilder von Perugino und Pinturicchio. Das ganze Panorama der italienischen Kunstgeschichte aus Renaissance und Barock ist vertreten: Lorenzo Lotto und Bronzino, Palma il Vecchio, Pietro da Cortona und viele mehr.

In der Galeria Borghese hängen sechs Gemälde von Caravaggio, einem der Günstlinge von Kardinal Scipione Borghese. Zu den unbestrittenen Hauptwerken zählen der *Jüngling mit dem Früchtekorb* von 1593/95 und die *Madonna dei Palafrenieri* von 1605 hängen in einem Saal, der, so ganz nebenbei, auch Meisterwerke von Guercino, Bernini und anderen zeigt. Zwanzig Säle umfasst die Galleria, da dürfen natürlich auch Tizian und Antonello da Messina, Giorgione und Correggio nicht fehlen. Man sollte genügend Zeit für dieses Museum mitbringen oder aber einfach nur einen Bummel durch die einzelnen Säle unternehmen.

Museum für »Moderne« Kunst

Der Park der Villa Borghese bietet aber noch ein anderes wichtiges Museum. Die Galleria Nazionale d'arte Moderna, kurz GNAM, ist Roms Museum für Moderne Kunst. »Modern« bedeutet in diesem

Pincio und Galleria Borghese

Fall das 19. und das frühe 20. Jahrhundert. Die GNAM ist zu Fuß bequem von der Galleria Borghese zu erreichen. Ein riesiger Museumskasten im eklektischen Stil der Jahrhundertwende. Die GNAM wird von Romtouristen nicht häufig besucht. Klar, die Stadt bietet aus Antike, Renaissance und Barock so viel, das andere Kunstepochen ein wenig unter den Tisch fallen.

Reisende, die aber die Entwicklung der italienischen Kunst in der Zeit nach dem Barock mit

Klimts *Blumengarten* in der Nationalgalerie für Moderne Kunst

Rundgang

Rom mal ganz grün und, wie kann es anders sein, mit viel Kunst.

Der Stadtpark Villa Borghese fasziniert nicht nur mit ausgedehnten Grünflächen, einem See und einer Pferdebahn, sondern auch mit faszinierenden Museen und einer Panoramaterrasse, die einen umwerfenden Blick auf die Altstadt bietet.

Ⓐ **Galleria Borghese** – eine Schatzkiste mit Skulpturen und Gemälden zum Staunen

Ⓑ **Galleria Nazionale di Arte Moderna GNAM** – hinter der eklektischen Fassade verbirgt sich Roms Museum für die Kunst des 19. und 20.Jhs.

Ⓒ **Pincio** – Aussichtsterrasse mit Cafè und Karrussel und sonntags mit römischen Familien

AUTORENTIPP!

ACADÉMIE DE FRANCE À ROME

Von vorn wirkt die Villa Medici, oberhalb der Stadt auf dem Pincio-Hügel, abweisend. Doch vom barocken Garten aus präsentiert sich dieser im 16. Jahrhundert errichtete Prachtblau mit einer Fassade, die mit antiken und frühbarocken Reliefs und Skulpturen geschmückt ist.
Die Villa ist seit 1804 Sitz der Französischen Akademie. In ihren Räumlichkeiten werden immer wieder Kunstausstellungen und Konzerte ausgerichtet. Auch die Stipendiaten, die in der Villa leben dürfen, stellen regelmäßig ihre Werke aus. Seit kurzer Zeit können auch Gäste in der Villa übernachten. Toll, das Gästezimmer mit dem atemberaubenden Blick auf ganz Rom.

Académie de France à Rome/Villa Medici.
Viale Trinità die Monti 1,
Tel. 06/6 76 11, www.villamedici.it

Wenn man über den Pinciohügel läuft, trifft man in der Viale di Villa Medici die Büste des Pythagoras.

198

PINCIO, TRIDENTE

Meisterwerken großer Namen verfolgen wollen, kommen an diesem Museum nicht vorbei. Besonders schön sind die Rom- und Italienbilder des 19. Jahrhunderts – Sujets, die unsere nordeuropäische Vorstellung vom Land, in dem die Zitronen blühen, zu bestätigen scheinen.

Das 19. und 20. Jahrhundert

Interessant sind die Werke, die die italienische politische Einheitsbewegung in der Mitte des 19. Jahrhunderts darstellen, Gemälde von Hayez und Signorini. Erwähnenswert auch die eleganten Gesellschaftsportraits von Boldini oder die futuristischen Maler wie Balla.

Darüber hinaus sieht man Werke namhafter Künstler aus der Zeit des Faschismus, wie Giorgio de Chirico, Boccioni und Severini, die sich, im Gegensatz zum nationalsozialistischen Deutschland, an keine künstlerischen Vorgaben zu halten hatten. Die GNAM brilliert außerdem mit großartigen Gemälden europäischer Maler, von Franz von Stuck und Auguste Rodin, von Courbet und Monet, von van Gogh, Klimt, Modigliani und Lucio Fontana.

MAL EHRLICH

GRÜNE SCHANDE

Da hat Rom im historischen Zentrum diesen großen Park, aber die Stadtverwaltung kümmert sich so gut wie gar nicht darum. Sogar die Städte in der israelischen Wüste Negev haben sattere Wiesen und gepflegtere Grünflächen, als sie der Park Villa Borghese bietet. Aufpassen beim Hinlegen auf das vor allem im Sommer vergammelte Gras. Spritzen von Junkies und Glasscherben sind eine Gefahr für Jung und Alt. Nein, Roms Grünflächen sind, bis auf die gepflegten Vatikanischen Gärten, eine Schande!

Infos und Adressen

SEHENSWÜRDIGKEITEN

Galleria Borghese. Eine Schatzkiste von einem Museum, unbedingt vorbuchen, da nur eine bestimmte Anzahl Personen eingelassen wird. Piazzale del Museo Borghese 5, Tel. 06/8 41 39 79, www.galleriaborghese.it

GNAM. Museum für moderne Kunst des 19. und frühen 20. Jahrhunderts mit Highlights der europäischen Malerei. Viale delle Belle Arti 131, Tel. 06/32 29 81, www.gnam.beniculturali.it

Villa Medici. Auf die Veranstaltungen und Konzerte, achten, sonst kann man diese Renaissancevilla nicht betreten. Piazza della Trinità die Monti 1, Tel. 06/6 76 11, www.villamedici.it

Im Stadtpark Villa Borghese

Galleria Nazionale d'Arte Moderna. Links: die Plastik *Ercole Saettatore* von Emile Antoine Bourdelle.

ESSEN UND TRINKEN

Art Café. Eine der angesagtesten Late-Night-Bars. Via del Galoppatoio 33, Tel. 06/36 00 65 78.

Casina delle Rose. Berühmt für seinen Wochenendbrunch von 12–15 Uhr, ideal für Spätaufsteher. Largo Mastroianni 1, Tel. 06/42 01 62 24, www.cinecaffe.it

Oliver Glowig im Hotel Aldrovandi Villa Borghese. Nach Starkoch Heinz Beck kommt direkt sein deutscher Landmann Oliver Glowig, wenn es um die besten Restaurants der Stadt geht. Italienisch-kreative Küche vom Besten in elegantem Ambiente. Besonders schön: Essen auf der Terrasse – Nicht billig aber unvergesslich. Via Ulisse Aldrovandi 15, Tel. 06/3 21 61 26, www.aldrovandi.com, www.oliverglowig.com

ÜBERNACHTEN

Aldrovandi Villa Borghese. Mitten in Rom wohnen, umgeben von Ruhe, viel Grün und mit einem Pool plus Spitzenrestaurant in elegantem Ambiente: In diesem Hotel ist es möglich. Sicherlich eine der besten Adressen der Stadt. Via Ulisse Aldrovandi 15, Tel. 06/3 22 39 93, www.aldrovandi.com

The Duke. Britische Eleganz. Via Archimede 69, Tel. 06/36 72 21, www.thedukehotel.com

Villa Medici. Wohnen in einer prächtigen Renaissancevilla, in den ehemaligen Privaträumen des Kardinals Ferdinando di Medici. Piazza della Trinità die Monti 1, Tel. 06/6 76 11, www.villamedici.it, standard@villamedici.it

Polo Lounge im Vier-Sterne-Hotel The Duke

PINCIO, TRIDENTE

35 Etruskisches Nationalmuseum Villa Giulia
Antike mittelitalienische Volkskultur

Bis zu ihrer Eroberung durch die Römer regierten in Mittelitalien die Etrusker. Eine Kultur, die lange Zeit Rätsel aufgab. Doch seitdem die etruskische Geschichte erforscht und ihre Sprache entschlüsselt wurde, lernt man diesen Volksstamm langsam, aber sicher immer besser kennen. Eines der schönsten Museen Roms, die Villa Giulia, zeigt die schönsten Kunstwerke, Grabmäler, Einrichtungs- und Kultgegenstände der Etrusker.

Lebenslustiger Pontifex Maximus

Als Papst Julius III. sich Mitte des 16. Jahrhunderts hier eine Sommerresidenz, die Villa Giulia, errichten ließ, war die Gegend noch relativ unbewohnt. Von Verkehr und lästigen Nachbarn war weit und breit keine Spur. Trotzdem ließ das fidele Kirchenoberhaupt die Villa so konzipieren, dass sie von einer hohen und abweisenden Mauer umgeben wurde und daher uneinsehbar war.

So konnte Neugierige nicht beobachten, wie sich Julius III. bei Maskeraden und anderen ausgelassenen Festlichkeiten vergnügte. Die Zerstreuungen gingen soweit, dass sogar Stierkämpfe im Innenhof der Villa organisiert wurden. Eine solche Lebensführung stand in totalem Gegensatz zu den Vorgaben des Konzils von Trient, mit dem die Gegenreformation eingeleitet wurde und dessen Vorsitzender, jedenfalls auf dem Papier, dieser Papst war.

Mitte: Die Accademia di Romania, gleich neben der Villa Giulia
Unten: Dieses Hochrelief in der Villa Giulia zeigt zwei Episoden aus der griechischen Mythologie.

200

Nationalmuseum Villa Giulia

Lange vor den Römern

Heute ist hier das Museo Nazionale Etrusco in der Villa Giulia untergebracht. Noch ein weiteres Museum, mag mancher denken, aber es handelt sich um das wichtigste Etruskermuseum ganz Italiens. Nur hier werden die schönsten und am besten erhaltenen Kunstwerke dieses noch recht unerforschten Volkes ausgestellt, das schon lange vor den Römern in Mittelitalien lebte und erste Städte, darunter auch Rom, gegründet hatte.

Unbekannte Etrusker

Erstaunlicherweise ist immer noch nicht klar, woher die Etrusker überhaupt stammen – vermutlich aus Osteuropa, aber definitiv bewiesen ist diese Hypothese nicht. Fest steht jedoch, dass sie über einige Jahrhunderte hinweg mit dem gesamten Mittelmeerraum Handel trieben. In ihren Grabstätten, die nördlich von Rom in Cerveteri und Tarquinia zu besichtigen sind, wurden Gegenstände aus Griechenland, Ägypten und dem Zweistromland gefunden. Ihre Kunst wurde stark von den Griechen beeinflusst.

Im 3. Jahrhundert mussten sich die Etrusker den Römern unterwerfen, ihre Städte fielen unter römische Herrschaft. Interessant zu wissen ist, dass sie eine städtische Kultur entwickelten, auf die die Römer aufbauen konnten. Ihre Architektur bildete eine der wichtigsten Grundlagen für die Bauweise der Römer. Der Bogen, eines der Grundelemente der römischen Baukunst, ist eine Erfindung der Etrusker.

Auch wenn das Museum in der Villa Giulia nicht unbedingt den modernsten museumsdidaktischen Prinzipien entspricht, begeistern die vielen Säle voller beindruckender etruskischer Fundstücke.

Oben: Fresken einer Grabstätte, 470–460 v. Chr.
Unten: Baufragment aus der Nekropole von Ponte Rotto
Bilder Seite 202:
Oben: Im Garten der Villa Giulia
Unten: Für Liebhaber etruskischer Kunst ist die Villa Giulia perfekt.

Nationalmuseum Villa Giulia

Erstaunlicher Kunstreichtum

Eines der schönsten Kunstwerke des Museums ist die Statue des Apollo von Veji, eine Skulptur aus dem 6. Jahrhundert v. Chr., deren griechischer Einfluss unübersehbar ist. Veji übrigens war eine bedeutende etruskische Großstadt mit mehreren tausend Einwohnern, knapp 20 Kilometer von Rom entfernt. Ebenfalls eindrucksvoll sind die Skulpturensarkophage. Die Etrusker stellten die darin beigesetzten Toten auf den Sargdeckeln in erstaunlich modern anmutender Weise dar. Beim bekannten *Sarkophag der Eheleute* aus dem 6. Jahrhundert v. Chr. liegen eine Mann und Frau bequem auf einer Art Bett. Der Mann stützt sich mit seinem linken Arm auf einem Kissen ab und umarmt seine Frau. Ein Kunstwerk von großer Intimität, das uns mehr über das Privatleben der Etrusker verrät als hundert Götterfiguren.

Die Etrusker waren Meister in der Metallverarbeitung – auch davon profitierten später die Römer. So zeigt das Museum unter anderem fein gearbeitete Metallspiegel, wie sie später in Rom große Mode wurden, und reich verzierte Krüge. Wie die Griechen waren auch die Etrusker Künstler in der Herstellung und Bemalung von sogenannten Kratern, bauchigen Gefäßen, die mit Personen und Tieren bemalt waren. Das Museum besitzt eine der reichsten Sammlungen etruskischer Krater überhaupt, auf einigen Exponaten werden auch unzweideutige erotische Szenen dargestellt.

Im Saal 29 stellt das Museum die Relikte etruskischer Tempel aus, Steingiebel und Säulenfragmente von außerordentlicher Schönheit, die ebenfalls aus dem 6. Jahrhundert v. Chr. stammen. Ähnlich der Skulpturen waren auch die Tempel mehrfarbig kunstvoll bemalt, wie noch erkennbare Farbreste eindeutig beweisen.

Oben: Minerva und Herkules
Unten: Kapitell eines Pfeilers aus der Nekropole von Ponte Rotto, 325–300 v. Chr.

Infos und Adressen

SEHENSWÜRDIGKEITEN

Museo Etrusco. Etwas abseits der touristischen Touren, obwohl nah beim Park Villa Borghese gelegen. Italiens wichtigste etruskische Kunstsammlung. Villa Giulia, Piazzale di Villa Giulia 9, Tel. 06/3 22 65 71, www.villagiulia.beniculturali.it

PINCIO, TRIDENTE

36 Auditorium von Renzo Piano
Moderne Architektur in der Stadt der Antike

Rom ist nicht unbedingt eine Metropole Zeitgenössischer Architektur. Aber seit einigen Jahren finden sich doch mehr und mehr Bauwerke international bekannter Architekten, die einen Besuch lohnen. Das Auditorium von Renzo Piano lässt sich ohne Weiteres an einem Vor- oder Nachmittag in Verbindung mit dem MAXXI, dem Museo nazionale delle arti del XXI secolo, besichtigen. Die beiden Meisterwerke Moderner Architektur liegen nicht weit voneinander entfernt.

Baumeister der Moderne

Renzo Piano, in Genua geborener Norditaliener, ist für seine avantgardistischen, visionären Entwürfe bekannt und gilt unter anderem als Museumsarchitekt von Weltruf. Sein Auditorium Parco della Musica wurde 2002 eingeweiht und besteht aus drei unterschiedlich großen Konzerthallen, welche sich um eine Piazza gruppieren, die ihrerseits als Open-Air-Theater 3000 Zuschauern Platz bietet. Die Musikhallen werden von riesigen Metalldächern überspannt, die wie Insektenpanzer wirken und die Gebäude wie Skarabäen erscheinen lässt.

Mitte: Der Parco della Musica ist Roms Allround-Zentrum für Musikbelange.
Unten: Im großen Konzertsaal des Auditoriums von Renzo Piano fühlt man sich fast wie in einem Raumschiff.

Als Reminiszenz an antike römische Bautraditionen verwendete Renzo Piano unter anderem gebrannte Ziegel und Travertinstein für seinen Bau. Die Konzertsäle sind berühmt für ihre ausgezeichnete Akustik. Die Fondazione Musica per Roma und die seit der Renaissance existierende Accade-

Auditorium von Renzo Piano

mia di Santa Cecilia präsentieren ein umfassendes Programm alter und neuer Musik, das den internationalen Vergleich nicht scheuen muss. Das Auditorium gilt als eine der weltweit bedeutendsten Musikinstitutionen überhaupt. Zum Kulturzentrum gehört auch ein Café, eine Buchhandlung und das »Red«, ein Trendrestaurant.

Auch beim MACRO, dem römischen Museum für Moderne Kunst, das in einer ehemaligen Brauerei aus dem frühen 20. Jahrhundert untergebracht ist, findet sich Moderne Architektur. Die französische Architektin Odile Decq schuf für dieses Museum einen Anbau, der in einem so starken Kontrast zum übrigen Baustil steht, dass gerade dieser ästhetische Bruch ungemein spannend wirkt.

Der US-amerikanische Stararchitekt Richard Meier gestaltete nicht nur das neue Museum für den Friedensaltar von Kaiser Augustus, den Ara Pacis, sondern auch eine katholische Kirche, die 2003 eingeweiht wurde. Beim Entwurf der Kirche Tor Tre Teste, die eigentlich Chiesa Dio Padre Misericordioso heißt, ließ sich Meier von Schiffssegeln inspirieren. Der blütenweiße Baukörper besteht aus verschiedenen Elementen, die dem ganzen Komplex eine große Leichtigkeit verleihen. Viel Licht dringt durch riesige Fensterflächen in das Innere des Gotteshauses. Es handelt sich um die mit Abstand modernste Kirche Roms. Meier knüpft mit seinem Entwurf an die interessantesten Kirchen des römischen Barock an.

Der spanische Stararchitekt Santiago Calatrava baut ebenfalls am Stadtrand neue Sportstadien, deren Fertigstellung sich aber aufgrund des römischen Schlendrians hinzieht. Das Gleiche gilt auch für das neue Kongresszentrum im Stadtteil EUR, das Massimiliano Fuksas in Form einer großen Wolke entwarf.

Infos und Adressen

SEHENSWÜRDIGKEITEN

Auditorio Parco della Musica.
Besuchenswert auch ohne Konzerte.
Viale Pietro da Coubertin, Tel.
06/80 24 11, www.auditorium.com

Chiesa Dio Padre Misericordioso.
Futuristischer Entwurf einer Kirche
von Richard Meier in Form großer
Schiffssegel. Largo Terzo Millenio 8,
Tel. 06/2 31 58 33,
www.diopadremiserocordioso.it

MACRO. Roms zweitwichtigstes
Museum für Zeitgenössische Kunst
nach dem MAXXI. Via Nizza 38,
Tel. 06/6 71 07 04 00,
www.macro.roma.museum

ESSEN UND TRINKEN
Auditorio Pardo della Musica.
Cafeteria, ideal für eine kleine Pause

Friseria. Köstlichkeiten aus Apulien.
Viele Besucher kommen im Anschluss
an die Konzerte aus dem Auditorium
hierher. Unbedingt reservieren.
Via del Vignola 1, Tel. 06/3 21 92 04,
www.lafriseria.it

Red. Schickes Trendlokal mit Happy
Hour vor den Konzerten. Viale de
Coubertin 12, Tel. 06/80 69 16 30,
www.redrestaurant.roma.it

EINKAUFEN
Libreria Notebook all'Auditorium.
Gut sortierte Buchhandlung beim
Auditorium, mit hervorragendem
Musik-CD- und DVD-Angebot. Viale
de Coubertin 30, Tel. 06/80 69 34 61,
www.notebookauditorium.it

PINCIO, TRIDENTE

37 MAXXI
Das Museum für Moderne Kunst ist selbst ein Kunstwerk

Nur wenig rechte Winkel, schiefe Fußböden und immer wieder abgerundete Wände. Das neue Museum für Kunst des 21. Jahrhunderts liegt zwar nicht im historischen Zentrum, lohnt aber unter allen Umständen einen Besuch. Das MAXXI gilt ohne Übertreibung als einer der interessantesten Museumsneubauten weltweit. Ein Meisterwerk der Stararchitektin Zaha Hadid.

Architektur erleben

Zaha Hadid konnte sich mit ihrem Entwurf nicht einfach ausbreiten wie sie wollte. Roms Stadtverwaltung wollte die Gebäude aus dem späten 19. Jahrhundert in der nächsten Umgebung nicht abreißen. Also musste sich die irakisch-britische Architektin etwas Besonderes einfallen lassen. Ihr Entwurf für das neue Museum für die Kunst des 21. Jahrhunderts, dem Museo nazionale delle arti del XXI secolo, kurz MAXXI, stellt den vielleicht eigenwilligsten und spannendsten Museumsneubau weltweit dar.

Überall finden sich abgerundete Formen. Die einzelnen Stockwerke gehen ineinander über, die Fußböden sind schräg. Der Besucher wird von der Architektur nicht »an die Hand genommen« auf seinem Weg durch die Sammlung der Kunstwerke. Vielmehr verliert er sich, soll er sich verlieren, denn, so die Architektin, die Zeitgenössische Kunst hat keinen roten Faden mehr, man verliert sich im Vielfachen und Unabwägbaren. Genau das macht dieses Museum für Besucher, die unvoreingenom-

Mitte: Fast wie ein Lilliputaner bewegt man sich zwischen den tulpenförmigen Objekten neben dem MAXXI.
Unten: Das auffällige Museo nazionale delle arti del XXI secolo wurde von der iranischen Stararchitektin Zaha Hadid entworfen.

MAXXI

men sind, zu einem großen Erlebnis. »Geht es nach diesen Räumen weiter oder nicht? War ich dort schon? Wo geht es überhaupt weiter?« Mit Fragen dieser Art setzt sich der Besucher in den Räumen, in denen auf 10 000 Quadratmeter Kunst ausgestellt wird, auseinander. Ein Kunst-Labyrinth der besonderen Art.

Desorientierung als Prinzip

Über die Porta del Popolo gelangt man in den Stadtteil Flaminio.

Der Eingangsbereich ist atemberaubend, bis zur obersten Deckenkonstruktion reicht der weißgraue Raum in die Höhe. Durchtrennt wird er von einer geschwungenen schwarzen Treppe, die sich in weitere Treppen auflöst. Das Treppengewirr desorientiert den Besucher auf anregende Weise. Hadids Idee war es, das Desorientierende der Zeitgenössischen Kunst auch in der Form des Museums wiederzugeben. Die Gegenwartskunst gibt heute keine allgemein gültigen Antworten mehr auf existentielle Fragen. Und so kann auch das Kunstmuseum kein Raum mehr sein, der klare Wege zur Kunst vorgibt.

Die Sammlung zeigt Hauptwerke von William Kentridge und Anish Kapoor, von Armin Linke, von Anselm Kiefer und anderen bedeutenden Namen. Auch Touristen, die mit Zeitgenössischer Kunst nicht viel anfangen können, sollten auf jeden Fall dieses faszinierend irritierende Gebäude besuchen, bietet es doch einen anregenden Kontrast zur Architektur der alten Römer, der Renaissance und des Barock. Zur Erholung von so viel Zeitgenössischem gibt es einen gut bestückten Museumsshop und eine minimalistisch eingerichtete Bar, die außerdem donnerstags und freitags mit dem abendlichen Aperitivo Kunstfreunde und andere Besucher anlockt. Bequem zu erreichen ist das MAXXI mit der Tram von der Piazza Flaminia aus, die hinter der Piazza del Popolo liegt.

Infos und Adressen

SEHENSWÜRDIGKEITEN

MAXXI. Roms wichtigstes Museum für zeitgenössische Kunst. Es verfügt über einen gut sortierten Museumsshop nebst Buchladen und über eine Café Bar, die freitags und samstags auch zum Aperitif geöffnet ist. Via Guido Reni 4a, Tel. 06/39 96 73 50, www.fondazionemaxxi.it

ESSEN UND TRINKEN

Annibale. Gute italienische Küche, eine der besten Trattorien in der Umgebung des MAXXI. Piazza dei Carracci 4, Tel. 06/322 38 35

Metodo Classico. Elegantes Restaurant mit ausgezeichneter Küche. Via Calderini 62/64, Tel. 06/3 24 42 62.

Pizza alla Pala. Pizza am Stück, aber hier ausgezeichnet. Nicht weit vom MAXXI entfernt. Via Guido Reni 30/a, Tel. 06/3 21 88 56.

Sgobbone. Hier hilft die ganze Familie mit, und es wird wie bei Mamma gekocht. Via dei Podesti 8, Tel. 06/3 23 29 94.

QUIRINAL MONTI

38 Trevi-Brunnen
Die berühmtesten Wasserspiele Roms **212**

39 Quirinalspalast
(Sommer-)Residenz der Päpste,
Könige, Ministerpräsidenten **214**

40 Monti
Beschaulichkeit inmitten
des Großstadtgetümmels **220**

41 Santa Maria degli Angeli
Spätwerk Michelangelos **228**

42 Santa Maria Maggiore
Beginn der Marienverehrung **230**

43 Esquilino, Domus Aurea
Ethnisches Miteinander
rund um den Hauptbahnhof **234**

44 Lateran und San Clemente
Der erste Sitz der Päpste
und religiöse Stätten übereinander **236**

45 San Lorenzo
Das ehemalige Viertel
kleiner Leute kommt in Mode **242**

QUIRINAL, MONTI

38 Trevi-Brunnen
Die berühmtesten Wasserspiele Roms

Wichtig ist, dass man am letzten Tag seines Rombesuchs eine Münze über die rechte Schulter in den barocken Brunnen wirft. Es heißt, dass man dann wieder in die Ewige Stadt zurückkommt. Der Trevi-Brunnen ist sicherlich die eindrucksvollste Anlage ihrer Art in ganz Rom. Leider auch die am besten besuchte.

La dolce vita

Unvergessen: Anita Ekberg steigt im Film *La dolce Vita* nachts in den Trevi-Brunnen. Erst bei Dunkelheit erschließt sich die ganze Schönheit dieses architektonischen Meisterwerks, das mit seinen 50 Metern Breite und 26 Metern Höhe fast die Hälfte eines rechteckigen Platzes einnimmt. Der Trevi-Brunnen wurde nicht nur mit dem eigentlichen Wasserbecken angelegt, sondern erstreckt sich über den Großteil der Fassade des Palazzo Poli. Er ist das Endstück des Aquädukts der Acqua Vergine, einer antiken Wasserleitung, die Papst Nikolaus V. im 15. Jahrhundert instand setzen ließ, um den Wasserbedarf der wachsenden Bevölkerung Roms zu befriedigen. Unter Papst Clemens XII. wurde der neue Brunnen, obwohl noch im Bau, eingeweiht. Sein Nachnachfolger Clemens XIII. ließ ihn schließlich 1762 fertigstellen.

Meeresrauschen in der Stadt

Der niedrige Wasserdruck stand der Realisation hoher Fontänen im Weg. Trotzdem gelang es Architekt Niccolo Salvi, das dramatische Meeresrauschen zu erzeugen, das noch heute jeden Besu-

Mitte: Erst in der Dämmerung erstrahlt die Fontana di Trevi in ihrer vollen Schönheit.
Unten: Alte Deckenfresken in der Halle des Hotels Domus Romana
Bild Seite 208: Tagsüber immer gut besucht: die Piazza della Fontana di Trevi

212

Trevi-Brunnen

cher fasziniert. Man hört diese typische Geräusch-kulisse schon in den Nebenstraßen. Nachts ist es ganz besonders gut zu vernehmen, so als ob sich ein Gebirgsbach mitten in der Stadt befinden würde. Salvi ließ das Wasser von verschieden hohen Sockeln so herabstürzen, dass der Betrachter den Eindruck bekommt, als würde es die Pferde des Gottes Okeanos, der auf einem Wagen steht, mitreißen. Ein Brunnen wie eine barocke Bühnen-dekoration, eingebettet in den Palazzo della Calcografia, die staatliche Kupferstichsammlung, die rechterhand des Brunnens in einer Seitengasse betreten werden kann. Die in den Brunnen geworfenen Münzen werden in der Regel einmal im Monat von der Stadtverwaltung eingesammelt und kommen karitativen Projekten zu.

Ruhestätte der Päpste

Schräg gegenüber des Brunnens erhebt sich die mit 18 Säulen wie zugestellt wirkende Fassade von Ss. Vincenzo e Anastasio. Sie wurde 1650 von Martino Longhi dem Jüngeren erbaut. Den Auftrag und die Mittel hierzu erhielt er von dem aus Italien stammenden Jules Marzarin, einem französischen Kardinal und Diplomaten. In der Kirche werden die Eingeweide zahlreicher Päpste aus dem 16. bis ins 19. Jahrhundert aufbewahrt. Vor allem Organe von Pontifexen, die im nahen Quirinalspalast starben, wurden hier beigesetzt. Die Kirche ist übrigens auch die Gemeindekirche dieser ehemaligen vatikanischen Sommerresidenz.

Ganz in der Nähe des Trevi-Brunnens befindet sich in einer Seitenstraße das nationale Pasta-Museum. Dort wird die Geschichte der Nudel nacherzählt. Nicht weit entfernt erhebt sich die Gregoriana, wie die Päpstliche Universität kurz und bündig genannt wird, eine altehrwürdige, von Jesuiten gegründete Hochschule.

Infos und Adressen

SEHENSWÜRDIGKEITEN

Fontana di Trevi. Piazza di Trevi.

Istituto Nazionale per la Grafica. Das nationale Kupferstichkabinett. Via Poli 54, Tel. 06/69 98 01, www.grafica.beniculturali.it

Museo Nazionale delle Paste Alimentari. Piazza Scanderberg 117, Tel. 06/6 99 11 20, www.museodellapasta.it

Pontificia Università Gregoriana. Die Päpstliche Universität. Piazza della Pilotta 4, Tel. 06/6 70 11.

Ss. Vincenzo e Anastasio. Vicolo dei Modelli 73, Tel. 06/6 78 30 98.

ESSEN UND TRINKEN

Gelato di San Crispino. Einer der besten Eisläden Roms! Via della Panettiera 42, Tel. 06/6 79 39 24.

Rosa. Familien-Trattoria. Vicolo Scanderberg 45, Tel. 06/6 79 38 26, www.ristorante-larosa.com

Vineria il Chianti. Weinbar mit Restaurant. Via del Lavatore 81, Tel. 06/6 78 75 50, www.vineriailchianti.com

ÜBERNACHTEN

Domus Romana. Stylisch. Via delle Quattro Fontane 113, www.domusromanahotel.com

Hotel Fontana Roma. Piazza di Trevi 96, Tel. 06/6 79 10 56, www.hotelfontana-trevi.com,

3Coins. Via dei Crociferi 26, Mobil 00 39/32 90 61 43 56, 00 39/32 81 36 50 67, www.3coinsbb.com

QUIRINAL, MONTI

39 Quirinalspalast
(Sommer-)Residenz der Päpste, Könige, Ministerpräsidenten

Ein gigantischer Palast, ein Platz mit einem umwerfenden Blick auf die Stadt, prächtige Pferdeställe, eine originelle Kirche und ein Museum, das unverständlicherweise wenig besucht wird, und das, obwohl es eine der weltweit wichtigsten Pinakotheken beherbergt.

Die Queen hat einen wesentlich kleineren Hofstaat als Italiens Staatspräsident. Er residiert im Quirinalspalast, der größer ist als Buckingham Palace – ganz zu schweigen vom Personal. Rund doppelt so viele Angestellte wie im britischen Königshaus, Diener, Uhrenaufzieher, Gärtner, Soldaten, Köche etc. schieben in der ehemaligen Sommerresidenz der Päpste auf dem Quirinalshügel Dienst. Ein Schloss mitten in der Stadt, auch wenn es auf den ersten Blick nicht so gewaltig wirkt. Denn wenn man vor der Anlage steht, bekommt man nicht den richtigen Eindruck von den wahren Ausmaßen. Dafür muss man sich an den Beginn der Via del Quirinale stellen. Unglaublich lang zieht sich die spartanisch gestaltete Fassade diese Straße entlang. Sie nimmt eine Längsseite der Palastanlage ein, zu der einer der schönsten Parks Roms gehört – leider nicht öffentlich zugänglich, wie fast die gesamte Anlage.

Wechselnde Hausherrn

Zu Goethes Zeiten war das anders. Der Dichter schildert in seiner *Italienischen Reise* einen Empfang bei Papst Pius VI. im Quirinalspalast, zu dem jeder, der wollte, kommen durfte. Die prächtigen Renaissance- und Barocksäle, in denen zunächst – im Sommer – die Päpste residierten, dann, nach

Mitte: Am Quirinalspalast vorbei zieht der traditionell gekleidete Umzug zum Jubiläum der Hauptstadt.
Unten: Die Porta Pia wurde nach Entwürfen von Michelangelo gebaut.

Quirinalspalast

der italienischen Staatseinigung, 1870 die italienischen Könige und schließlich seit Kriegsende die Staatspräsidenten, bleiben fast allesamt verschlossen.

Nur an bestimmten Tagen des Jahres darf man in einen kleinen, viel zu kleinen, Teil der riesigen Anlage hinein. Man sollte sich auf der Webpräsenz des Quirinalspalastes nach diesen Tagen der Offenen Tür erkundigen, denn im Inneren des Palastes gibt es wirklich Sehenswertes. Verschiedene Säle wurden von Malern wie Giovanni Lanfranco, Guido Reni und Pietro da Cortona ausgemalt. Ganz zu schweigen von den kostbaren Möbeln und Gemälden u.a. von Lorenzo Lotto, Claude Lorrain und Botticelli.

Monte Cavallo

Der Quirinal ist mit seinen 61 Metern der höchste Hügel Roms. Von der Piazza del Quirinale aus geht der Blick über Kuppeln und Dächer bis zum Petersdom. Der Legende nach lebte hier das Volk der Sabiner, die sich im 8. Jahrhundert v. Chr. mit den auf dem Palatinhügel lebenden Römern verbündeten. Im alten Rom stand hier der Tempel für den Gott Quirinus, und wer Geld hatte, ließ sich auf diesem Hügel, auf dem wesentlich bessere Luft zu atmen war als unten im heißen Tal, eine Villa mit Garten errichten.

Im Mittelalter lebte hier fast niemand mehr. Da man große und sehr gut erhaltene Pferdeskulpturen der Antike im Erdreich fand, nannte man den Hügel auch Monte Cavallo, Pferdeberg. 1588 stellte man diese Pferde gemeinsam mit den beiden antiken Skulpturen der Rossbändiger Castor und Pollux auf der Piazza del Quirinale auf einem Sockel – prächtige Kunstwerke, die noch heute den Platz zieren. Inschriften zufolge stammen sie von

AUTORENTIPP!

PALAZZO BARBERINI
Als aus Maffeo Barberini 1623 Papst Urban VIII. wurde, mangelte es der Adelssippe an einem standesgemäßen Palazzo. Damit beauftragte man Carlo Maderno, der mit dem Palazzo Barberini einen klassischen Palast in der für Rom typischen Blockform mit großen Fenstern entwarf. In diesem großen Bauwerk ist heute in rund 40 Sälen die Nationalgalerie für Alte Kunst untergebracht. Erst Anfang 2011 wurde die Ausstellungsfläche vergrößert. Im größten Saal schuf Pietro da Cortona mit dem *Triumph der göttlichen Vorsehung* eines der eindrucksvollsten Deckengemälde des italienischen Barock. Die Sammlung der Nationalgalerie bietet Meisterwerke der italienischen und europäischen Malerei, Hauptwerke von Bronzino und Lotto, von Raffael und El Greco, von Caravaggio und anderen Malern. Zauberhaft ist die barocke Wendeltreppe im rechten Eingangstor. Das Museum ist erst 2011 komplett restauriert worden.

Galleria Nazionale d'Arte Antica Palazzo Barberini.
Via delle Quattro Fontane 13,
Tel. 06/482 31 94, www.galleriabar berini.beniculturali.it

215

QUIRINAL, MONTI

AUTORENTIPP!

KOSTBARE PRIVATE GEMÄLDESAMMLUNG

An der Piazza del Quirinale, rechts vom Palazzo della Consulta, erhebt sich, leicht von der Via XXIV Magiio zurückversetzt, der Palazzo Pallavicini Rospigliosi. Das Gebäude wirkt von außen nicht besonders prächtig, sondern nur groß. In seinem Inneren jedoch befindet sich eine der weltweit reichsten Privatsammlungen von Renaissance- und Barockmalerei. Die Familie Pallavinini-Rospigliosi besitzt eine schier unschätzbare Sammlung mit Hauptwerken von van Dyke, Lotto, Signorelli, Rubens, Velazques, Bassano, Botticelli und vielen anderen. Diese Bilder hängen in Sälen, die komplett mit kostbarsten Möbeln eingerichtet sind. Die Gemäldesammlung umfasst über 500 Kunstwerke. Der Palazzo ist nicht öffentlich zugänglich, Kunstfreunde können sich aber mit entsprechendem Zeitvorlauf an die Palastverwaltung wenden und auf das seltene Glück hoffen, eingelassen zu werden.

Palazzo Pallavicini Rospogliosi. Via XXIV Maggio 43, Tel. 06/83 46 70 00, www.casinoaurorapallavicini.it

Hausfassade an der Piazza della Repubblica

den beiden wohl berühmtesten Bildhauern der Antike, von Praxiteles und Phidias. Zur Skulpturengruppe gehört eine marmorne Brunnenschale, die auf dem Forum Romanum als Pferdetränke diente.

Im 16. Jahrhundert entdeckte die Familie Este die frische Luft des Hügels für sich und ließ einen ersten Palast mit Garten anlegen. Papst Gregor XIII. kaufte im 16. Jahrhundert das ganze Gebiet und ließ sich von den Meisterarchitekten Gian Lorenzo Bernini und Carlo Maderna den heutigen Palast errichten. Vom Balkon über dem Eingangsportal segneten die Päpste das Volk.

1848, als auch in Rom eine Revolution für Angst und Schrecken unter den konservativen Traditionalisten sorgte, wurde der Papst im Quirinalspalast gefangen gesetzt und die demokratischen Revolutionäre hielten hier fortan ihr Parlament ab. Nach nur einem Jahr war der revolutionäre Spuk vorbei und der Papst kehrte triumphierend in seine Sommerresidenz zurück. Links gegenüber dem Palazzo des Staatspräsidenten hat der Verfassungsgerichtshof im Palazzo della Consulta, einem barocken Palast im norditalienischen Baustil, seinen Sitz. Rechts davon waren die päpstlichen Pferde in den sogenannten Scuderie – eher Palast als Pferdeställe – untergebracht. Heute finden in dem umgebauten Gebäude beachtenswerte Kunstausstellungen statt.

Sant'Andrea al Quirinale

Von der Piazza del Quirinale aus erreicht man gleich zu Beginn der Via del Quirinale die Kirche S. Andrea al Quirinale, die besonders für Hochzeiten beliebt ist. Bernini schuf mit diesem Rundbau ein Barockmeisterwerk, dessen Inneres durch farbenprächtige, kostbaren Marmorarbeiten besticht.

Quirinalspalast

Leider ist dieses Gotteshaus nicht immer geöffnet – wenn doch, dann unbedingt schnell hineinschauen. Es lohnt sich. Vorbei an der schlichten, schier unendlich langen Seitenfassade des Quirinalpalastes erreicht man das Quadrivio delle Quattro Fontane. Eine zauberhafte Kreuzung, deren ganze architektonische Schönheit man vor allem nachts genießen kann, wenn der Autolärm nicht mehr so unerträglich ist. Die Gestaltung der Gebäude dieser Kreuzung geht auf das 16. Jahrhundert zurück. In jeder der vier Hausecknischen ziert je ein Brunnen mit Skulpturen das Ensemble. Leider sind alle vier Anlagen, die den Tiber, den Arno, die Diana und den Juno darstellen sollen, wegen der an diesem viel befahrenen Ort besonders dichten Autoabgase recht angedunkelt.

Wegweisende Barockarchitektur

An einer der Ecken dieser Kreuzung steht San Carlo alle Quattro Fontane, eines der Hauptwerke von Baumeister Francesco Borromini, mit dessen Bau 1637 begonnen wurde. Auch wenn es unbequem ist – man muss sich auf dem gegenüberliegenden Bürgersteig ganz nach hinten beugen, um die wegweisende Fassade dieser Kirche zu genießen. Bei seinem letzten Werk spielte Borromini, der größte Konkurrent Berninis, mit verschiedenen Architekturformen, um eine geschwungene Konstruktion von atemberaubender Schönheit zu verwirklichen.

Er trieb bei der Gestaltung dieser Kirchenfront den für ihn typischen Wechsel zwischen konvexen und konkaven Formen zur Spitze. Fast gibt es keine geraden Linien, die einzelnen Elemente der Fassade scheinen vor- und zurückzuschwingen. Die eigentliche Kirche des Theatinerordens ist eher klein. Mehr Baugrund hatte dieser Orden nicht zur Verfügung, also baute Borromini in die Höhe.

Oben: Es ist kein Sehfehler, die Kuppel von Sant'Andrea al Quirinale ist wirklich stark elliptisch.
Unten: Kuppel und Hauptaltar von San Carlo alle Quattro Fontane

Auch im Inneren bestechen Kurven und das Fehlen gerader Linien und scharfer Ecken. Ganz im Gegensatz zu den rational gestalteten Räumen von Renaissancekirchen scheint hier der Raum zu schwingen. Man fühlt sich wie vor dem Bühnenbild einer Barockoper. Drinnen herrscht eine herrliche Stille, das ständige Brausen der Autos wirkt nur noch wie ein böser Traum.

Oben: Pfeilgerade läuft die Via Nazionale auf »Il Vittoriano« zu.
Unten: Offiziell heißt er Fontana dell'Acqua Felice, doch dem Volk war Fontana del Mosè lieber.

MAL EHRLICH

WIE EIN REGENT

Da haben die Italiener einen so riesigen Palazzo wie den Quirinale, mit prachtvollen Sälen, eingerichtet mit kostbaren Renaissance- und Barockmöbel und reich bestückt mit ausgewählten Kunstwerken sowie einem fantastischen Park – und niemand darf hinein! Ja gut, dann und wann ist es erlaubt, aber der Staatspräsident muss doch nicht alle Räume bewohnen. Italiens Staatskassen sind so leer, dass man doch Eintritt verlangen könnte, um Palazzo und Park zu besichtigen, und würde so ein wenig Geld für Restaurierungsmaßnahmen einnehmen – scharrenweise würden Kunstfreunde dafür Schlange stehen. Aber nein, der Staatspräsident hat Vorrang. Da ist sogar die Queen demokratischer. Wenn sie im Urlaub ist, dürfen zahlende Besucher in den Buckingham Palace.

Infos und Adressen

SEHENSWÜRDIGKEITEN

Concerti alla Cappella Paolina. Jeden So von Oktober bis Juni finden in der Renaissancekapelle des Quirinalspalastes klassische Konzerte statt. www.quirinale.it

Palazzo del Quirinale. Sitz des italienischen Staatspräsidenten. Auf Anfrage können bestimmte Räumlichkeiten besichtigt werden. Piazza del Quirinale, www.quirinale.it

San Carlo alle Quattro Fontane. Ein beeindruckendes Meisterwerk des Barockarchitekten Borromini. Via del Quirinale 23, Tel. 06/4 88 31 09, www.sancarlino-borromini.it

Sant'Andrea al Quirinale. Runde Barockkirche vom Meisterarchitekten Gian Lorenzo Bernini, direkt beim Quirinalspalast. Via del Quirinale 29, Tel. 06/4 74 48 01.

Scuderie del Quirinale. Wichtige Wechselausstellungen, die zu den besten Roms gehören. Drinnen gibt es ein gläsernes Treppenhaus, das den Blick auf ganz Rom freigibt. Piazza del Quirinale, www.scuderiequirinale.it

Wo einst Maria Callas nächtigte: Suite im Hotel Quirinale

ESSEN UND TRINKEN

Rinaldi al Quirinale. Ausgezeichnete italienische Küche. Via Parma 11/a, Tel. 06/47 82 51 71, Mobil 00 39/33 13 43 85 11, www.rinaldialquirinale.com

ÜBERNACHTEN

Hotel Quirinale. Klassischer Komfort und ein grüner Innenhof. Via Nazionale 7, Tel. 06/47 07, www.hotelquirinale.it

Villa Spalletti Trivelli. Eine Villa aus den 30er-Jahren, umgebaut als exklusives kleines Luxushotel mit fantastischer Spa. Via Piacenza 4, Tel. 06/48 90 79 34, 06/48 93 01 06, www.villaspalletti.it

Blick vom Vittoriano in Richtung Quirinalspalast

Mitte: Das Herz des Viertels. Auf der Piazza Madonna dei Monti pulsiert das »Dorfleben«.
Unten: Hinter viel grünem Efeu versteckt sich der Glaswarenladen B&B. Wo doch Glas selbst schon schwer sichtbar ist.

220

QUIRINAL, MONTI

40 Monti
Beschaulichkeit inmitten des Großstadtgetümmels

Ein Dorf mitten in Rom. Das ist Monti, das letzte Viertel im historischen Zentrum, das noch nicht Opfer des Massentourismus geworden ist, wo es noch behäbig und ruhig zugeht, wo man noch Entdeckungen machen kann, wo es wunderbare kleine Gassen, Boutiquen, Feinschmeckerlokale und einladende Weinbars gibt.

Dorf in der Metropole

Ein Aperitif auf »la Piazza«. So nennen die Einwohner von Monti die Piazza della Madonna dei Monti. Ein langer Name, aber wenn man sich verabredet sagt man nur »la Piazza«. Kein spektakulärer Platz mit Barockpalästen oder Renaissancekirche. Ja, es gibt eine große Barockkirche, aber die hat eine Fassade, die sich einer Straße um die Ecke zuwendet. Von der Piazza aus sieht man lediglich die Seitansicht der Kirche, eine eher hässliche Fassade aus dem 19. Jahrhundert. Direkt an der Piazza erhebt sich nur eine russische-katholische Kapelle, die kunsthistorisch nicht viel hergibt.

Umstellt ist »la Piazza« von Wohnhäusern aus dem 17. und 18. Jahrhundert. Es gibt einen Zeitungskiosk und einen barocken Brunnen, zu dem einige Stufen hinaufführen, wie geschaffen um als Sitzbänke zu dienen. Das gleiche gilt auch für die Brüstung des Brunnens. Je später die Stunde, umso mehr Menschen sitzen hier zusammen. Und es gibt ein Café, das abends zu einer schicken Bar wird, in der man kleine Häppchen essen kann. Hier treffen sich vor allem Künstler und Designer, Freiberufler aller Art, Studenten und Journalisten

Monti

– bei denen ist das Viertel ganz besonders beliebt. Monti ist eine Art Dorf innerhalb der Großstadt. Hier geht es ruhiger als im übrigen Rom zu. Sogar die römischen Autoraser fahren hier langsamer, und man kann sogar auf den Straßen spazieren gehen, ohne Gefahr zu laufen unter die Räder zu geraten.

Eigener Dialekt

Dieser Stadtteil ist ein großflächiges Viertel, Teile des Esquilinhügels, das Kolosseum und die große, frühchristliche Marienkirche Santa Maria Maggiore gehören dazu. Es liegt zwischen den Hügeln Quirinale, Esquilino, Viminale und Celio. Im Wappen des Rione Monti – ein Rione ist der römische Name für ein Stadtviertel innerhalb der antiken Mauern – sind drei Hügel zu sehen. Monti steht für Berge, ein großspuriges Worte für die Hügel der Innenstadt. Das mit am längsten besiedelte Gebiet Roms hieß im Altertum Suburra. Hier lebten vor allem einfache Leute, darunter viele Huren und Buchmacher – oder genauer »Schreiber von Papyri«. Bis heute spricht man in Monti sogar einen eigenen römischen Dialekt, auf den man besonders stolz ist. Das übrige Rom? »Das liegt weit weg«, sagen die alten Einheimischen.

Harmonisches Miteinander

Noch heute trifft man hier häufig auf käufliche Damen. Seit Jahrhunderten empfangen sie ihre Kunden in ihren Erdgeschoss- oder Kellerwohnungen. Auch wenn Roms Bürgermeister immer wieder gegen Prostituierte wettern, das horizontale Gewerbe in Italien streng verboten ist, halten sich die Damen doch in Monti, in vielen Fällen mit dem Segen ihrer Nachbarn. Man lebt in bestem Einvernehmen miteinander. Das kann man auf der »la Piazza« miterleben. Da bummeln über den

AUTORENTIPP!

PIZZERIA AUS DEM 19. JAHRHUNDERT

Roms schönste Pizzeria liegt in der Via Genova. Sie existiert seit 1888, ihre Einrichtung ist etwas jünger und stammt aus dem frühen 20. Jahrhundert. Viel Holz und Dekorationen, aus dem Penis eines leicht dickbäuchigen Fauns sprudelt am Tresen Trinkwasser. Hier werden die Pizzen in Kupferpfannen gebacken, was ihnen einen intensiven Geschmack verleiht. Man kann auch draußen sitzen, doch ich persönlich finde den ersten Saal beim Eingang viel schöner. Er strahlt die Atmosphäre vergangener Zeiten aus. Zur Pizza gibt es einfachen Landwein aus dem Fass oder Bier. Ein einfaches Lokal in Familienbesitz. Eine Traditionsadresse in Rom, wo man unbedingt reservieren muss.

Antica Pizzeria Fratelli Ricci Est! Est! Est!
Via Genova 32, Tel. 06/4 88 11 07, www.anticapizzeriarricciroma.com

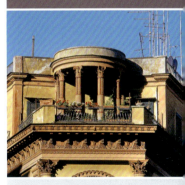

Auf dieser Dachterrasse in der Via Cavour lässt sich herrlich frühstücken.

221

AUTORENTIPP!

MOSES-SKULPTUR
Man muss die Via Cavour hinter sich lassen und eine uralte Treppe hinaufsteigen. Hinter der eher bescheidenen Fassade der im 5. Jahrhundert errichteten Basilika verbirgt sich ein absolutes Meisterwerk der Kunstgeschichte. Michelangelo sollte für den 1513 verstorbenen Papst Julius II. ein gigantisches Grabmal schaffen. Nur ein Teil davon wurde fertig. Dieses Grabmal nimmt einen Teil einer Seitenwand des Kirchenschiffes ein und wird von der Skulptur des Moses dominiert. Ein marmorner Muskelprotz von so harmonischen Körperproportionen und so sorgfältiger Präzision von Haut, Muskel, Knochen und Adern, dass es dem Besucher den Atem verschlägt.

San Pietro in Vincoli.
Piazza di San Pietro in Vincoli 4a,
Tel. 06/97 84 4952,

QUIRINAL, MONTI

Platz aufgetakelte und drastisch geschminkte »puttane«, wie man Huren im Volksmund nennt, und »mamme« mit Kindern und Einkaufstaschen, da nippt ein Maler an seinem Getränk und ein bekannter Schriftsteller trifft sich mit Freunden nach einer Vernissage in einer der zahlreichen Galerien, da kommen »nonne«, Großmütter, mit ihren Enkelkindern zum Spielen ... »la Piazza« ist das beste Spiegelbild eines Stadtviertels, das noch als solches funktioniert und noch nicht zu einer Touristenkulisse verkommen ist.

Seit einiger Zeit weht allerdings ein neuer Wind durch die schmalen Gassen. Sushi-Lokale und Läden mit biodynamischem Gemüse, Pizza al taglio, also am Stück, und schnieke Modegeschäfte, aber von lokalen Modemachern. Die großen Marken findet man in Monti zum Glück noch nicht.

Ein Rundgang sollte mit einem Cappuccino an »la Piazza« begonnen werden. Zunächst geht es in die Kirche Madonna dei Monti, ein Hauptwerk von Renaissancearchitekt Giacomo della Porta. Die Fassade erinnert in ihrer Eleganz an Il Gesù. La Madonna, wie sie von den »Monticiano« genannt wird, ist die Hauptkirche des Viertels. Die Gemälde und Fresken im Inneren, überwiegend aus dem 16. und 17. Jahrhundert, stammen von Künstlern der Römischen Schule. Die Madonna dei Monti hat ihren Haupteingang in der gleichnamigen Straße.

Schon in der Antike führte sie direkt zu den Foren von Kaiser Nerva und Augustus, heute ist sie eine Straße voller einladender Lokale. Im »Faffiuche«, einem kleinen unprätentiösen Restaurant, wird ein ungewöhnlicher Mix aus piemontesischen und kalabresischen Spezialitäten serviert. In der direkten Nachbarschaft kann man sich an heißen Tagen in der Eisbar – alles ist wirklich aus Eis – erfrischen. Eine Adresse für Feinschmecker ist die »Taverna

Rundgang

In der Antike wohnten in diesem Viertel die ärmeren Leute. Heute wird Monti immer schicker. Maler und Sänger, Schriftsteller und viel Schickeria lassen sich hier zunehmend nieder. Das Viertel ist trotzdem noch nicht mondän geworden und bietet viele originelle Boutiquen, Geschäfte und Lokale.

Ⓐ Piazza della Madonna di Monti – Hauptplatz des Viertels mit Brunnen und vielen jungen Leuten

Ⓑ Madonna dei Monti – Renaissancekirche von dem Architektenstar Giacomo della Porta

Ⓒ Ss. Quirico e Giulietta – frühchristliche Kirche mit Krippenmuseum

Ⓓ Via Tor de Conti – Antike Straße mit altrömischer Brandschutzmauer, um die Kaiserforen von der Suburra, wie das Viertel damals hieß, zu trennen

Ⓔ Mercati di Traiano – antikes Shoppingcenter von Kaiser Trajan, eine der faszinierendsten Ruinen Roms

Ⓕ Via Panisperna – schnurgerade antike Straße mit vielen Lokalen, Weinbars und Shops

Ⓖ Via dei Serpenti – eine andere antike Straße, auch sie kerzengerade, mit einladenden Adressen zum Essen, Trinken und Einkaufen

Links: Kalabresische Spezialitäten im Fafiuchè
Rechts: Einrichtungsladen Nora P.

QUIRINAL, MONTI

dei Fori Imperiali«, eines der letzten noch komplett von einer Familie geführten Lokale Roms. Gekocht wird deftig-römisch, sehr zu empfehlen.

Antike Brandschutzmauer

Am Ende der Straße geht es nach rechts, in die Via di Tor de'Conti. Die Kirche Ss. Quico e Giulietta steht schon seit dem 8. Jahrhundert, ihre Fassade ist aber ein Werk des 18. Jahrhunderts. Zur Kirche gehört ein kleines aber feines Krippenmuseum. Der romanische Kirchturm grenzt direkt an das Hotel Forum, eine klassische Herberge mit einer tollen Aussichtsterrasse, auf der sich ein elegantes Restaurant befindet mit Blick auf den Palatinhügel und das Forum Romanum.

Die Via di Tor de'Conti ist von den Foren des Nerva und des Augustus durch eine hohe Mauer getrennt. Um diese Anlagen von dem volkstümlichen Viertel der Suburra zu trennen, wo es immer wieder zu Feuerbrünsten kam, errichtete man eine Brandschutzmauer aus Steinblöcken. Eine gut gemachte Mauer, denn auch nach Jahrhunderten steht sie immer noch und beeindruckt ungemein. Die Nerva- und Augustusforen sind durch Eingänge in der Mauer zu sehen: gigantische Säulen, die auf dem Boden liegen. Übrigens soll Kaiser Nerva immer wieder unerkannt durch die Suburra spaziert sein, um herauszufinden, was das einfache Volk über ihn denkt.

Ritter vom Malteserorden

An der Piazza del Grillo steht der gleichnamige Palazzo, ein Palast aus dem frühen 18. Jahrhundert und eine der begehrtesten und teuersten Adressen ganz Roms. Wer hier lebt, hat, vor allem in den oberen Stockwerken, einen atemberaubenden Blick auf das Kapitol, das Forum Romanum und den Palatin. Ein paar Meter weiter haben sich

Oben: Kaum mehr wie ein Fenster breit endet hier das Gebäude in der Via Panisperna.
Mitte: Gut restaurierte Fiat 500 sieht man wieder öfter.
Unten: Die Brandschutzmauer in der Via di Tor de'Conti

Monti

im Mittelalter die späteren Ritter vom Malteserorden in antiken Ruinen eingerichtet. Ihr Ordenssitz verfügt über eine Renaissanceterrasse mit einer beneidenswerten Aussicht. Leider ist der Sitz der Malteser in der Regel nicht zu besichtigen, nur an manchen Tagen im Jahr lassen die Ritter Besucher in ihre schmucke Kapelle.

Die Foren des Augustus gehen in die Trajanischen Märkte über. Kaiser Hadrian ließ die halbrunden, mehrstöckigen Gebäude errichten, um darin Händler aller Art unterzubringen. Dieses antike Gebäude ist eines der beeindruckendsten in ganz Rom und blieb erstaunlich gut erhalten, weil es im Mittelalter als Kloster diente. Heute werden hier Kunstausstellungen gezeigt. Der Besucher bekommt bestenfalls noch beim Kolosseum einen ähnlich starken Eindruck davon, wie perfekt römische Gebäude errichtet und konzipiert waren.

Durch die Via Panisperna geht es weiter, vorbei an den Gärten der Villa Aldobrandini, die leider leicht heruntergekommen sind, zur Kirche Ss. Domenico e Sisto, ebenfalls im 16. Jahrhundert von Giacomo della Porta errichtet. Der erste Altar rechts im Inneren ist ein Werk von Gian Lorenzo Bernini, dem Meister der Kolonnaden des Petersplatzes. Die Via Panisperna ist eine schnurgerade Straße, an deren Ende die Kirche Santa Maria Maggiore in die Höhe ragt. Ihr Name geht auf einen Tempel zurück, der sich hier erhob und auf ein Fest, bei dem Brot, »panis«, und Schinken, »perna«, gegessen wurde.

Die ebenfalls an der Straße gelegene Kirche San Bernardini di Siena ist von außen eher schlicht, in ihrem ovalen Inneren dagegen sehr elegant. Von der Via Panisperna mit ihren kleinen Lokalen und Restaurants geht die Via dei Serpenti ab, auch sie eine antike Verbindung zwischen den Hügeln Quirinal und Viminal. Die lebendige schnurgerade

AUTORENTIPP!

RICCARDO MUTI
Roms Staatsoper genießt seit einiger Zeit ein immer besseres Ansehen. Sie ist bekannt für ihre ausgezeichneten Aufführungen klassischer italienischer Opern. Künstlerischer Co-Direktor ist der Stardirigent Riccardo Muti, der immer wieder auch selbst dirigiert.
Berühmt ist dieses Haus, das eine eher hässliche faschistische Fassade hat, aber mit einem riesigen Innenraum aus der Zeit des späten 19. Jahrhunderts brilliert, für seine ausgezeichneten Ballettaufführungen. Musik- und Tanzliebhaber sollten deshalb unbedingt auf die Programmankündigungen achten. Im August organisiert das Opernhaus Freiluftaufführungen in den eindrucksvollen Caracalla-Thermen.

Teatro dell'Opera di Roma.
Piazza Beniamino Gigli 7,
Tel. 06/48 16 01, www.operaroma.it

Büste im Park bei der
Villa Aldobrandini

QUIRINAL, MONTI

Straße, an deren Ende das Kolosseum zu sehen ist, lockt mit zahlreichen Tante-Emma-Läden, Gastro-Shops und Lokalen. Die Via dei Serpenti streift übrigens auch die anfangs beschriebene »la Piazza«.

Bars und Lokale, Galerien und andere kleine Geschäfte finden sich zuhauf in der Via Leonina, die direkt hinter »la Piazza« links abgeht. Die Via Leonina geht in die Via Urbana ab, wo das Lokal »Trattoria Suburra« echte römische Gerichte in einfacher Umgebung bietet – ganz wie bei Mamma daheim. Unbedingt zu empfehlen ist ein Spaziergang in dem Straßen- und Gassengewirr zwischen der Via Urbana und der Via Panisperna. Kleine Straßen mit historischen und poetischen Namen, in denen einfache Wohnhäuser aus verschiedenen Jahrhunderten stehen. So heißt die Via del Boschetto deswegen »Straße des Wäldchens«, weil sich hier in der Antike ein heiliger Hain befand. Bäume gibt es hier zwar keine mehr, dafür aber hübsche Geschäfte und Lokale wie die Trattoria »Asino d'Oro«: traditionelle Gerichte, neu interpretiert mit einem ganz besonderen Kick.

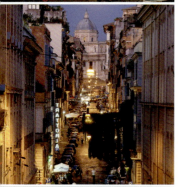

Oben: Die barocke Fassade von Santi Domenico e Sisto
Unten: Am Ende der Via Panisperna kommt man direkt zur Santa Maria Maggiore.

MAL EHRLICH

MONTI STATT TRASTEVERE
Noch ist Monti nicht so touristisch wie Trastevere mit seinen zahllosen Nippesläden und Kneipen, die sich alle ähneln. Trastevere ist in den letzten Jahren zu einem Jahrmarkt geworden, mit Allerweltsgeschäften, wie man sie überall finden kann. Einst war Trastevere das Künstler- und Alternativviertel von Rom, zuvor eine Gegend, in der die kleinen Leute lebten. Dann wurde es immer schicker und teurer, dort zu leben, und alle Reiseführer betonten immer wieder, dass Trastevere zauberhaft sei. Das stimmt für die Architektur und Kunst des Viertels, aber es ist zu oft zu voll, zu überlaufen und zu laut. In Monti ist das noch nicht der Fall.

Infos und Adressen

Monti

SEHENSWÜRDIGKEITEN

Foro di Nerva. Piazza del Grillo 1.

Santa Madonna dei Monti. Barocke Hauptkirche des Viertels. Via della Madonna die Monti 84, Tel. 06/6 97 61 61.

Santa Maria Maggiore. Piazza di Santa Maria Maggiore, Tel. 06/48 31 95, www.sanvito-roma.it

Santa Prassede. Wunderbare frühchristliche Mosaiken. Via Santa Prassede 9a, Tel. 06/4 88 24 56.

Ss Quirico e Giulietta. Via di Tor de'Conti 31, Tel. 06/8 69 09 45.

Villa Aldobrandini. Herrlich stiller Garten. Via Mazzarino 1, Tel. 06/6 78 78 64.

ESSEN UND TRINKEN

Al vino al vino. Sehr beliebte Weinbar. Via dei Serpenti 19, Tel. 06/48 58 03.

Barrique. Fantastische Weinauswahl. Via del Boschetto 41b, Tel. 06/47 82 59 53.

Ciuri Ciuri. Kuchen und Eis aus Sizilien. Via Leonina 18/20, Tel. 06/45 44 45 48.

Fafiuchè. Kalabresische und piemontesische Küche. Via Madonna die Monti 28, Tel. 06/6 99 09 68, www.fafiuche.it

L'Asino d'Oro. Kreative italienische Küche, bei gutem Wetter draußen sitzen. Via del Boschetto 73, Tel. 06/48 91 38 32, www.lasinodororoma.it

Osteria della Suburra. Einfache, typisch römische und preiswerte Gerichte. Via Urbana 67, Tel. 06/48 65 31, www.osteriadellasuburra.com

Perdingianu & Croccoriga. Sardische Küche vom Feinsten. Vicolo die Serpenti 8, Tel. 06/4 88 47 13, www.perdingianucroccoriga.com

Taverna dei Fori Imperiali. Eines der letzten echten Familienrestaurants, hier wird römisch gekocht, unbedingt reservieren. Via della Madonna dei Monti 9, Tel. 06/6 79 86 43, www.latavernadeiforiimperiali.com

ÜBERNACHTEN

Forum. Komfortables Haus mit Dachterrasse. Via Tor de' Conti 25, Tel. 06/6792446, www.hotelforum.com

Palazzetto degli Artisti. Schickes B&B mit allem Komfort, sehr ruhig gelegen. Via della Madonna dei Monti 108, Tel. 06/69 92 49 31, www.palazzettodegliartisti.it

EINKAUFEN

Atelier Monti. Design für daheim. Via Panisperna 42, Tel. 06/47 82 43 14, www.ateliermonti.com

B&B. Edelste Glaswaren. Via Madonna die Monti 62, Tel. 06/85 30 06 35, www.bboggettidarte.com

C.A.M.. Ausgefallene Damenmode. Via del Boschetto 76, Tel. 06/48 90 71 75, www.myspace.com/classeartigianamonti

Creje. Traditionslederwaren. Via del Boschetto 5a, Tel. 06/48 90 52 27

Delizie di Calabria. Kalabresische Spezialitäten. Via dei Serpenti 20, Tel. 06/48 49 80.

Lamps 60. Lampen-Modernariat. Via Palermo 15, Tel. 06/83 60 49 62, www.lamps60.com

Leopardessa. Extravagante Mode. Via Panispera 226, Tel. 06/45 43 54 76, www.jessicaharris.net

Milk bar. Alles für Mütterherzen. Via San Martii au Monti 34, Tel. 06/97 27 64 18, www.themilkbar.it

Nora P.. Einrichtungsgegenstände. Via Panisperna 220, Tel. 06/45 47 37 38, www.nora-p.com

Wunderkammer. Design. Via del Boschetto 130, Tel. 06/47 82 32 42, www.wunderkammer-roma.it

QUIRINAL, MONTI

41 Santa Maria degli Angeli
Spätwerk Michelangelos

Von draußen sieht sie aus wie eine Kirche, die in eine Ruine gebaut wurde. Eine ganz besondere Ruine, denn Michelangelo gestaltete dieses Gotteshaus in den gigantischen Resten einer der größten Thermenanlagen der Geschichte.

Auf der Piazza della Repubblica sprudelt ein Brunnen seine Fontäne in die Höhe. Hier befand sich der Mittelpunkt der antiken Diokletiansthermen, 376 mal 361 Meter groß. Der Platz ist ihren Ausmaßen nachgebildet worden. In einem Teil dieser Therme ließen sich im 16. Jahrhundert Karthäusermönche nieder und richteten ein Kloster ein. Der Rest des immensen Gebäudes wurde zum Bau von Kirchen und Palästen genutzt.

Mitte: Der gewaltige Innenraum der Santa Maria degli Angeli
Unten: Engelsfigur mit Weihwasserbecken in der Kirche

Mit 86 Jahren erhielt Michelangelo von Pius IV. den Auftrag, aus der Ruine eine prächtige Kirche zu machen. Dem Renaissancegenie gelang es, dieses Gotteshaus in die noch erhaltenen Säle der Badeanlage zu integrieren. So entstand ein Bauwerk von atemberaubender Größe und Schönheit, wie es nur in Rom zu finden ist. Der Besucher betritt zunächst eine Vorhalle, die schon in der Antike als Durchgangsraum diente. Das Kirchenschiff baute Michelangelo in den fast komplett erhaltenen Kaltbaderaum der antiken Therme. Um die aus dem Erdreich aufsteigende Feuchtigkeit in den Griff zu bekommen, hob Michelangelo den Fußboden zwei Meter an, sodass die Basen der monumentalen Granitsäulen darunter verschwanden. Die Vielzahl gigantischer Säulen, die hohen Fenster und die Gewölbedecken erlauben es dem Besucher – besser als in jeder 3-D-Simulation – sich

Santa Maria degli Angeli

vorzustellen, wie es in einer antiken Thermenanlage aussah. Der Umstand, dass nahezu der gesamte Fußboden nicht mit Sitzbänken zugestellt wurde, verstärkt den Eindruck dieses gewaltigen Raums.

Museo Nazionale Romano

1889 wurde in dem ehemaligen Kloster das Römische Nationalmuseum eingerichtet. Heute befinden sich die wichtigsten antiken Fundstücke schräg gegenüber im Museo Nazionale Romano, der bedeutendsten Sammlung Roms für antike Kunst. Lebensecht wirkende Skulpturen, Charakterköpfe antiker Kaiser und Matronen, Reliefs und Mosaiken von schier unbeschreiblicher Schönheit sowie ganze Säle, deren Wände mit Malereien ausgeschmückt und im Museum nachgebaut wurden, vermitteln einen unvergesslichen Eindruck von der Kunstfertigkeit und Lebenslust der alten Römer.

Einer dieser komplett bemalten und rekonstruierten Räume zeigt einen Garten mit Obstbäumen, mit verschiedenen Blumen, mit Vögeln und anderen Tieren. Der Raum gehörte zu einem Haus der Livia, Gattin des Kaisers Augustus, und ist in seiner ganzen Schönheit wie durch ein Wunder erhalten geblieben. Erst 1863 wurden die Wandmalereien wiedergefunden.

Das Museo Nazionale Romano war Michelangelos Kloster.

Infos und Adressen

SEHENSWÜRDIGKEITEN

Museo Nazionale Romano. Largo di Villa Peretti 1, Tel. 06/39 96 77 00, www.archeorm.arti.beniculturali.it

Santa Maria degli Angeli.
Via Cernaia 9, Tel. 06/4 88 08 12, www.santamariadegliangeliroma.it

ESSEN UND TRINKEN

Dagnino. Sizilianische Bar. Via Vittorio Emanuele Orlando 75, innerhalb einer Galerie, Tel. 06/4 81 86 60, www.Pasticceriadagnino.com

Er Bucchetto. Historisches Ladenlokal. Via del Viminale 2F.

In der Bar des St. Regis Grand Hotel

ÜBERNACHTEN

Boscolo Exedra Hotel. Superluxushotel mit Panoramarestaurant auf dem Dach. Piazza della Repubblica 47, Tel. 06/48 93 80 12, www.exedra-roma.boscolohotels.com

The St. Regis Rome. Roms vielleicht prachtvollster Hotelpalast aus der Belle Époque. Via Vittorio Emanuele Orlando 3, Tel. 06/4 70 91, www.starwoodhotels.com/stregis

EINKAUFEN

Feltrinelli International. Bestens sortierte Buchhandlung. Via Vittorio Emanuele Orlando 84, Tel. 06/4 82 78 78.

QUIRINAL, MONTI

42 Santa Maria Maggiore
Beginn der Marienverehrung

Die größte Marienkirche Roms befindet sich auf dem Esquilinhügel. Eine frühchristliche Kirche, die mit den Jahrhunderten immer wieder aus- und umgebaut wurde und sich heute wie eine architektonische und künstlerische Schatztruhe präsentiert, mit einzigartigen Mosaiken aus der Zeit des frühen Christentums und mit barocken Altären von unvergleichlicher Schönheit.

Legende und Wirklichkeit

Santa Maria Maggiore verdankt ihre Entstehung einem Wunder. Einer frommen Legende zufolge begann es, irgendwann im 4. Jahrhundert, mitten im heißen Sommermonat August zu schneien. Der Schnee blieb liegen und zeichnete den Grundriss einer Kirche nach, was als Wille der Mutter Gottes gedeutet wurde. Papst Liberius folgte dem Ersuchen und ließ 352 an dieser Stelle eine Kirche errichten.

Erwiesenermaßen wurde das heutige Gotteshaus in der ersten Hälfte des 5. Jahrhunderts unter Papst Sixtus III. errichtet. Kurz zuvor hatte das Konzil von Ephesos die Mutter von Jesus Christus, bis dato in der frühen Kirche nur wenig beachtet, zur Gottesgebärerin erklärt. Damit durfte Maria nun ganz offiziell angebetet werden. Um für die Verehrung genügend Raum zu schaffen, musste eine Kirche her ... und zwar eine große.

Das ursprüngliche spätantike Kirchenschiff ist noch erhalten, doch diese ursprüngliche Kirche wurde durch Erweiterungsbauten im 16. und

Mitte: Der Obelisk auf der Rückseite von Santa Maria Maggiore sollte früher Pilgern den Weg zur Kirche weisen.
Unten: Im Inneren der Kirche befindet sich in der Confessio unterhalb des Hauptaltars eine Statue von Pius IX.

Santa Maria Maggiore

18. Jahrhundert enorm vergrößert. Aus dem Mittelalter stammt der imposante Glockenturm. Im romanischen Stil wurde er 1375 erneuert und ist mit 75 Metern der höchste Turm seiner Art in ganz Rom. Nachdem der Besucher den szenografisch aufwendigen Vorbau aus dem Barock durchschritten hat, hinter dem sich im ersten Stock mittelalterliche Mosaiken zu verstecken scheinen, fasziniert der hohe, rechteckige und in die Länge gezogene Innenraum.

Sicherlich zählt dieser Raum bezüglich architektonischer Vollkommenheit, Monumentalität und künstlerischer Schönheit zu den eindrucksvollsten der Stadt. Es heißt, dass für die prachtvolle Verzierung der Kassettendecke durch Giuliano da Sangallo im späten 15. Jahrhundert das erste Gold aus dem eben erst entdeckten Amerika verwendet wurde.

Einzigartige Mosaiken

Den Apsisbogen und die Nischen, die sich über den zahlreichen ionischen Säulen befinden, zieren zum Teil noch ausgezeichnet erhaltene Mosaike der christlichen Spätantike. Der Mosaikzyklus zeigt alttestamentarische Szenen, die allerdings nur schlecht zu erkennen sind, weil im 16. Jahrhundert jedes zweite Fenster zugemauert und der Raum dadurch leider recht dunkel wurde.

Nur bei festlichen Gottesdiensten und ausgerüstet mit einem Opern- oder Fernglas lassen sich die figurenreichen Mosaiken in ihrer ganzen Schönheit betrachten. Das gilt auch für die grandiosen Mosaiken im Triumphbogen der Apsis mit Szenen aus der Kindheitsgeschichte Christi. Sie werden allerdings öfter beleuchtet und blenden mit ihrem goldenen Untergrund. Das eigentliche Apsismosaik ist ein Werk des 14. Jahrhunderts. Es stellt Maria

AUTORENTIPP!

HINTER UNSCHEINBARER FASSADE

Nur einen Katzensprung von Santa Maria Maggiore entfernt versteckt sich hinter einem recht unscheinbaren Eingang eine der intimsten Kirchen Roms. Santa Prassede wurde im 9. Jahrhundert von Papst Paschalis errichtet und beherbergt zahlreiche Märtyrerreliquien und -gebeine – eine typische frühchristliche Kirche, aber kleiner und somit anheimelnder, mit antiken Architekturelementen und Säulen. Ein umwerfendes Apsismosaik aus dem 6. Jahrhundert zeigt Figuren im spätantiken Stil, jenem kunstvollen Stil, wie er aus Ravenna bekannt ist. Papst Paschalis I. ließ die Grabkapelle im rechten Seitenschiff für seine Mutter anlegen, mit Marmor vertäfeln und mit byzantinischen Mosaiken auf Goldgrund schmücken. Kurioserweise tat er dies schon zu ihren Lebzeiten, was der viereckige Heiligenschein um ihren Kopf beweist. Solche Heiligenscheine erhielten nur diejenigen, die schon zu Lebzeiten als heilig verehrt wurden.

Santa Prassede.
Via di Santa Prassede 9,
Tel. 06/4 88 24 56

Santa Maria Maggiore

dar, die auf einem Thron gleichberechtigt neben ihrem Sohn sitzt. Links davon sind Petrus, Paulus, Franz von Assisi und Papst Nikolaus IV. zu erkennen, der erste Papst aus dem Bettelorden der Franziskaner.

Verehrte Mutter Gottes

Die Mosaiken zwischen den Fenstern stellen Szenen aus dem Leben der Maria dar. Eine dieser Darstellungen berührt besonders. Sie zeigt Jesus Christus, der die Seele seiner verstorbenen Mutter in Form eines Kindes zärtlich in seinen Armen hält. Eine fast schon intime Szene in dieser monumentalen Kirche. Diese mittelalterlichen Mosaiken aus dem späten 13. Jahrhundert sind ein Werk des Franziskaners Jacopo Torriti. Ihm ging es um die künstlerische Darstellung der damals sehr umstrittenen, von seinem Orden aber vertretenen, theologischen These, wonach Maria innerhalb der Heilsgeschichte triumphiert. So überragt sie in Torritis Mosaiken die meisten anderen Heiligen. Solche Darstellungen verkündeten eine klare Botschaft: Maria findet noch vor dem Jüngsten Gericht Aufnahme in den Himmel.

Torriti vereint in seiner Kunst verschiedene Stile, was für Rom eher ungewöhnlich ist. Die starre byzantinische Kunst findet mit den eher beschwingten Formen nordeuropäischer Gotik zusammen und die Einflüsse der antiken Kunst, die in Rom ja überall immer noch zu sehen war, gaben dem Werk schon fast eine elegant Note. Man kann fast von einem neuen Stil sprechen, der die spätere Kunst der Renaissance mit ihren Figuren in natürlichen Bewegungsformen schon vorausnimmt.

Links: Die Piazza vor S. Maria Maggiore ist ein beliebter Platz bei Einheimischen, Touristen – und den römischen Tauben.

Infos und Adressen

SEHENSWÜRDIGKEITEN

Santa Maria Maggiore. Piazza di Santa Maria Maggiore, Tel. 06/48 31 95, www.sanvito-roma.it

ESSEN UND TRINKEN

Agata e Romeo. Eines der besten Restaurants Roms. Ausgezeichnete Küche mit gehobenem Preisniveau. Via Carlo Alberto 45, Tel. 06/4 46 61 15, www.agataeromeo.it

Scoglio di Frisio. Lokal von 1928 mit römischer Traditionsküche. Während des Dolce Vita aßen hier oft Liz Taylor und Richard Burton. Via Merulana 256, Tel. 06/4 87 27 65, www.scogliodifrisio.com

Trattoria Monti. Klassische Trattoria, bei Roms Promis sehr beliebt. Gute Küche, nicht ganz preiswert. Via San Vito 13/a, Tel. 06/4 46 65 73.

ÜBERNACHTEN

Domus Cinthia. Dieses B&B bietet ein wirklich gutes Preis-Leistungs-Verhältnis. Via Carlo Alberto 26, Mobil 00 39/34 00 84 83 87, www.domuscinthia.com

Hotel Santa Prassede. Kleines und ruhiges Hotel direkt gegenüber der antiken Kirche. Via di Santa Prassede 25, Tel. 06/4 81 48 50, www.hotelsantaprassede.it

Sweet Alice. Für römische Verhältnisse ungewöhnlich preisgünstig, relativ großer Komfort. Via Principe Amadeo 131, Mobil 00 39/33 36 17 29 21, 00 39/33 36 59 03 18.

QUIRINAL, MONTI

43 Esquilino, Domus Aurea
Ethnisches Miteinander rund um den Hauptbahnhof

Ein Viertel voller Überraschungen: von Multikulti bis zur ganz großen Sakralkunst. Ein ausgedehnter Spaziergang ist also angesagt, bei dem man Staunenswertes von der Römischen Antike bis zur Klassischen Moderne zu sehen bekommt, viele Chinesen, uralte Kirchen und das ehemalige Lustschloss von Kaiser Nero.

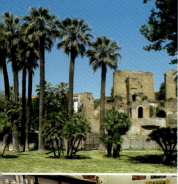

Nahe dem Hauptbahnhof, auf dem Markt in der Via Carlo Alberto, bieten alle in der Stadt lebenden Volksgruppen ihre gastronomischen Spezialitäten an – nicht schick, aber international. Nicht weit vom Markt erhebt sich die Stazione Termini. Sie fasziniert Architekturfreunde durch ihren Vorbau in Form einer Welle und die minimalistische und an antike Gebäude erinnernde Fassade. Was beim Spaziergang durch den Esquilino immer wieder auffällt: Hier leben viele Einwanderer, vor allem Chinesen. Zentrum des Viertels ist die, einstmals elegante und heute ein wenig heruntergekommene, Piazza Vittorio Emanuele II. Im Sommer findet hier jeden Abend ab 21 Uhr ein Freilichtkino statt. Durch die Via del Statuto geht es von der Piazza zum Largo Brancaccio. Im mächtigen Palazzo Brancaccio ist das Nationalmuseum für orientalische und asiatische Kunst untergebracht, mit bedeutenden Kunstwerken aus dem Zweistromland, aus Indien und Südostasien.

Mitte: Antike Ruinen im Park auf der Piazza Vittorio Emanuele II.
Unten: In der Bäckerei Panella werden auch antike Brotspeisen nachgebacken.

Über 200 000 Musikinstrumente

Ein anderes Museum, das Nationalmuseum für Musikinstrumente, beeindruckt mit der weltgrößten Sammlung von 200 000 Musikinstrumenten aus über 3000 Jahren Menschheitsgeschichte.

Esquilino, Domus Aurea

Gleich neben dem Museums steht Santa Croce in Gerusalemme, eine elegante Rokokokirche, in der die für Gläubige wichtige Reliquie des Nagels vom Kreuze Christi aufbewahrt wird. Die Kirche wurde auf den Überresten des Palastes der Helena errichtet, der Mutter Kaiser Konstantins. Direkt daneben befindet sich ein Kloster, dessen restaurierter mittelalterlicher Garten im Inneren einer antiken Arena liegt. Einer der spannendsten Sakralbauten Roms ist die Basilica sotterranea di Porta Maggiore, eine heidnische Basilika am römischen Stadttor Porta Maggiore, die 1917 unterhalb des heutigen Straßenniveaus entdeckt wurde. Eine überraschend gut erhaltene Anlage, 12 Meter lang, 9 Meter breit und 7 Meter hoch, mit wertvollen Deckenstuckaturen.

Das Goldene Haus

Vom Palazzo Brancaccio aus geht es durch den Parco di Colle Oppio (nachts unbedingt zu meiden!) und vorbei an den aus dem Grün herausragenden Ruinen der Thermen von Kaiser Trajan zur sogenannten Domus Aurea, dem goldenen Haus von Kaiser Nero. Die große Anlage mit See, Gärten und Innenhöfen, bemalten Sälen und kostbarstem mehrfarbigen Marmor war so groß und ingenieurtechnisch so raffiniert, dass Renaissancearchitekten wie Brunelleschi sich von den grandiosen Ruinen für ihre Bauwerke inspirieren ließen. Heute können nur noch Teile der ehemaligen Anlage, die nach Neros Tod mit Erdreich aufgefüllt und von den Trajansthermen überbaut wurde, besichtigt werden. Drinnen verführen lange, hohe Korridore und mächtige Säle den Besucher sowie ein Rundsaal, in dem, antiken Schriften zufolge, Rosenblätter auf den Kaiser herabregneten, wenn dieser sich dort aufhielt. Von den Fresken waren Künstler wie Raffael und Michelangelo so begeistert, dass sie ihren Stil für ihre Malerei übernahmen.

Infos und Adressen

SEHENSWÜRDIGKEITEN

Basilica sotterranea di Porta Maggiore. Piazza di Porta Maggiore, Tel. 06/6 99 01 10.

Musei Nazionale degli strumenti musicali. Piazza Santa Croce in Gerusalemme 9a, Tel. 06/7 01 47 96, www.museostrumentimusicali.it

Museo Nazionale d'Arte Orientale. Via Merulana 248, Tel. 06/4 87 42 18, www.museorientale.beniculturali.it

Santa Croce in Gerusalemme. Piazza Santa Croce in Gerusalemme 12, Tel. 06/70 61 30 53, www.santacroceroma.it

ESSEN UND TRINKEN

Agata e Romeo. Haute cuisine all'italiana! Via Carlo Alberto 45, Tel. 06/4 46 61 15, www.agataeromeo.it

Danilo. Via Petrarca 13, Tel. 06/77 20 01 11, www.trattoriadadanilo.it

Regoli. Via dello Statuto 60, Tel. 06/4 87 28 12, www.pasticceriaregoli.com

ÜBERNACHTEN

Domus Sessoriana. Komfortables Klosterhotel. Piazza Santa Croce in Gerusalemme 10, Tel. 06/7 01 84 11, www.domussessoriana.it

EINKAUFEN

MAS. Roms billigster Kleidersupermarkt. Via dello Staturo 11, Tel. 06/4 46 80 78, www.magazzinialostatuto.com

Panella. Bestens sortierter Brotladen. Via Merulana 54, Tel. 06/4 87 23 44.

Mitte: Haupteingang in die Lateranbasilika
Unten: Der Triclinio Leoniano, ein mittelalterliches Mauerfragment mit einem Mosaik, aus dem Speisezimmer von Papst Leo III. Das Fragment befindet sich gegenüber der Basilika.

QUIRINAL, MONTI

44 Lateran und San Clemente
Der erste Sitz der Päpste und religiöse Stätten übereinander

Sicherlich: Rom ist die Stadt der Kirchen, und wer nicht genau hinschaut, dem kommen die meisten gleich vor. Doch man sollte schon genauer hinsehen, es lohnt sich – auch im Fall dieser beiden Kirchen. Die eine ist die Kirche des Bischofs von Rom, ein weiterer Titel des Papstes, und die andere ist dreifach interessant – eine Kirche über einer Kirche über einem heidnischen Heiligtum.

Mutter aller Kirchen

Nicht der berühmte Vatikan, sondern San Giovanni in Laterano ist als Kirche des Bischofs von Rom die älteste Papstkirche Roms. Das Oberhaupt der katholischen Kirche hat immer auch das Amt des Bischofs von Rom inne und ist als dieser auch Leiter der römischen Ortskirche. San Giovanni in Laterano trägt daher den offiziellen Titel »Mutter und Haupt aller Kirchen der Stadt und des Erdkreises«. Von wegen Petersdom!

Bis zur endgültigen Fertigstellung der Peterskirche im Vatikan war der Lateran, wie dieses Gotteshaus in Rom kurz genannt wird, die wichtigste Kirche der Christenheit, daher residierte der Papst auch hier. Der Lateran besteht nicht nur aus der Basilika San Giovanni, sondern auch aus einem riesigen Palast.

Als die Päpste nach dem Ende des Römischen Reiches de facto zu den Herrschern Roms wurden,

Lateran und San Clemente

bauten sie den Palast neben der Kirche aus und residierten bis zu Übersiedlung nach Avignon im Jahr 1309 darin. Nach ihrer Rückkehr 1377 waren Palast und Kirche heruntergekommen. So zogen sie es vor, im Vatikan zu leben, der näher an der Stadt und sicherer war. Im Lateranpalast ist heute in grandiosen Sälen das interessante Museum zur Geschichte des Vatikans untergebracht.

Schenkung Konstantins I.

Der Lateran hat seinen Namen von der antiken Familie der Laterani, den ursprünglichen Eigentümern des Grundstücks. Nachdem es später von Nero konfisziert wurde, schenkte es Kaiser Konstantin der Große Anfang des 4. Jahrhunderts der Kirche und entschied, dass diese hier ihr religiöses und administratives Zentrum einzurichten habe. Interessanterweise ließ er diese neue Basilika nicht im Stadtzentrum errichten, sondern am Stadtrand. Man vermutet, dass er mit dieser Entscheidung die damals noch einflussreichen heidnischen Kreise Roms nicht vor den Kopf stoßen wollte.

Die frühchristliche Kirche wurde so gründlich umgebaut, dass von ihr so gut wie nichts mehr geblieben ist. Heute präsentiert sich San Giovanni als eine der eindrucksvollsten und größten Barockkirchen Roms. 1736 wurde die Fassade mit ihren kolossalen Säulen fertiggestellt. Die Säulen und die sieben Meter hohen Skulpturen auf der Balustrade stehen in einem Größenverhältnis zueinander, dass die Fassade von Weitem eher klein wirkt. Erst wenn man sich ihr nähert wird das ganze Ausmaß deutlich.

1650 gestaltete Francesco Borromini das Kircheninnere neu, behielt aber die fünfschiffige Anlage der frühchristlichen Basilika bei. Angesichts der mehrere Meter hohen Heiligenskulpturen in den

AUTORENTIPP!

SCHAURIGES FRESKO

Santo Stefano Rotondo ist die älteste Rundkirche Roms. Architektonisches Vorbild war die von Kaiser Konstantin dem Großen in Jerusalem errichtete Grabkirche. Im 5. Jahrhundert erbaut, besteht sie aus drei konzentrischen Kreisen. Das Kircheninnere ist weitgehend erhalten und übt einen großen Reiz auf den Besucher aus. Im Inneren besticht ein die gesamten Wände umlaufendes Freskenbild des Renaissancemalers Pomarancio aus dem 16. Jahrhundert. Schaurig: Dieses Wandbild zeigt alle nur denkbaren Folterarten, mit denen Christen gemartert wurden. Unter der Kirche wurde von Archäologen ein antikes Mithräum entdeckt und ausgegraben. Dabei handelt es sich um einen Tempel des Mithraskultes aus dem 4. Jahrhundert.

Santo Stefano Rotondo.
Via di Santo Stefano Rotondo 7,
Tel. 06/42 11 91 30,
www.santo-stefano-rotondo.it

AUTORENTIPP!

ERGREIFEND
Eines der ergreifendsten Erlebnisse, nicht nur für gläubige Rombesucher, ist eine Papstmesse oder ein von einem Kardinal zelebriertes Hochamt in der Lateranbasilika.
Man sollte sich gleich nach diesen Gottesdiensten erkundigen. Die riesige Kirche ist extrem hell ausgeleuchtet, und die Orgeln lassen das gesamte Gebäude erbeben. Ganz anders als der festlich erleuchtete Petersdom ist San Giovanni bei solchen festlichen Gottesdiensten hell und klar.

QUIRINAL, MONTI

Nischen fühlt sich der Besucher ganz winzig. Der Hauptaltar beherbergt einen Tisch, an dem die ersten Päpste, von Petrus bis Silvester I., im 4. Jahrhundert die Messe gelesen haben sollen. Der Baldachin über dem Altar ist ein Werk der italienischen Gotik. Das Querschiff stammt aus der Epoche des Manierismus, das heißt aus der Übergangszeit zwischen Renaissance und Barock. Die Dekorationen sind ein Werk des Giacomo della Porta, die Gemälde stammen von Cavaliere d'Arpino, berühmte Künstler ihrer Zeit. Beachtenswert ist das Apsismosaik des franziskanischen Künstlers Jacopo Torriti aus dem 13. Jahrhundert.

Der älteste Obelisk

Auf dem Platz zwischen Kirche und Palast, der bis zum Avignonesischen Exil und darüber hinaus die wichtigste Piazza Roms war, da hier das Volk seinen Papst traf, erhebt sich der älteste und höchste Obelisk der Stadt. Er ist 3500 Jahre alt und wurde 357 nach Rom gebracht. Neben der Kirche findet sich das kleinere Baptisterium, ein architektonisches Schmuckstück aus dem frühen 4. Jahrhundert. Eine achteckige Anlage mit einem Taufbecken in der Mitte. In der linken Apsis der Vorhalle kann ein prächtiges Mosaik aus dem 5. Jahrhundert bewundert werden.

Acheiropoieton

Schräg gegenüber von Kirche und Palast erhebt sich das Gebäude der Scala Santa. Helena, die Mutter Kaiser Konstantins, brachte eine Treppe aus Jerusalem nach Rom, die als heilig verehrt wird. Es heißt, Jesus sei mit der Dornenkrone auf dem Haupt über diese marmornen Stufen geschritten, um von Pontius Pilatus vernommen zu werden. Die Stufen sind heute mit Holz belegt, um den Stein zu schützen. Nur an einigen Stellen

sieht man dunkle Flecken auf dem Marmor, die vom Blut, das Jesus auf der Treppe vergoss, herrühren sollen.

Das Gebäude der Scala Santa enthält ein kostbares Bildnis Christi, das um 600 entstanden ist und als sogenanntes Acheiropoieton gilt, als nicht von Menschenhand gemalt, sondern von Gott geschenkt. Die Kapelle und die Heilige Treppe werden noch heute von zahllosen Pilgern besucht, die betend und kniend die einzelnen Stufen hinaufschreiten.

Religiöse Stätten übereinander

Durch die schnurgerade Via di San Giovanni in Laterano geht es zu San Clemente, der vielleicht kuriosesten Kirche ganz Roms. San Clemente ist ein Übereinander von drei verschiedenen religiösen Orten, ein heidnischer und zwei christliche. 1857 grub man unter dieser Kirche und entdeckte, dass sie auf den Grundmauern eines im Mittelalter er-

Oben: Wo einst Päpste residierten bevor sie in den Vatikan umzogen: Lateranpalast und -basilika
Unten: Neben Christus befinden sich auch die Figuren der Apostel auf der Fassade von San Giovanni in Laterano.

Oben: links die Basilica dei Santi Giovanni e Paolo und rechts die Fassade von San Gregorio Magno
Unten: Im Mittelschiff der Basilica San Clemente befindet sich vor dem wunderschönen, goldenen Apsismosaik, die Schola Cantorum.

richteten Gotteshauses ruhte, das seinerseits die Fundamente eines römischen Wohnhauses aus der Antike nutzte. An diesem Ort wird gut nachvollziehbar, wie sich das Bodenniveau zwischen antikem und heutigen Rom um rund 18 Meter anhob.

Der Grund für dieses Übereinanderbauen bestand in den beengten Wohnverhältnissen im Zentrum Roms. Wollte man ein neues Gebäude errichten, nutzte man vor allem im Mittelalter antike Bauten, riss sie bis zum ersten Stockwerk ab und füllte die Mauern mit Erde und Steinen auf, um darauf ein neues Bauwerk zu errichten. Im Fall von San Clemente war ein Neubau notwendig geworden, weil die Kirche 1084 von den Normannen geplündert und zerstört wurde.

Die oberirdische Kirche präsentiert sich im Stil des Barock, nur der prächtige Marmorfußboden aus dem 12. Jahrhundert erinnert an die Kirche, die nach den Normannen erbaut wurde. Die Oberkirche fasziniert vor allem durch das goldene Apsismosaik, eines der schönsten in ganz Rom. Wie es oft im Mittelalter üblich war, wurden bei diesem

Lateran und San Clemente

Mosaik die einzelnen Glaswürfel nicht ganz eben versetzt, was einen sehr intensiven Schimmereffekt zur Folge hat. Es stellt das Kreuz als Symbol des Lebens dar. Am Fuße des Kreuzes wächst ein Akanthus in ornamentalen Ranken über die ganze Apsis.

Die Unterkirche, die über eine schmale Treppe zu erreichen ist, zeigt romanische Wandgemälde und ein Fresko aus dem 10. Jahrhundert in der Vorhalle. Eine weitere Treppe ins Erdreich führt den Besucher in ein heidnisches Heiligtum, das an dieser Stelle im 2. Jahrhundert für den Sonnengott Mithras errichtet wurde. Der Mithraskult kam ein Jahrhundert zuvor aus Persien nach Rom und wurde hier höchst populär. Der von den Archäologen freigelegte Kultraum präsentiert sich nahezu komplett erhalten und besteht aus einem grottenähnlichen Raum mit Sitzbänken an den Seiten sowie einem Altar in der Mitte, der Mithras zeigt, wie er ein Stieropfer vollzieht. Der Mithraskult war zeitweise in Rom so weit verbreitet und fast ebenso beliebt wie das aufkommende Christentum.

MAL EHRLICH

PÄPSTLICHES MILITÄRKORPS

Mal eben einen Sprung nach San Giovanni machen und in einem Stündchen abhaken ist nicht drin. Dieser Trip braucht schon einige Stunden, denn hier gibt es geballte Kunst und Geschichte und die Heilige Treppe sollte man kniend hinaufgehen. Das Museo Storico Vaticano im Lateranpalast zeigt in prunkvollen Repräsentationsräumen Uniformen des Papstheeres aus vergangenen Zeiten, Papstsänften und ein Modell des einzigen Kriegsschiffes, das die Stellvertreter besaßen. Ein ausgefallenes Museum. Unbedingt einen Besuch wert.

Infos und Adressen

SEHENSWÜRDIGKEITEN

Basilica San Giovanni in Laterano. Piazza di San Giovanni in Laterano 4, Tel. 06/69 88 63 64, www.vatican.va

Battistero Lateranense. Piazza San Giovanni in Laterano 4, www.battisterolateranense.it

San Clemente. Via Labicana 95, Tel. 06/7 74 00 21, www.basilicasanclemente.com

Scala Santa. Piazza San Giovanni in Laterano 14, www.scalasanta.org

ESSEN UND TRINKEN

Alchemilla. Punkt 21 Uhr gibt es ein 7-Gänge-Menu. Via San Giovanni in Laterano 220, Tel. 06/77 20 32 02, www.alchemillaristorante.com

Cannavota. Original römische Küche direkt gegenüber der Lateranbasilika. Piazza San Giovanni in Laterano 20, Tel. 06/77 20 50 07, www.cannavota.it

Charly's Sauciere. Feinschmeckertempel. Via di San Giovanni in Laterano 270, Tel. 06/70 49 56 66.

Cornetto Notte. Hier gibt es 24 Stunden am Tag tolle Cornetto-Hörnchen. Via Emanuele Filiberto 136, Mobil 00 39/34 70 73 62 19.

Li Rioni. Essen wie bei einer römischen Mamma. Via dei Ss. Quattro Coronati 24, Tel. 06/70 45 06 05.

Tajut. Spezialitäten aus der nordostitalienische Region Friaul. Via San Giovanni in Laterano 244/246, Mobil 00 39/34 96 41 80 88, www.iltajut.it

QUIRINAL, MONTI

45 San Lorenzo
Das ehemalige Viertel kleiner Leute kommt in Mode

Hier lassen sich immer mehr Studenten und Künstler nieder. Schön ist San Lorenzo nicht unbedingt, aber es präsentiert sich, ganz ohne Schickimicki-Allüren, als eines der urtypischsten Viertel Roms. Viele hübsche Geschäfte und Lokale reihen sich aneinander, und abends ist in manchen Straßen die Hölle los. Man trifft sich zu einem Glas Wein oder zu einer Pizza und kann hier vor allem junge Römer treffen.

An Kunst hat San Lorenzo nicht viel zu bieten. Das Stadtviertel wurde in den 70er-Jahren des 19. Jahrhunderts außerhalb der antiken römischen Mauern im Nordosten der Stadt errichtet, da man nach der italienischen Staatseinigung Wohnungen für römische Neubürger benötigte. Die neue italienische Hauptstadt konnte sich bald schon nicht mehr auf das sicherlich immense, aber dennoch zu klein gewordene Territorium innerhalb dieser Stadtmauern beschränken. So entstand San Lorenzo als Viertel der kleinen Leute. Die Bauwerke aus dem späten 19. und frühen 20. Jahrhundert sind schmucklos und nicht aufwendig im Stil barocker Paläste gestaltet. Doch das Viertel besitzt eine der schönsten Kirchen Roms. San Lorenzo fuori di Mura gehört zum Campo Verano, dem größten römischen Friedhof.

Der Märtyrer Laurentius

Auch hier gehen die Ursprünge wieder auf Konstantin den Großen zurück. Er ließ die Krypta angelegen und entschied, dass San Lorenzo vor allem als Grabkirche für den 258 gestorbenen Märtyrer Laurentius, der in der Nähe beigesetzt wur-

Mitte: Unter Palmen können die Studenten der Città universitaria La Sapienza zwischen den Vorlesungen herrliche Pausen einlegen.
Unten: Die Grenze zwischen Handwerk und Kunst ist im Candle's Store fließend.

San Lorenzo

de, dienen sollte. Mit der Zeit kamen immer mehr Pilger, und so wurde im 6. Jahrhundert eine große Kirche errichtet. Die mächtigen Säulen des Längsschiffes stammen wahrscheinlich aus der konstantinischen Basilika. Das Innere des Gotteshauses ist schlicht und elegant, den Triumphbogen vor der Apsis zieren Mosaiken aus dem 6. Jahrhundert. Unter dem Altarbaldachin liegen die Reliquien der Heiligen Laurentius und Stephanus. In dieser Kirche finden sich immer wieder antike Versatzstücke anderer römischer Gebäude, die hier wiederverwendet wurden, zum Beispiel die schönen korinthischen Säulen des heutigen Chores. Schön ist auch der mittelalterliche Kreuzgang aus dem 12. Jahrhundert. Unter der Kirche San Lorenzo befinden sich Katakomben, die vom Kustoden gegen eine »mancia«, ein Trinkgeld, geöffnet werden.

Strenge Architektur mit Alleen

Südlich von San Lorenzo befindet sich die rund 22 Hektar große und mit einer Mauer umgebene Città Universitaria, eines der ehrgeizigsten Hochschulprojekte des 20. Jahrhunderts. Mussolini ließ diese Universität im Stil des italienischen Faschismus errichten, der sich eher an architektonische Paradigmen des deutschen Bauhauses anlehnt und weniger an die von Hitler bevorzugten klassizistischen Vorbilder. An der Verwirklichung dieses Uniprojekts arbeiteten die bedeutendsten Architekten und Künstler der 30er-Jahre. Mario Sironi malte das riesige Fresko der Aula Magna, ein Saal mit einer ausgezeichneten Akustik, weshalb man hier seit einigen Jahren regelmäßig klassische Konzerte mit bedeutenden Musikern aus aller Welt veranstaltet. Klassikliebhaber sollten sich über das Programm informieren.

Einen Spaziergang durch das Studenten- und Künstlerviertel San Lorenzo sollte man am besten

AUTORENTIPP!

NEUES SZENEVIERTEL
Durchquert man die eindrucksvolle und fast komplett erhaltene antike Porta Maggiore, ist man im Pigneto-Viertel. Ob einem dieser Bezirk gefällt oder nicht, ist reine Geschmackssache, für viele Junge, Junggebliebene und Künstler gilt es als Szeneviertel. Einst war Pigneto ein Stadtbezirk der Arbeiter, eingeschlossen von stark befahrenen Schnellstraßen. Pier Paolo Pasolini drehte hier seinen Film *Accatone*. Die Hauptstraße des Pigneto ist eine Fußgängerzone mit vielen Kneipen, die vor allem abends und nachts frequentiert werden. Tagsüber ist es hier ungefährlich, aufpassen sollte man nachts: An vielen Straßenecken stehen nicht gerade vertrauenerweckende Drogendealer.

Mitte: Ausstellung mit Arbeiten von Caio Gracco im Studio d'Arte Contemporanea Pino Casagrande
Unten: In San Lorenzo ist Rom deutlich bunter.

243

AUTORENTIPP!

ZAHNERSATZ IN DER ANTIKE

Nicht nur die Ägypter und Griechen, sondern auch die Etrusker verfügten schon über weit entwickelte chirurgische Operationstechniken. Davon legen OP-Werkzeuge im historischen Medizinmuseum Zeugnis ab.
Ein leicht angestaubtes Museum und eines der weniger stark besuchten in der Stadt, das didaktisch aber einen wirklich guten Einblick in die medizinische Fertigkeiten der Ägypter, Griechen, Römer und eben der Etrusker gibt. So erfährt man beispielsweise, dass dieses Volk bereits den Zahnersatz kannte. Ein marodes Beißerchen wurde durch einen passenden Tierzahn ersetzt. Zu sehen gibt es außerdem rekonstruierte Arztpraxen aus dem Mittelalter und dem Barock.

Museo di Storia della Medicina.
Viale dell'Università 34a,
Tel. 06/49 91 44 45, www.histmed.it

Der Friedhof Campo Verano

QUIRINAL, MONTI

am späten Nachmittag unternehmen, wenn die Geschäfte nach der Mittagspause wieder öffnen und sich zum Abend hin allmählich die Straßen und Lokale füllen. Viel junges und alternatives Publikum findet sich hier, zum Beispiel beim Aperitif in »B-Said«, einer Schokoladenfabrik mit Schokoboutique, Restaurant und Bar. Ziemlich schick und angesagt. B-Said liegt an der einstmals antiken Via Tiburtina. Die meisten interessanten Adressen liegen, wenn man von der Stazione Termini aus kommt, linkerhand dieser Straße.

Treiben lassen

Am besten sollte man sich in San Lorenzo treiben lassen – vor allem gastronomisch. In fast jeder Straße gibt es Adressen zum Entdecken. Uns gefiel zum Beispiel »Il Bello della Terra«, ein netter Delikatessenladen, wo man auch kleinere Gerichte serviert bekommt. Alles wirkt sehr familiär. Das gilt auch für die verschiedenen Bücherbars des Viertels. Bei »Bar à Book« in der Via dei Picei fühlt man sich gleich wie daheim: Bücher, nette Menschen und Getränke. Ein Treffpunkt für Römer und Rombesucher ist auch das »Beba Do Sambo«. Das Multikulti-Kulturzentrum bietet an verschiedenen Abenden der Woche Konzerte mit World Music und eine Bar. Zur Stärkung empfiehlt es sich, in der »Bisteccona« ein deftiges Steak oder Filet zu probieren.

Wer Süßes mag, ist bei »Bocca di Dama« am richtigen Ort. Die Konditorei hat sich weit über das Viertel San Lorenzo hinaus einen Namen für ihre Torten gemacht. Sehr beliebt ist die »Cantina del Grillo«, eine Pizzeria und Trattoria mit guter Weinkarte. Gutes Preis-Leistungs-Verhältnis gilt auch für »Franco al Vicoletto«, eines der letzten römischen Fischlokale, wo die Qualität ausgezeichnet ist und die Preise akzeptabel sind.

Rundgang

Hat den Ruf, das römische Studentenviertel zu sein, doch immer mehr Nichtstudenten kommen nach San Lorenzo, weil dieses Viertel noch »normal« ist, so ganz ohne Schickimicki und teure Boutiquen. Hier geht es urrömisch und fast volkstümlich zu. Touristen lassen sich, unbegreiflicherweise, hier so gut wie nie sehen. Dabei kann man vor allem hier ausgezeichnet und preiswert essen gehen.

Das Hauptgäude der Città universitaria La Sapienza

Ⓐ Campo Verano – Roms größter Friedhof, eine echte Totenstadt, wo man zum Teil riesige Familiengräber besichtigen kann.

Ⓑ San Lorenzo fuori le Mura – eine der ältesten Basiliken Roms. Im letzten Weltkrieg zum Teil zerstört, aber wieder originalgetreu aufgebaut.

Ⓒ Citta Universitaria – von Mussolini errichtete Universitätsstadt, interessant wegen ihrer faschistischen Architektur

Ⓓ San Lorenzo – ehemaliges Arbeiterviertel, heute von vielen jungen Leuten und Künstler bewohnt

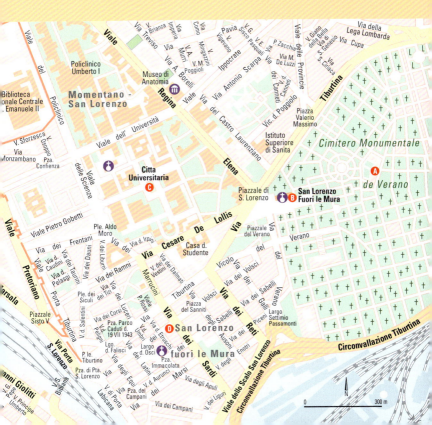

QUIRINAL, MONTI

Gut und preiswert essen

Gratis zu essen und zu trinken gibt es in der ehemaligen Nudelfabrik »Pastificio Cerere«. Dieses große Gebäude im Zentrum des Viertel wird heute von vielen Künstlern bewohnt, die dort auch ihre Werke ausstellen. Bei Ausstellungseröffnungen geht es bis tief in die Nacht hoch her. Für einen schnellen Snack sollte man bei »Come manna da cielo« einkehren. Hier gibt es Pizza vom Stück. Ganz besonders preiswert geht es bei »Economica« zu. Der Name sagt es ja schon: Das ist seit Generationen DIE Studentenpizzeria Roms. Man sitzt an einfachen Holztischen, die Bedienung ist freundlich, alles ist einfach und es schmeckt hervorragend.

Etwas teuer, aber immer noch relativ preiswert, verglichen mit ähnlichen Lokalen im historischen Zentrum Roms, ist die »Enoteca Ferrazza«, eine gemütliche Weinbar mit Restaurant. Hübsch und wirklich gut sortiert ist die »Fuzzybar Bottiglieria«. Echt römische Küche mit einem leicht kreativen Einschlag kommt bei »Pinsa & Buoi dei ...« auf den Tisch. »Marcello«, eine Adresse, die im Viertel jeder kennt, ist eine der letzten alten römischen Trattorien, in der wirklich traditionell gekocht wird und in der noch kein Innenarchitekt der Manie des Modernisierens nachgekommen ist. Schick geht es im »Rive Gauche« zu. Hier trifft sich die linkskritische Szene zum Essen und Trinken.

In San Lorenzo kann man auch übernachten. Hotels gibt es so gut wie keine, denn noch ist das Viertel touristisch nicht »in«. Doch es gibt B&Bs, die viel Atmosphäre bieten. »Veranda Fiorita« und »Ombelico del Mondo« sind zwei dieser B&Bs, die zwar keinen Luxus bieten, dafür aber gemütlichen Komfort und nette Gastgeber, die sich um ihre Besucher kümmern, ihnen Tipps geben und genau Bescheid wissen, wo im Viertel was los ist.

Oben: Kein Stararchitekt hat »B-Said« eingerichtet. Es war die Belegschaft selbst, die mit viel Geschmack die Räume liebevoll und absolut gelungen gestaltet hat.
Unten: Einen Blick in den Secondhandladen Pifebo zu werfen, lohnt sich allemal.

San Lorenzo

Alternative Mode

San Lorenzo ist auch ein Einkaufsviertel. Die weitgehend alternative Kultur hat dazu geführt, dass sich zahlreiche Modemacher und Designer hier niedergelassen haben, die mit ihren Entwürfen gegen den Mainstream schwimmen. Dazu gibt es mittlerweile einige Boutiquen, die nicht nur die gängigen Produkte im Angebot haben.

Claudio Sanò zum Beispiel. Er macht ausgefallene und verrückte Taschen, natürlich von Hand. Myriam Bottazzi hat sich auf Mode und Schmuck spezialisiert und präsentiert ihre Kreationen in der Boutique Myriam B. Not your dolls lockt mit flippiger Kleidung von bekannten und Newcomer-Modemachern, und wer es ganz preiswert will, der sollte bei Pifebo vorbeischauen, einer der besten Secondhandläden des Viertels.

Die Deutsch-Römerin Ute Derwald liebt Schmuck. Sie hat mit ihren Entwürfen großen Erfolg. Candle's Store macht Kerzen von Hand in allen Varianten, natürlich auch nicht-religiöse. Wer als Kunstfreund über das nötige Kleingeld verfügt, wird im Studio d'Arte Contemporanea Pino Casagrande, eine der wichtigsten Kunstgalerien Roms, an der richtigen Adressen sein.

MAL EHRLICH

BESSER MIT DEM TAXI
Normalerweise ist Rom eine Stadt zum Laufen. Das historische Zentrum ist klein, alles liegt nahe beieinander. Doch nach San Lorenzo und Pigneto sollte man ein Taxi nehmen. Damit geht's schnell und man kommt nicht schon erschöpft an. Mit der Bahn ist es wahrlich kein Vergnügen. Schon das Überqueren des eher hässlichen Vorplatzes der Stazione Termini, des Hauptbahnhofs, ist abends nicht ganz ungefährlich.

AUTORENTIPP!

ETRUSKISCHE KATAKOMBEN
In Rom gibt es nicht nur frühchristliche, sondern auch etruskische Katakomben, das wissen selbst die meisten Römer nicht. Sie liegen im Erdreich unter der klassizistischen Villa Torlonia, in der Mussolini seine Privatresidenz hatte. 2004 entdeckte man ein großes etruskisches Grab mit erstaunlich gut erhaltenen Wand- und Deckenmalereien, die Pflanzen- und Tiermotive zeigen. Die Grabstätte ist nicht frei zugänglich, man muss eine Besichtigung beantragen. Das lohnt sich, denn so spart man sich die Reise nach Tarquinia und Cerveteri im Norden der Region Latium, wo es verschiedene etruskische Gräber zu besichtigen gibt. Und – das Grab in Rom zeigt wirklich tolle Malereien.

La tomba etrusca di Villa Torlonia.
Villa Torlonia, Via Nomentana 70, Infos: Sovraintendenza Comunale, Tel. 06/06 08, 10 Minuten mit dem Taxi von San Lorenzo

Studentinnen genießen den Spätsommer auf dem Campus.

Infos und Adressen

SEHENSWÜRDIGKEITEN

Basilica San Lorenzo fuori le Mura. Eine der wichtigsten frühchristlichen Basiliken Roms.

Campo Verano. Rom wichtigster und größter Friedhof, eine riesige Totenstadt, in die man sogar mit dem eigenen Wagen fahren kann.

Città universitaria La Sapienza. Gigantische Universitätsstadt im italo-faschistischen Baustil, die einen Spaziergang wert ist.

Ex Pastificio Cerere. In der ehemaligen Nudelfabrik befinden sich Künstlerwohnungen, -ateliers und Galerien. Man sollte sich erkundigen, wann Vernissagen in den Galerien stattfinden.
Via Tiburtina/Via dei Sanniti, Tel. 06/45 42 29 60, www.pastificiocerere.com

Auch die Konditorei Bocca di Dama hat ein tolles Ambiente.

Wenn man durch die Basilika San Lorenzo fuori le Mura hindurchgeht, kommt man zu einem alten Kreuzgang des Klosters.

ESSEN UND TRINKEN

Bar à Book. Einen Kaffee, Tee oder Drink nehmen, sich mit Leuten treffen und dabei in Büchern stöbern, die man auch kaufen kann. Hier ist alles möglich. Via dei Picei 23, Tel. 06/96 04 30 14, www.barabook.it

Beba Do Samba. Multikulti-Kulturzentrum, ideal für einen Aperitivo mit World-Musik. Via dei Messapi 8, Mobil 00 39/33 98 78 52 14, www.bebadosamba.it

Bello della Terra. Delikatessenladen und Trattoria. Via dei Volsci 51, Tel. 06/4 46 99 36, www.ilbellodellaterra.com

Bisteccona. Osteria-Trattoria, mit ausgezeichneten Fleischgerichten. Via Tiburtina 190, Tel. 06/49 01 04.

Bocca di Dama. Die beste Spezialitäten-Konditorei im Viertel. Via de'Marsi 4, Tel. 06/44 34 11 54, www.boccadidama.it

B-Said. Schokoladenfabrik, Schokoladenboutique, Restaurant und Aperitifbar. Sehr beliebt beim, vor allem jungen, römischen Publikum. Via Tiburtina 135, Tel. 06/4 46 82 10, www.said.it

Bocca di Dama. Die beste Spezialitäten-Konditorei im Viertel. Via de'Marsi 4, Tel. 06/44 34 11 54, www.boccadidama.it

Cantina del Grillo. Pizzeria-Trattoria, einfache und preiswerte Gerichte. Via dei Messapi 10, Tel. 06/4 45 36 25.

Come manna dal cielo. Echt römische Pizza am Stück. Via dei Latini 68, Tel. 06/44 36 22 42, www.comemannadalcielo.it

San Lorenzo

Economica. DIE Studentenpizzeria seit Generationen. Via Tiburtina 44, Mobil 00 39/33 56 18 19 70.

Enoteca Ferrazza. Gute Weinbar mit Restaurant. Via dei Volsci 59, Tel. 06/49 05 06.

Franco al Vicoletto. Eines der letzten guten Fischlokale Roms, in dem man nicht arm wird. Via dei Falisci 2, Tel. 06/4 95 76 75.

Fuzzybar Bottiglieria. Weinbar, in der sich die lrömische inke Szene trifft. Via degli Aurinci 6, Tel. 06/4 45 11 62.

Marcello. Eine der letzten originalen Trattorien Roms. Via dei Campani 12, Tel. 06/4 46 33 11, www.osteriadamarcello.it

Pinsa & Buoi dei .... Römisch-kreative Küche. Viale dello Scalo di San Lorenzo 15, Tel. 06/4 45 66 40, www.pinsaebuoiristorante.com

ÜBERNACHTEN

Veranda Fiorita. Nette B&B-Unterkunft – sauber, ordentlich und preiswert. Via dei Sabelli 118, Mobil 00 39/34 78 23 22 92, www.laverandafiorita.it

EINKAUFEN

Candle's Store. Handgemachte Kerzen. Via dei Campani 49, Tel. 06/44 70 30 19, www.candlestore.it

Schmuckkreationen von Ute Dewald

Gleich neben Pifebo findet man einen weiteren spannenden Second-Hand-Laden: Kingsize.

Claudio Sanò. Handgemachte Taschen. Largo degli Osci 67a, Tel. 06/4 46 92 84, www.claudiosano.it

Myriam B. Mode und Schmuck der römischen Modemacherin Myriam Bottazzi. Via dei Volsci 75, Tel. 06/44 35 13 05, www.myriamb.it

Not your Dolls 2. Flippige Kleidung. Via dei Latini 33a, Tel. 06/45 43 65 01, www.myspace.com/notyourdolls

Pifebo. Second-Hand-Mode. Via dei Volsci 101b, Tel. 06/64 87 08 13.

Rive Gauche. Gemütiches Szenelokal der San-Lorenzo-Schickeria. Via dei Sabelli 43, Tel. 06/4 45 67 22, www.rive-gauche.it

Studio d'Arte Contemporanea Pino Casagrande. Eine der wichtigsten Kunstgalerien Roms. Via degli Ausoni 7a, Tel. 06/4 46 34 80, www.pinocasagrande.com

Ute Dewald. Ausgefallener Schmuck. Via dei Campani 17, Mobil 00 39/32 97 22 31 95, www.utedewald.com

AUSFLÜGE

46 EUR
Ambivalente Gefühle: Duces Werk,
aber wegweisend modern **252**

47 Joggen durch Rom
Sport oder Sightseeing?
Warum nicht beides zusammen? **256**

48 Tivoli
Vor den Toren Roms **260**

49 Via Appia
Die bedeutendste Handelsstraße
des Römischen Reiches **266**

50 Ostia und Ostia Antica
Die ursprünglich wichtigste
Hafenstadt des antiken Rom **272**

AUSFLÜGE

46 EUR
Ambivalente Gefühle: Duces Werk, aber wegweisend modern

Wer würde in Deutschland schon ein Stadtviertel besichtigen, das von Adolf Hitler errichtet wurde? In Italien hat man solche Berührungsängste nicht. Das hat zum einen damit zu tun, dass Mussolini nicht für so entsetzliche Verbrechen verantwortlich war wie der deutsche Diktator, und zum anderen bevorzugte der Duce im Vergleich zum Führer einen ungewöhnlich modernen Baustil für seine faschistische Architektur.

Faschismus und Moderne

Benito Mussolini verstand sich immer als Förderer der Künste. Nicht wie Adolf Hitler, der, ganz spießiger Kleinbürger, nur das Biedere und Neoklassizistische mochte und alles andere als »entartet« abtat.

Mussolini förderte Zeitgenössische Kunst, wechselte Briefe mit Igor Stravinsky, liebte die Musik von Alban Berg und verehrte die Architektur des deutschen Bauhauses. Da der Duce der für seine Zeit Modernen Architektur gegenüber ungewöhnlich aufgeschlossen war und ganze Kleinstädte und Viertel komplett neu errichten ließ, standen nicht nur italienische Architekten Schlange, um staatliche Aufträge zu erlangen. Auch der berühmte französische und in keiner Weise faschistischer Sympathien verdächtige Baumeister Le Corbusier wollte für Mussolini arbeiten. Aber der ließ seine architektonischen Träume nur von Italienern verwirklichen. In Rom ließ der Duce EUR bauen. Das Kürzel steht für Esposizione Universale di

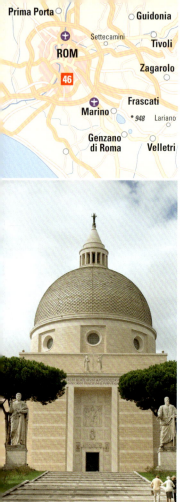

Oben: Selbst Kirchen ließ der Duce im neuen Baustil errichten: Die Basilika Ss. Pietro e Paolo ist zur Viale Europa hin ausgerichtet.
Bild Seite 250/251: Hier ließ sich die Sommerhitze bestens ertragen: die kaiserliche Sommerresidenz Villa Adriana.

EUR

Roma. 1942 sollte in Rom die Weltausstellung stattfinden und dafür wollte der faschistische Möchtegern etwas ganz Besonderes präsentieren. So sollte ein ganz neues Stadtviertel errichtet werden – ein ehrgeiziges Projekt, von dem nur ein Teil realisiert wurde. Der Weltkrieg und der Sturz Mussolinis 1943 setzten diesem Architekturtraum ein vorzeitiges Ende.

Durch die schnurgerade Viale Cristoforo Colombo ist EUR mit der Altstadt und mit Ostia am Meer verbunden. 1938 präsentierte der von Mussolini bevorzugte Architekt Marcello Piacentini nach ausführlicher Planung das endgültige Gesamtkonzept. Die einzelnen Bauten wurden danach teils durch Wettbewerbe an verschiedene Baumeister vergeben.

Auch wenn der Grundriss von der antiken römischen Stadtplanung mit den Querstraßen Cardo und Decumanus geprägt ist, wirkt die Anordnung der Monumentalbauten an den Scheitelpunkten von Haupt- und Nebenachsen ungemein modern. Nach der Weltausstellung sollte das neue Viertel zukunftweisend zum Kern einer faschistischen Stadtanlage werden, ähnlich der nagelneuen Städte nach Mussolinis Willen rund um Rom, wie zum Beispiel Latina.

Spannende Kombination

Für Architekturfreunde faszinierend: Im Gegensatz zum altbacken wirkenden Architekturprinzip des deutschen NS-Regimes favorisierte man in EUR einen Baustil, der den Rationalismus des deutschen Bauhaus und neoklassische Elemente der Römischen Antike vereinigt, aber auch Stilelemente der sogenannten Pittura metafisica aufgreift, der metaphysischen Malerei, die damals vor allem von dem berühmten Maler Giorgio De Chirico reprä-

AUTORENTIPP!

SELTENER KREUZGANG
Im 19. Jahrhundert wurde San Paolo fuori le Mura ein Opfer der Flammen, später aber originalgetreu wieder aufgebaut. Eine riesige frühchristliche Basilika, die dem Apostel Paulus, der im Jahr 67 zirka zwei Kilometer südlich der Kirche enthauptet wurde, geweiht ist. Im 4. Jahrhundert ließ Kaiser Konstantin der Große über dem ursprünglichen Grab eine erste Kapelle bauen.
Der riesige Komplex, zu dem auch ein Kloster gehört, besitzt einen sehr schönen Kreuzgang aus dem frühen 12. Jahrhundert, selten in Rom. Das rekonstruierte Kircheninnere zeigt die für das frühe Christentum typische Form der Hallenkirche.

San Paolo fuori le Mura.
Via Ostiense 186, Tel. 06/5 41 03 41,
www.abbaziasanpaolo.net

253

Oben: Dynamisch fotografiert: der Palazzo della Cività del Lavoro
Unten: Die großzügige Lobby des Shangri Là Corsetti

sentiert wurde. Die Bauten bestechen durch eine klare Formensprache. Historische Bauelemente wie Bögen und Tore wurden ohne dekorativen Firlefanz eingesetzt.

Das Neue und Revolutionäre dieses Baustils wird vom allem am beeindruckenden Colosseo Quadrato deutlich. Dieses viereckige Kolosseum mit einer Höhe von 68 Metern verfügt über stattliche 216 Rundbogenarkaden auf sechs Stockwerken. Das riesige Gebäude ist ein Werk der Architekten Ernesto Bruno La Padula, Giovanni Guerrini und Mario Romano. Ein Bauwerk, das noch heute, über ein halbes Jahrhundert nach seinem Bau, ungemein modern wirkt. Das gilt auch für die anderen großen Bauten in EUR, wie den Kongresspalast von Adalberto Libera, einem der wichtigsten Architekten der italienischen Nachkriegszeit, für das Staatsarchiv, das ausgezeichnete Museum der römischen Zivilisation und die gigantische Kirche Santi Pietro e Paolo.

EUR

EUR ist heute eines der begehrtesten und teuersten Stadtviertel von Rom. Die Straßen sind breit, und das Viertel verfügt über viele freie Grünflächen. Von der dicht bebauten Enge des historischen Zentrums kann hier keine Rede sein. Schaut man sich dagegen das von Hitler erträumte Großprojekt der »Welthauptstadt Germania« an, zu der Berlin umgebaut werden sollte, versteht man den großen Unterschied zu EUR. So ist es nur verständlich, dass die nach dem Ende des Faschismus errichteten Gebäude in EUR den Stil der Epoche zuvor nicht aufgegeben hatten, sondern nur dem Geschmack der neuen Zeit angepasst wurden.

Ein angestaubtes Museum

Das Museum des frühen Mittelalters fristet ein trauriges Dasein, dabei bietet es erstklassige Kunstwerke. Italiens Kulturminister scheinen es vergessen zu haben. Das ist sehr traurig, denn dieses Museum zeigt Kostbarkeiten des italienischen Mittelalters, als das Christentum das Heidentum ablöste und sich langsam, aber sicher durchsetzte. Kein Museum für den eiligen Touristen, sondern eher für Mittelalterfreunde und Geschichtsinteressierte.

Kulturfestival

Das Teatro Palladium liegt mitten im Viertel Garbatella, auf der U-Bahn-Strecke Richtung EUR, Station Garbatella. Das Viertel besticht mit ungewöhnlichen Mehrfamilienhäusern im Stil des italienischen Art Déco. Das Theater ist Hauptbühne des Festivals Romaeuropa, des wichtigsten römischen oder sogar italienischen Festivals für modernen Tanz, Musik und Performance. Das Event findet immer im Herbst statt, und wer in dieser Zeit nach Rom kommt, sollte sich unbedingt das Veranstaltungsprogramm besorgen.

Infos und Adressen

SEHENSWÜRDIGKEITEN

Chiesa Santi Pietro e Paolo. Piazzale dei Santi Pietro e Paolo 8, Tel. 06/5 92 61 66, www.santipietroepaoloroma.it

Colosseo quadrato (Palazzo della Civiltà del Lavoro). Quadrato della Concordia, Tel. 06/5 42 51, www.turismoroma.it/cosa-fare/palazzo-della-civilta-italiana-2

Museo della Civiltà Romana. Piazza Giovanni Agnelli 10, Tel. 06/5 92 61 35, www.museociviltaromana.it

Museo dell'Alto Medioevo. Viale Lincoln 3, Tel. 06/54 22 81 99, www.itnw.roma.it

Palazzo dei Congressi. Piazza John F. Kennedy 1/Viala della Pittura 50, Tel. 06/54 51 37 00, www.eurcongressiroma.it

In der Via Ostiense findet man interessante Nachtclubs.

ESSEN UND TRINKEN

Ciarla. Sehr gute Weinbar. Via Canzone del Piave 3, Tel. 06/5 01 01 02, www.anticaenotecaciarla.it

Columbus. Viale della Civiltà del Lavoro 96, Tel. 06/5 92 61 50.

Giolitti. Filiale der berühmten Eisbar. Viale Oceania 90, Casina dei tre laghi, Tel. 06/5 92 45 07, www.giolitti.it

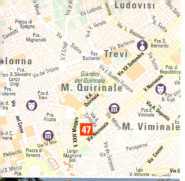

AUSFLÜGE

47 Joggen durch Rom
Sport oder Sightseeing? Warum nicht beides zusammen?

Mit dem Reisebus, mit öffentlichen Verkehrsmitteln, mit der Vespa – echt gefährlich –, mit dem Rad – ebenfalls gefährlich – oder zu Fuß durch Rom. Aber warum nicht joggend? Nicht gestresst, sondern entspannt, ruhiges Laufen mitten in Rom. Das ist möglich und wird sogar organisiert angeboten. Die perfekte Alternative für sportbewusste Rombesucher, die auf eine gesunde Besichtigungstour nicht verzichten wollen.

Los geht's

Julia holt mich um kurz vor sieben Uhr ab. Vorher ein leichtes Frühstück, also nur ein Cappuccino und ein einziges Hörnchen, und schon geht es los. Kurze Sporthose, Laufschuhe, ein T-Shirt und ein Handtuch, das man sich am besten um die Hüfte bindet, und eine Flasche Mineralwasser. Ich treffe Julia vor dem Haus. Tags zuvor hatten wir die Route abgesprochen, die Sight-Joggerin stellt sich da ganz auf ihre Kunden ein. Sie läuft da, wo man gerne hin will. Auf Wunsch wird natürlich auch eine komplette Besichtigungsroute zum Joggen zusammengestellt: alte Kirchen, Parks, ein gemischtes Programm etc.

Mitte und unten: Der weitläufige Park Villa Borghese ist bei Joggern sehr beliebt.

Erstes Morgenlicht

Wir laufen durch das Viertel Monti, das so früh am Morgen noch ganz still ist. Nur einige wenige Autos stören unseren Lauf. Durch die Via dei Serpenti, an deren Ende das mächtige Kolosseum zu sehen ist, erreichen wir die Via Cavour, und schon

Joggen durch Rom

sind wir auf der Via dei Fori Imperiali, die Mussolini quer durch die antiken Foren bauen ließ. Vor uns das Forum mit seinen Ruinen und linkerhand der Kapitolshügel. Der Turm des Rathauses erstrahlt im erstem Morgenlicht, ebenso die grandiosen Ruinen der Trajansmärkte, des ersten Shoppingcenters der Menschheitsgeschichte.

Nun überqueren wir die fast menschenleere Piazza Venezia, die man zu dieser Uhrzeit erst so richtig genießen kann. Auf dem Weg zum ehemaligen Ghetto passieren wir die Piazza di Campitelli, wo wir eine erste kurze Pause einlegen. Julia, ganz und gar nicht außer Puste, zeigt mir das Kircheninnere, ein Barockjuwel voller goldener Verzierungen und mit einem prächtigen Altar. Eine Ordensfrau, die am Altar das Wasser der Blumensträuße wechselt, wundert sich über die schwitzenden Morgengestalten in Sportshorts und Turnschuhen.

Einen Gang herunter

Weiterlaufen bis zur Via Portico d'Ottavia. Die Hauptstraße des Ghettos ist um diese Uhrzeit ein Traum. Verlassen liegen die zum Teil uralten Häuser. In einer urigen Kaffeebar wird mir ein Espresso genehmigt. Ich bin den Abend zuvor zu spät ins Bett gegangen, um zu diesen frühen Morgenstunden mein Bestes geben zu können. Aber das brauche man ja auch gar nicht, sagt mir Julia. Wichtig sei nur, dass man ruhig und kontinuierlich laufe. Schließlich gehe es ja nicht darum, ein Rennen gewinnen zu müssen, sondern Rom laufenderweise zu erkunden. Also schalte ich einen Gang herunter und kann wieder ruhiger durchatmen.

Als nächstes kommen wir zum Campo de' Fiori. Die Marktstände sind alle schon in Betrieb, von fotografierenden Touristen dagegen keine Spur. Nur einige wenige Hausfrauen sind schon auf den

Auch bei der Villa Giulia findet man die Freizeitsportler.

AUTORENTIPP!

WIE AUDREY HEPBURN
Mit der Vespa durch Rom, wie in dem berühmten Film *Liebes Tagebuch* von Nanni Moretti oder in dem Schwarz-Weiß-Streifen *Ein Herz und eine Krone* mit Audrey Hepburn. Das ist eine feine Sache, aber für diejenigen Rombesucher, die keine Vespa-Erfahrung haben, ein gefährliches Unterfangen. Wenn Roms Autofahrer sich an die Verkehrsregeln halten würden, wäre es sicher weniger gefährlich, mit einem motorisierten Zweirad durch die Stadt zu brausen, doch so ...

Vespa- und auch Fahrradverleih Bici & Baci.
Via del Viminale 5, Tel. 06/48 98 61 62, www.bicibaci.com

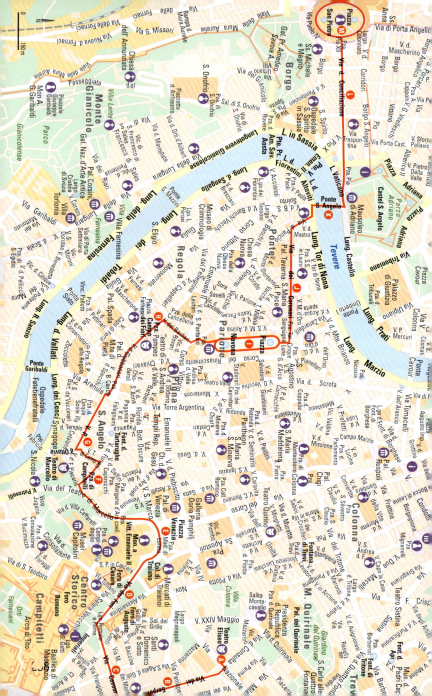

Joggen durch Rom

Beinen und bereits mitten im kritischen Auswählen von Obst und Gemüse. Weiter geht es zur Piazza Navona – ein Gedicht von einem Platz, so kurz nach halb acht. Wir drehen unsere Runde langsam, um die Atmosphäre zu genießen. Die ersten Sonnenstrahlen, die die Fassaden der Paläste und Kirchen beleuchten: wunderschön!

Trinken nicht vergessen

Hinter der Piazza Navona beginnt die Via dei Coronari. Eine schnurgerade Straße mit Häusern aus Renaissance und Barock und zahllosen Antiquitätengeschäften. Wir laufen nebeneinander her, und Juli ermahnt mich immer wieder, dann und wann einen kräftigen Schluck aus der Flasche zu nehmen. Schließlich erreichen wir die Engelsbrücke, jetzt noch ohne fliegende Händler.

Vorbei an der Engelsburg, um diese Uhrzeit natürlich noch geschlossen, laufen wir in die Via della Concilliazione. Für den Bau dieser Straße ließ man unter Mussolini zahllose alte Häuser abreißen. Die neue Straße zwischen dem Petersplatz und der Engelsburg sollte die 1929 zwischen dem Kirchenstaat und dem faschistischem Italien unterzeichneten Lateranverträge symbolisieren, die das Verhältnis beider Staaten endlich offiziell regelte.

Menschenleere Peterskirche

Auf dem Petersplatz angekommen ziehen wir leichte lange Hosen über. Denn nur mit diesen Beinkleidern dürfen wir in die frühmorgendliche Peterskirche, die jetzt, gegen acht Uhr, immer noch fast menschenleer und somit zauberhaft ist. Von den später eintreffenden Touristen- und Pilgermassen noch keine Spur. Herrlich! Eine Orgel spielt, einige Geistliche eilen über den Marmorfußboden in eine der Seitenkapellen, um einen Gottesdienst zu zelebrieren.

Bäume spenden wohltuenden Schatten im Park Villa Borghese.

Jogging-Route

- Ⓐ Ausgangspunkt Monti (als Viertel)
- Ⓑ Via dei Serpenti
- Ⓒ Via Cavour
- Ⓓ Via dei Fori Imperiali
- Ⓔ Piazza Venezia
- Ⓕ Piazza di Campitelli
- Ⓖ Via Portico d'Ottavia
- Ⓗ Campo de' Fiori
- Ⓘ Piazza Navona
- Ⓙ Via dei Coronari
- Ⓚ Engelsbrücke
- Ⓛ Via della Concilliazione
- Ⓜ Petersplatz

Infos und Adressen

Sight Jogging. Joggende Reisebegleiter sind in verschiedenen Sprachen verfügbar. Die Länge und der Verlauf der einzelnen Touren können individuell abgesprochen werden. Mobil 00 39/34 73 35 31 85, www.sightjogging.it

AUSFLÜGE

48 Tivoli
Vor den Toren Roms

Rom hat sicherlich reichlich Kunst zu bieten, doch rund eine Autostunde von Rom entfernt, locken zwei Villen und ein Park von ausnehmender Schönheit. An einem Tag lassen sich bei einem solchen Ausflug die größte römische Kaiservilla, eine Renaissancevilla mit fantastischem Brunnengarten und ein Naturpark besichtigen, der schon Goethe und viele deutsche Maler zu Begeisterungsstürmen hinriss.

Vielschichtige Persönlichkeit

Kaiser Hadrian war ein viel gereister Mann. Sein Reich war unermesslich groß und vereinigte verschiedenste Völker und Kulturen. Von seinen teils mehrjährigen Reisen nach Rom zurückgekehrt, brachte Hadrian auch Inspirationen für diverse Gebäude mit. Aus diesen Ideen entstand unter anderem eine gigantische Villa. Mit ihren 1,5 Quadratkilometern bebauter Fläche ist sie die größte jemals gebaute Residenz eines römischen Kaisers. Ihre Ruinen sind so gewaltig und doch so harmonisch in die Natur mit uralten Zypressen und Pinien eingefügt, dass sie so einen der schönsten archäologischen Parks Europas darstellen.

Die Villa war nicht einfach nur ein kaiserlicher Feriensitz, sondern diente auch staatlichen Repräsentations- und Verwaltungszwecken. Zirka 20 000 Menschen arbeiteten hier, und man muss sich die Villa zu Hadrians Zeiten wie eine kleine Stadt vorstellen. Inmitten dieser Villenanlage bewohnte der Kaiser nur einen relativ kleinen Bereich ganz privat. Hier frönte er seinem Hobby, der Philosophie. Zentrum dieses persönlichen Re-

Mitte: Fast wie zu Zeiten Hadrians
Unten: Antike Reste in allen Ecken: Villa Adriana

Tivoli

fugiums war eine künstliche Miniinsel. Der Steg, der von der Villa aus über einen Wassergraben auf diese kreisrunde Insel führte, wurde immer dann hochgezogen, wenn Hadrian allein oder mit seinem Geliebten Antinoo zusammen sein wollte.

Unterirdische Gänge für Diener

Entschied sich der Kaiser, von einem Bereich seiner Villa, beispielsweise seiner Miniinsel, in den Speisesaal oder eine seiner Thermen zu gehen, setzten sich Sklaven und andere Bedienstete unterirdisch in Bewegung. Unterhalb der gesamten Anlage verläuft ein kilometerlanges Tunnelnetz. So war es möglich, dass der Kaiser, hatte er den Wunsch geäußert, einen anderen Bereich seiner Residenz zu erreichen, dort schon alles für ihn vorbereitet vorfand, sobald er den Raum betrat. Kaiser Hadrian konnte diese Villa nicht lange genießen. Nur vier Jahre nach deren Vollendung starb er mit 62 Jahren nach langer Krankheit. Hadrians Nachfolger interessierten sich nicht für die Villa und ließen sie ungenutzt. So war die riesige Anlage schon hundert Jahre nach seinem Tod restlos heruntergekommen und verfallen.

Bevor man die Villa durch einen in einer langen und hohen Mauer befindlichen Eingang betritt, sollte man sich unbedingt an der Nachbildung der Gesamtanlage im dafür errichteten Pavillon einen Überblick verschaffen, auch um sich nicht im riesigen Areal zu verlaufen. Anhand des Modells wird auch deutlich, dass es sich nicht um eine traditionelle Villa mit einem Atriumhof handelt, sondern um ein Nebeneinander von zahlreichen Baukomplexen, die unterschiedlichen Zwecken dienten. So gibt es einen Audienzsaal und die großen und die kleinen Thermen, einige Tempel, ein Theater, eine griechische und eine lateinische Bibliothek im Stil, den Hadrian in Athen gesehen hatte. Von Grie-

AUTORENTIPP!

OUTLET UND VERGNÜGUNGSPARK

Shoppen und sich spielend vergnügen, östlich von Rom kann man das eine mit dem anderen verbinden, ideal auf dem Rückweg von Tivoli. Im Fashion District Valmontone Outlet, einem der besten Italiens, mit 170 Geschäften für jeden Geschmack, gibt es Mode und Accessoires zu besonders niedrigen Preisen. Über die Autobahn ist diese wie eine Kleinstadt wirkende Anlage in nur 30 Minuten mit dem PKW oder mit einem Sonderbus zu erreichen. Von der römische Via Marsala 29 f-g, beim Hauptbahnhof, fährt jeden Tag ein Sonderbus dorthin.

Ganz in der Nähe lockt Magicland, eine Art Disneyland all'italiana. Mit einer Investition von 300 Millionen Euro wurde ein spannender Mix für die ganze Familie aus Super-Achterbahn, Geisterbahnen und Fantasieschlössern und Gruselkabinetten auf die Beine gestellt. Hier kann man sich auf ganz besondere Art und Weise von der überbodenden Kunst Roms »erholen«.

Fashion District Valmontone.
Öffnungszeiten:
Mo–Fr 10–20 Uhr
Sa, So, Feiertage 10–21 Uhr
Via della Pace, località Pascolaro,
www.fashiondistrict.it

Magicland.
Valmontone, Via della Pace 9,
www.rainbowmagicland.it

AUTORENTIPP!

DORF IM TEMPEL

Östlich von Rom liegt Palestrina, eine Ortschaft, die im frühen Mittelalter in einem gigantischen Tempel gebaut wurde. Il Santuario della Fortuna Primigenia wurde im 2. Jahrhundert errichtet und nahm die ganze Seite eines Hügels ein und war eines der größten Heiligtümer der gesamten Antike.

Die Anlage war so groß, dass bei einem Rundgang durch die Ortschaft noch die Grundmauern zu erkennen sind, auf denen man die Wohnhäuser errichtete. Am oberen Ende der Ortschaft und des ehemaligen Tempels befindet sich das archäologische Museum. Von der Terrasse aus hat man einen fantastischen Blick auf Palestrina und die Umgebung. Das Museum besitzt mit dem berühmten und großen Nil-Mosaik eines der eindrucksvollsten Kunstwerke der römischen Antike.

Museo Archeologico Nazionale di Palestrina.
Piazza della Cortina – Palazzo Barberini, Palestrina, Tel. 07 74/38 27 33.

AUSFLÜGE

chenland inspiriert waren auch der Saal der dorischen Säulen und die Stoa. Daneben existierten noch Bankettsäle und die sogenannte Akademie von Athen, ein Bauwerk, in dem sich der Kaiser mit Philosophen traf.

Die Ruinen der Großen Thermen sind noch heute so groß und eindrucksvoll, dass sie, szenografisch ausgeleuchtet, einen bleibenden Eindruck hinterlassen, besonders nach Sonnenuntergang und vor allem im Sommer, wenn in der Villa Adriana ein Festival für Musik und Tanz stattfindet. Vom Eingangstor bis zur großen Therme erhellen Fackeln die Wege, und die Ruinen der Badeanlage bilden eine der umwerfendsten Bühnenbilder, die man sich vorstellen kann.

Künstliches Tal

In Ägypten hatte Hadrian das für seine landschaftliche Schönheit bekannte Canopustal bei Alexandria besichtigt. So ein Tal wollte auch er haben. Daher schufen ihm seine Baumeister den Canopus, eine der schönsten und elegantesten Gartenanlagen der Antike, für die eine 240 Meter lange Talsenke ausgehoben wurde. In deren Mitte befindet sich ein Wasserbecken, das von Säulen und Skulpturen umgeben ist und an dessen einem Ende sich eine Art Grotte befindet, in der Bankette stattfanden. An den Nil in Ägypten erinnern steinerne Krokodile, die sich am Rand des Wasserbeckens befinden.

Nach dem Besuch der Hadriansvilla – am besten vormittags –, geht es weiter nach Tivoli. Die Ortschaft liegt an einem Hügel und war schon in der Antike als Sommerfrische populär. Viele reiche Römer besaßen hier Zweitvillen. Die architektonische Perle Tivolis ist die Villa d'Este. Sie entstand nach den Wünschen des Kardinals Ippolito II d'Este,

Die Reste der großen Thermenanlagen

dem Sohn der Papsttochter Lucrezia Borgia. Für seine Verdienste um die Kirche ernannte der 1550 frisch gewählte Papst Julius III. den Kardinal zum Gouverneur von Tivoli. Die damalige Gouverneursresidenz war jedoch recht bescheiden, und so entschied sich der kunstsinnige Kirchenmann zum Bau einer standesgemäßen Villa. 1572 war das Bauwerk im eleganten Stil der Spätrenaissance fertiggestellt, aber kurz nach der Einweihung starb der Hausherr.

Neben der Villa selbst mit ihren freskengeschmückten Sälen und jener Wohnung, die der ungarische Komponist Franz Liszt, immer wieder unterbrochen von Aufenthalten in Paris, Rom und anderswo, fast 20 Jahre lang bewohnte und die heute wieder zu besichtigen ist, fasziniert auch die Parkanlage, ein Meisterwerk des Gartenbaus.

Imposante Wasserspiele

Ganz im Stil seiner Zeit ließ der Kardinal den Park mit Brunnenanlagen ausstatten, doch nicht einfach mit zwar pompösen, aber konventionellen Brunnen. Nein, der Besucher sollte beeindruckt werden mit Wasseruhren und Wasserorgeln, mit Fontänen, die genau dann spritzen, wenn Besu-

Oben: Die Inselvilla, in die sich Hadrian zurückzog, um allein zu sein.
Mitte: Am Modell können sich Interessierte die ursprüngliche Gesamtanlage der Villa Adriana anschauen.
Unten: Villa Adriana: Statue im Canopo, einem künstlich angelegten Tal

Oben: Die Fischteiche unterhalb der Fontana dell'Organo in der Villa d'Este
Mitte: Späte Renaisancefresken
Unten: Pompöser Deckenschmuck im Saal des Herkules

cher davorstehen, sodass sie richtig schön nass werden.

Die einzelnen Anlagen unterscheiden sich in ihren Formen stark voneinander. Wenn sie alle zusammen sprudeln, hat man den Eindruck einer Art Renaissance-»Vergnügungspark«. Der Eulenbrunnen zum Beispiel erzeugt mithilfe der Hydraulik Vogelgeräusche, während der Orgelbrunnen mit einer Wasseruhr Musik zum Besten gibt, Melodien von Renaissancekomponisten, die damals en vogue waren. Der Neptunbrunnen hingegen ist eine komplexe Brunnenanlage, die sich über verschiedene Terrassen verteilt.

Besonders beindruckend ist der Cento Fontane, der Brunnen der hundert Wassersäulen. Diese Anlage besteht aus zwei sich gegenüber stehenden langen Fontänenreihen, die das Wasser in wechselndem Rhythmus in ein Becken spritzen – oder aber auch auf die vorbeigehenden Besucher. Die Eigentümer der Villa d'Este machten sich immer wieder einen Spaß daraus, so ihre Gäste zu belustigen oder, je nach Mentalität, auch zu verärgern.

Tal der Hölle

Am späten Nachmittag, wenn die Sonne schon recht tief steht, sollte man die Villa Gregoriana besuchen. Dieser Naturpark befindet sich im sogenannten Tal der Hölle, einem steilen Tal, das sich direkt in der Nähe des Ortskerns befindet und wo der Fluss Aniene 130 Meter in die Tiefe stürzt.

Die alten Römer hatten in diesem Gebiet mit verschiedenen hydraulischen Eingriffen versucht, den Fluss für ihre Zwecke zu nutzen. Nach einer verheerenden Überschwemmung durch das Wasser des Aniene befahl Papst Gregor XVI., ein für alle Mal das Problem des Flusses zu lösen. Gleichzeitig errichtete er dort die Villa Gregoriana, mit einem Park, der sich steil von Tivoli aus in das Höllental hinab entwickelt. Zahlreiche Spazierwege erlauben es, dieses Tal bequem zu erreichen, vorbei am Wasserfall der Aniene und den Ruinen antiker Gebäude, darunter eine antike Nekropole und den Resten einer römischen Villa.

Castel Gandolfo

Castelli nennen die Römer die Albaner Berge. Die Hügel südöstlich von Rom mit so berühmten Orten wie dem Weinort Frascati, mit Castel Gandolfo, der Sommerresidenz des Papstes, mit dem Albaner See, einem Kratersee, und dem Nemisee, wo man in einem Museum die Reste altrömischer Schiffe bestaunen kann. Die Castelli sind ein beliebtes Naherholungsgebiet mit dichten Wäldern, malerischen Ortschaften und Lokalen, wo man den relativ guten Wein der Albaner Berge kosten und ausgezeichnet essen kann. Im Sommer findet an jedem Sonntagmittag – wichtig für gläubige Rombesucher – das traditionelle römische Angelusgebet des Papstes im Innenhof der Papstresidenz in Castel Gandolfo statt.

Infos und Adressen

SEHENSWÜRDIGKEITEN

Villa Adriana. Residenz von Kaiser Hadrian. Veranstaltungshinweise beachten. Tivoli, Tel. 07 74/53 02 03, 07 74/38 27 33, 06/32 65 96 53, www.villa-adriana.net

Villa d'Este. Piazza Trento 1, Tivoli, Tel. 07 74/31 20 70, www.villadestetivoli.it

Villa Gregoriana. Tivoli, Tel. 07 74/38 27 33, 06/39 96 77 01, www.villagregoriana.it

ESSEN UND TRINKEN

Antica Hostaria de'Carrettieria. Landestypische Gerichte. Via Giuliani 55, bei Tivoli, Tel. 07 74/33 01 59.

Il Piscarello. Via del Piscarello 2, Tivoli, Tel. 06/9 57 43 26.

Torre Sant'Angelo. Traditionelle Hausmannskost. Via Quintilio Varo, Tivoli, Tel. 07 74/33 25 33.

ÜBERNACHTEN

Grand Hotel Duca d'Este. Modernes, komfortables Hotel, mit einer Spur Luxus. Via Tiburtina Valeria 330, Tivoli, Tel. 07 74/38 83, www.ducadeste.com

Hotel Adriano. Schönes und komfortables Haus. Via di Villa Adriana 194, bei Tivoli, Tel. 07 74/38 22 5, www.hoteladriano.it

Hotel Sirene. Einfaches, aber sehr hübsches Hotel zentral in Tivoli gelegen. Piazza Massimo 4, Tivoli, Tel. 07 74/33 06 08, hotel.sirene@travel.it

AUSFLÜGE

49 Via Appia
Die bedeutendste Handelsstraße des Römischen Reiches

Die Via Appia ist die älteste und sicherlich auch die schönste Straße der Welt: antike Ruinen umgeben von schlanken Zypressen und den ausladenden Schirmpinien in ländlicher Umgebung mit Feldern, hinter malerisch zugewachsenen Mauern versteckte Villen von Promis aus Film und Fernsehen. An verschiedenen Stellen ist der Straßenbelag noch der ursprüngliche von vor über 2000 Jahren. Ein Wandererlebnis der besonderen Art.

Zu Fuß erkundet man die Via Appia am besten vom antiken Stadttor Porta San Sebastiano aus. In dieser Toranlage befindet sich das Museum der antiken Mauern Roms. Der Besucher kann dort spazieren gehen, wo in der Antike Soldaten ihre Stadt gegen Angreifer verteidigten. Die Strecke beläuft sich auf rund sieben Kilometer, zurück sollte man mit öffentlichen Verkehrsmitteln fahren. Wer so klug ist, sich etwas zu essen und zu trinken mitzunehmen, kann in der schönen Landschaft eine Picknick-Pause einlegen.

Die Via Appia wurde ab 312 v. Chr. vom Censor Appius Claudius Caecus gebaut. Sie verband Rom mit dem damals wichtigsten Bündnispartner, dem 200 Kilometer südlich gelegenen Capua. Später wurde sie bis nach Apulien ausgebaut und endete in der Hafenstadt Brindisi. Die wirtschaftlich wie militärisch wichtige Straße war die erste ihrer Art mit einem steinernen Fahrbahnbelag, der auf mehrschichtigem Aufbau aus Sand, Stein und Erde angelegt wurde und daher auch nach über 2000 Jahren in bestimmten Bereichen noch be-

Mitte: Die Via Appia Antica
Unten: Fast wie eine Burg: das Grabmal der Cecilia Metella
Bilder Seite 270:
Oben: Schön, weil Autos verboten sind: die Via Appia im Morgenlicht
Unten: Grab in der Calixtus-Katakombe

Via Appia

fahrbar ist. Noch heute ist gut zu erkennen, dass die Via Appia, wie alle römischen Straßen, die, nach ihrem Vorbild im gesamten Römischen Reich mit einem Gesamtnetz von rund 85 000 Kilometern Länge errichtet wurden, in der Mitte leicht nach oben gewölbt war. So konnte das Regenwasser abfließen, ohne dass sich Pfützen bildeten.

Grabmäler und Villen

In der Nähe von Rom ließen sich viele Römer Grabmäler direkt an der Via Appia errichten, denn das Bestatten der Toten innerhalb der Stadtmauern war verboten. Je reicher und bedeutender jemand war, umso beeindruckender fiel das Grabmal aus. Mit der Zeit wurden auch Katakomben bei diesen Grabmälern ins Erdreich gegraben, antike Villen und Arenen sowie frühchristliche Kirchen gebaut. So bietet ein Besuch der Via Appia zwischen der Porta San Sebastiano und Casal Rotondo einen vielseitigen Einblick in die römische und spätantike Zeit. Ausgangspunkt der Via Appia war die Pferderennbahn Circus Maximus. Vorbei an den Caracalla-Thermen und durch das Tor der aurelianischen Mauer erreicht man Domine Quo Vadis Ⓐ. Die unscheinbare Kirche wurde durch die Frage von Petrus: »Herr, wohin gehst du?«, und die Antwort des stadteinwärts gehenden Mannes: »Ich gehe, um mich ein zweites Mal kreuzigen zu lassen«, berühmt. Petrus erkannte, dass er Jesus wieder getroffen hatte und kehrte nach Rom zurück, wo ihn das Martyrium erwartete.

15 Kilometer lange Katakomben

An ein anderes Martyrium erinnern die in der Nähe gelegenen Fosse Ardeatine Ⓑ. Die SS ermordete am 24.3.1944 in diesen Höhlen 335 Römer als Vergeltung für ein antifaschistisches Attentat in Rom. An den Fosse Ardeatine liegen die Domi-

AUTORENTIPP!

PARCO DEGLI ACQUEDOTTI
Der Park ist mit der U-Bahn Richtung Anagnina zu erreichen. Man steigt bei Lucio Stestio oder Subaugusta aus und fragt sich zum Parco degli Acquedotti durch, der nur 5 Minuten Fußweg entfernt ist. Dieser Park besteht aus Grünflächen, Pinienalleen und Weizenfeldern. Inmitten dieser idyllischen Landschaft erheben sich die majestätischen Reste einer antiken Wasserleitung, die frisches Nass über viele Kilometer nach Rom transportierte. Der Park ist sehr beliebt bei Familien, Joggern und auch Golfern, denn direkt an den antiken Ruinen befindet sich einer der am schönsten gelegenen Golfplätze Roms. Vor allem bei Sonnenuntergang ist das antike Aquädukt ein begehrtes Fotomotiv.

Parco degli Acquedotti.
Via Lemonia 256, Tel. 06/5 13 53 16, www.parcoappiaantica.it

Schon damals verkehrsgünstig gelegen: die ehemalige Pferderennbahn von Kaiser Maxentius

AUTORENTIPP!

VOM MONUMENTALFILM BIS ZUM SPAGHETTIWESTERN

Ein Spaziergang im alten Rom? Auf dem antiken Forum Romanum? Oder im mittelalterlichen Assisi des heiligen Franz? Oder in den Straßen New Yorks in den 40er-Jahren? In Cinecittà ist das möglich. Cinecittà ist Roms Hollywood. Die ehemalige Filmstadt, in der *Ben Hur* und andere berühmte Filme gedreht wurden, in der Federico Fellini seine Meisterwerke schuf, ist heute für Besucher geöffnet. Zu besichtigen und zu begehen sind die zum Teil riesigen Kulissen international bekannter Filme, wie zum Beispiel der britischen Serie *Rom*, *Franziskus* mit Mickey Rourke in der Hauptrolle und *Gangs of New York* von Martin Scorsese. Ein Besuch von Cinecittà, bequem mit der U-Bahn, Station Cincettà, zu erreichen, ist etwas für die ganze Familie.

Cinecittà.
Via Tuscolana 1055, Tel. 06/72 29 31, www.cinecittastudios.it

Die Burganlage Caetani beim Cecilia-Metella-Grabmal

AUSFLÜGE

tilla-Katakomben ©, die mit 15 Kilometern längste unterirdische Begräbnisstätte Roms. Man betritt diese Katakomben durch die im 4. Jahrhundert errichtete Kirche Ss. Nereo e Achilleo. Die Domitilla-Katakomben bieten einen ausgezeichneten Einblick in die frühchristliche Kunst, mit Wandmalereien, Stuckdekorationen, Mosaiken und den für Katakomben typischen Grabkammern.

Beeindruckend sind auch die an der Via Appia gelegenen Calixtus-Katakomben, in denen unter anderem 16 frühe Päpste auf rund 15 Hektar ihre letzte Grabstätte gefunden haben. Auch hier gibt es unzählige Malereien, Knochenkammern und erstaunlich gut erhalten Krypten. Die im 3. Jahrhundert errichtete Kirche San Sebastiano ad Catacumbas © beherbergte für kurze Zeit, so heißt es in frommen Legenden, die Gebeine der Apostel Petrus und Paulus. Heute finden sich hier nur noch die Reliquien des heiligen Sebastian. Unterhalb der Kirche liegen weitere Katakomben im Erdreich. Es handelt sich um drei Grabkammern aus dem 2. Jahrhundert, die aufwendig mit Malereien und Stuck geschmückt sind.

Goethe in der Campagna

Wieder auf der Via Appia folgt linkerhand die Villa di Massenzo ©, die größte imperiale Palastanlage längs der antiken Straße. Zu den grandiosen Ruinen zählt auch eine Pferderennbahn, 513 Meter lang und 90 Meter breit. 18 000 Menschen fanden hier Platz.

Daran schließt sich die kreisrunde Tomba di Cecilia Metella © an. Das 50 v. Chr. errichtete Grabmal mit einem Durchmesser von über 30 Meter wurde nur deshalb im Mittelalter nicht zerstört, weil es im 14. Jahrhundert von der Familie Caetani zu einer Wehranlage umgebaut wurde.

Via Appia

Gräber aus der Calixtus-Katakombe

Das Grabmal erhebt sich als zylinderförmiger Turm, der 20 Meter hoch ist und auf einem elf Meter hohen Sockel steht. Das Grabmal der Cecilia Metella war eines der Lieblingsmotive römischer Landschaftsmaler seit dem 16. Jahrhundert. Unvergesslich das berühmte Bildnis *Goethe in der Campagna* seines Freundes Johann Heinrich Wilhelm Tischbein. Der Maler, der mit Goethe und zwei weiteren Künstlern in der römische Via del Corso zusammenlebte, stellte den Dichterfürsten ausgestreckt ruhend vor einer Landschaft dar, die nicht real, sondern aus verschiedenen Versatzstücken komponiert war und neben anderem die Cecilia Metella zeigt.

Villen der Prominenz

Weiter geht es an den malerischen Ruinen ziemlich großer Grabmäler und den Eingängen zu den Villen römischer VIPs vorbei. Hier residieren Stars wie die Schauspielerin Gina Lollobrigida und der Regisseur Franco Zeffirelli. Um die antiken Ruinen vor einer neuen Bebauung zu bewahren, wurde mittlerweile das Gebiet entlang der Via Appia als

Via Appia

archäologischer Park deklariert, doch immer wieder müssen Neubauten, die illegal errichtet wurden, abgerissen werden.

Weiter auf der antiken Straße sind schon von Weitem die bis zu 14 Meter hohen Ruinen der Villa dei Quintili ⓖ zu sehen, eine der größten antiken Villenanlagen bei Rom. In den Ruinen dieses Gebäudes wurden bereits bei den ersten archäologischen Grabungen Ende des 16. Jahrhunderts bedeutende Skulpturen gefunden, die man in den späteren vatikanischen Museen aufstellte. Die Villa wurde von zwei Brüdern aus dem Hause Quintili errichtet. Sie war so luxuriös, dass Kaiser Comodus neidisch wurde und das Gebäude unter einem fadenscheinigen Grund konfiszierte.

Das größte Grab an der Via Appia, das Casal Rotondo ⓗ, befindet sich zur Linken hinter der Villa dei Quintili und hat eine Seitenlänge von 35 Metern. Es stammt aus der Zeit von Kaiser Augustus, und man vermutet, dass es von Marcus Valerius Massimus errichtet wurde, einem Anwalt und Schriftgelehrten, mutmaßlich aus recht wohlhabendem Hause.

MAL EHRLICH

MUSS DAS SEIN?

Die Via Appia ist begehrter Baugrund. Obwohl es Verbote gibt und die antike Straße ein archäologischer Park ist, errichten kriminelle Gemüter illegale Anbauten und heben Pools aus. Ebenfalls beliebt ist es bei vielen Römern, nach Einbruch der Dunkelheit die in den Ruinen der antiken Grabmäler logierenden Prostituierten aufzusuchen. Nach vollzogenem »Geschäft« werden Papiertaschentücher einfach ins alte Gemäuer oder auf die Straße geworfen.

Infos und Adressen

SEHENSWÜRDIGKEITEN

Museo delle Mura, Porta San Sebastiano. Der Ort an dem römische Soldaten kämpften. Via di Porta San Sebastiano 18, Tel. 06/70 47 52 84, www.museodellemuraroma.it

Via Appia Antica. Die Straße kann einige Kilometer weit abgegangen werden, da sie, theoretisch jedenfalls, autofrei ist. Nach Einbruch der Dunkelheit sollte man sie allerdings meiden. www.parcoappiaantica.it

ESSEN UND TRINKEN

Osteria del Velodromo Vecchio. Eine echte Familien-Trattoria. Via Genzano 139, Tel. 06/788 67 93, www.osteriadelvelodromovecchio.it

Ostrica. Ausgezeichnetes Fischrestaurant. Via Tuscolana, Tel. 06/7 23 25 40, www.ristorantelaostrica.it

Remigio. Eine der besten Weinbars im Osten Roms. Via Santa Maria Ausiliatrice 15, Tel. 06/78 92 28, www.remigio.eu

ÜBERNACHTEN

Relais Horti Flaviani. Luxuriöse Unterkunft in nächster Nähe zur Via Appia Antica. Via delle Sette Chiese 290, www.hortiflaviani.it

Einfach romantisch: Zimmer im Relais Horti Flaviani

AUSFLÜGE

50 Ostia und Ostia Antica
Die ursprünglich wichtigste Hafenstadt des antiken Rom

Rom wurde bis in die Spätantike über die relativ große Hafenstadt Ostia Antica mit Waren und Sklaven aus aller Welt versorgt. Schließlich versandete der Hafen komplett und die Stadt geriet in Vergessenheit. Ein Besuch der Ostia Antica wie auch ein Sprung nach Lido di Ostia ans Meer lohnen einen Halbtagesausflug, vor allem nachmittags, um dann später den Tag am Strand entspannt ausklingen zu lassen.

Man muss nicht unbedingt nach Pompeji reisen, um eine sehr gut erhaltene altrömische Stadt zu besuchen. Es reicht, nach Ostia Antica zu fahren, wo im 2. Jahrhundert rund 100 000 Menschen lebten. Die Stadt war der größte Umschlagplatz für Waren ganz Italiens. Hier kamen Seide aus China, Sklaven aus Großbritannien und Bernstein aus Nordosteuropa sowie riesige Marmorsäulen aus Ägypten an. Die Stadt lag damals an der Tibermündung direkt am Meer. Als Militärlager entstanden, wurde sie im Kaiserreich ausgebaut, doch später vergessen.

Mitte: Renaissanceburg von Papst Julius II. in Ostia Antica
Unten: Das antike Theater wird im Sommer heute noch genutzt.
Bilder Seite 274:
Oben: Inschrift an der Stadtmauer
Unten: Die Neptunthermen in Ostia Antica

Erst im 19. Jahrhundert legten sie Archäologen wieder frei und förderten Erstaunliches zutage: eine antike Kleinstadt mit Wohnhäusern, die bis zum zweiten Stockwerk erhalten geblieben sind, Gaststätten und Bordelle, Geschäfts- und Lagerräume, sowie ein Forum, Tempel, eine jüdische Synagoge. Das Amphitheater für 3000 Zuschauer wird heute wieder für sommerliche Konzerte und Theaterveranstaltungen genutzt.

Ostia und Ostia Antica

Sümpfe und Malaria

Wie in anderen systematisch auf dem Reißbrett angelegten Provinzstädten waren hier die Wohnverhältnisse im Vergleich zum chaotisch gewachsenen Rom weitaus übersichtlicher. Das wird beim Spaziergang über die 2000 Jahre alten Straßen deutlich. Kaiser Nero entwässerte die Sümpfe der Umgebung. Als Konstantin der Große Ostia die Stadtrechte entzog und Portus zum neuen Hafen Roms machte, gab es kein Geld mehr, um die Entwässerung instand zu halten. In der Folge versumpfte Ostia, die Malaria breitete sich aus, und irgendwann zogen die letzten Bewohner fort.

Ganze Straßenzüge sind erhalten geblieben, mit Eingangstoren, Fenstern und Brüstungen, mit Lokalen, in denen noch gut die Tresen zu erkennen sind. Ostia besaß 18 Thermenanlagen. Eine Aussichtsterrasse ermöglicht einen Blick auf das große Fußbodenmosaik des Hauptraums. Fast alle in Ostia erhaltenen Mosaiken sind in Schwarz und Weiß gehalten, eine Technik, die zwischen dem 1. und 2. Jahrhundert besonders in Mode war.

Langsam wächst Gras über die Geschichte in Ostia Antica.

AUTORENTIPP!

DESIGNERRESTAURANT DER FIFTIES

Nach einem Tag in Ostia Antica und dem Sonnenuntergang am Meer sollte man im Sporting zu Abend essen. Das Restaurant direkt am Sandstrand ist ein Werk des berühmten Architekten Pierluigi Nervi aus den späten 50er-Jahren. Ein Gebäude in Form einer Welle, mit einer herrlichen Terrasse, auf der, begleitet vom Wellenrauschen und ohne Störung durch Autolärm, frischer Fisch serviert wird. Während der Zeit des Dolce Vita war dieses Lokal so »in«, dass vom Schah von Persien über Maria Callas bis Federico Fellini hier alle VIPs jener Jahre verkehrten. Heute ist das Restaurant nur noch ein Insidertipp, trotzdem empfiehlt es sich, einen Tisch zu reservieren – am besten an der Brüstung, mit Blick auf Strand und Meer.

Sporting Beach.
Lungomare Amerigo Vespucci 8, Ostia, Tel. 06/56 47 02 56, www.sportingbeach.it

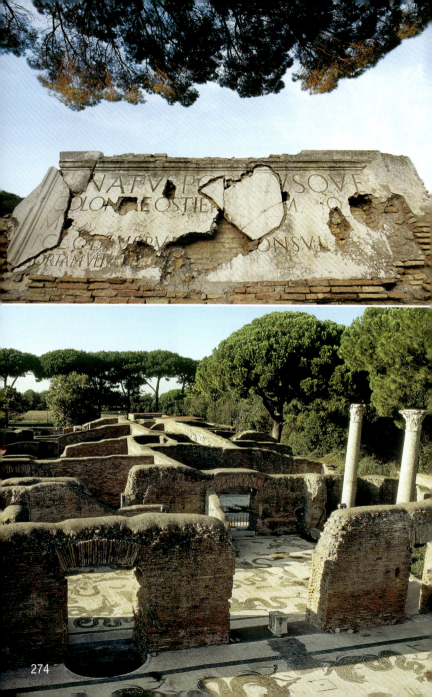

Ostia und Ostia Antica

Toll erhaltene Gebäude

Sehenswert ist die Caserma dei Vigili, die Feuer- und Polizeiwache, deren zweistöckiges Gebäude erhalten geblieben ist. Diese Kaserne befindet sich an der Via della Fontana, einer typischen Straße mit zum Teil mehrstöckigen Wohnhäusern aus Backstein. Eine andere Attraktion sind die Fußbodenmosaiken namhafter Handelshäuser am ehemaligen Säulengang in der Nähe des Ceres-Tempels. Diese Mosaiken vor den Eingängen in die Niederlassungen der Handelshäuser funktionierten quasi als Firmenschilder, die Auskunft über den Inhaber, die Waren und deren Herkunft geben.

Nach einem zirka zweistündigen Rundgang durch Ostia Antica lohnt ein Ausflug nach Ostia mit dem Linienbus, am besten am späten Nachmittag. Die Stadt selbst gibt nicht viel her, man sollte direkt zu den Stränden fahren, am besten zum Strand Capocotta. Tagsüber ist dieser eintrittsfreie Strandabschnitt der Treffpunkt Nummer eins der Homosexuellen. Spätnachmittags wird es wieder still, und man kann mit hohen Dünen im Rücken einen zauberhaften Sonnenuntergang erleben.

Oben: Segelspaß am offenen Meer am Lungomare Diulio
Unten: »Guck mal Papa, da segeln sie nun...«

MAL EHRLICH

NUR DER STRÄNDE WEGEN

Die Italiener leben in einem der schönsten Länder der Welt, in zauberhaften alten Städten, doch in der Gegenwartsarchitektur sind sie keine uneingeschränkten Meister. Im Gegenteil. Das Städtchen Ostia ist so lieblos errichtet worden, so ganz ohne schöne Strandpromenade, ohne Palmenallee, dass man sich fragen muss, ob den Stadtvätern der Sinn für das Schöne vollständig abhandengekommen ist. Ostia lohnt keinen Besuch, dafür aber seine schönen Strände, die vor allem außerhalb, Gott sei Dank, unbebaut sind.

Infos und Adressen

SEHENSWÜRDIGKEITEN

Ostia Antica. Scavi di Ostia. Mit der U-Bahn-Linie B Richtung Laurentina zu erreichen. Bei der Station Magliana in den Zug nach Lido di Ostia umsteigen und bei Ostia Antica aussteigen. Das kann zwar etwas dauern, aber mit einem Taxi würde es sehr teuer werden. Via dei Romagnoli 717, www.ostiaantica.net

REISEINFOS

Rom von A bis Z

Anreise, Ärzte und Apotheken, Autofahren in Rom, Diplomatische Vertretungen, Essen und Trinken, Feiertage, Fremdenverkehrsämter, Fundbüros, Kleidung, Klima, Kulturfestivals und Events, Notruf, Öffentliche Verkehrsmittel, Öffnungszeiten, Parken, Rauchen, Reisen mit Kindern, Reisezeit, Rom im Internet, Stadtführungen, Stadtrundfahrten, Stadttouren, Taxi, Trinkgelder, Weihnachtsmarkt **278**

Kleiner Sprachführer **284**

ROM VON A BIS Z

Anreise

Von allen deutschen, schweizer und österreichischen Flughäfen aus. 2 Flughäfen: Fiumicino (Linienflüge) und Ciampino (Charterflüge). Von Fiumicino aus mit dem Zug (nur alle halbe Stunde, sehr langsam) bis Stazione Termini oder Trastevere oder mit dem Taxi (Festpreis 45 €). Von Ciampino aus mit dem Bus und mit dem Taxi (Festpreis 35 €).

Ärzte und Apotheken

Ratsam ist es immer, eine Europäische Krankenversicherungskarte EHIC dabei zu haben. Eine Liste deutschsprachiger Ärzte bietet die Website der deutschen Botschaft. Die Farmacia della Stazione, Piazza Cinquecento 51, und die Farmacia Piram, Via Nazione 228, sind rund um die Uhr geöffnet.

Autofahren in Rom

Große Gebiete der Innenstadt sind während der Geschäftszeiten für den Verkehr gesperrt (Anwohner sind davon befreit). Teilweise trifft dies auch auf den Abend zu, Touristen dürfen aber im Allgemeinen zu ihrem Hotel fahren.

Diplomatische Vertretungen

Botschaft und Konsulat der Bundesrepublik Deutschland,
Via San Martino della Battaglia 4,
Tel. 06/49 21 31, www.rom.diplo.de
Österreichische Botschaft,
Via G.P. Pergolesi 3, Tel. 06/8 44 01 41,
www.austria.it,
Österreichisches Konsulat,
Viale Liegi 32, Tel. 06/8 55 29 66,
Schweizer Botschaft und Konsulat,
Via Barnaba Oriani 61, Tel. 06/80 95 71,
www.eda.admin.ch/roma

Oben: Stazione Termini frühmorgens
Mitte: Die Damen des Roten Kreuzes bei der »Fashion's Night Out«
Unten: Vorsicht Langfinger! In Rom ist es besser, immer auf der Hut zu sein.
Bild Seite 276: Auf Roms Pflaster, wie hier in der Via della Pace, ist vorsichtiges Fahren angebracht.

Essen und Trinken

Die römische Küche ist vielseitig. Es gibt Pizzerien, Trattorien und Ristoranti, die den ganzen Reichtum der regionalen italienischen Küche widerspiegeln. Achtung: Man sollte auf die Preise achten. Theoretisch vorgeschrieben ist, dass am Eingang eines Lokals die Preise gut sichtbar angeschlagen sind. Nicht selten wird automatisch ein Trinkgeld auf den Gesamtpreis geschlagen. Nichtitalienische Restaurants haben in Rom keinen guten Ruf.

Feiertage

1. Januar   Capodanno, Neujahr
6. Januar   Epifania, Heilige 3 Könige
April   Pasquetta, Ostermontag
25. April   Anniversario della Liberazione, Nationalfeiertag
1. Mai   Festa del Lavoro, Tag der Arbeit
2. Juni   Festa della Repubblica, Nationalfeiertag
29. Juni   San Pietro e Paolo, nur in Rom gefeierter Tag der beiden Stadtpatrone
15. August   Ferragosto, Mariä Himmelfahrt
1. November   Ognissanti, Allerheiligen
8. Dezember   Immacolata Concezione, Mariä Empfängnis
25./26. Dezember   Natale, Weihnachten

Fremdenverkehrsämter

ENIT in Deutschland, www.enit-italia.de
ENIT in Österreich, www.enit.at
ENIT in der Schweiz, www.enit.ch

Fundbüros

Städtisches Fundbüro,
Circonvallazione Ostiense 191, Tel. 06/67 69 32 14
Fundbüros der U-Bahn Metro, Linea A, Piazza del Cinquecento/Via Cavour, wegen Bauar-

Oben: Einfach fantastisch lecker!
Mitte: Die Gäste der Albergo Abruzzi können einen seltenen Blick auf die Piazza della Rotonda genießen.
Unten: In diesen Hinterhof sollte man unbedingt einen Blick werfen: Arco degli Acetari.

ROM VON A BIS Z

beiten geschlossen, deshalb Linea B/Linea A, Piazzale Ostiense, Gleis 1 der Linie Roma Lido, Tel. 06/46 95 81 65

Kleidung

Gute Laufschuhe sind unerlässlich. Da es im Sommer recht heiss und im Winter recht frisch werden kann, ist entweder leichte Baumwoll- oder Wollkleidung angesagt. Einen Schirm nicht vergessen.

Klima

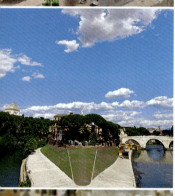

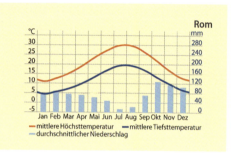

Kulturfestivals und Events

Februar   Carnevale, Maskenzüge in der Via die Fori Imperiali und der Via Nazionale

März   Giornata FAI, verschlossene historische Gebäude werden ein Wochenende lang geöffnet
    Marathona di Roma, Stadtmarathon

April   Festa delle Palme, Palmsonntag, am schönsten beim Petersplatz
    Pasqua, Ostern
    Natale di Roma am 21., zahlreiche Veranstaltungen, großes Feuerwerk

Mai   Notte dei Musei, an einem Wochenendtag sind viele Museen die ganze Nacht geöffnet, www.museiincomune-roma.it

29. Juni   San Pietro e Paolo, feierliche Papstmesse

Oben: Die Wolkenbrüche können sehr heftig sein. Zumindest einen Schirm sollte man dann zur Hand haben.
Mitte: Auch im Hochsommer angenehm frisch: die Tiberinsel
Unten: Und immer wieder trifft man auf musikalische Oasen im Trubel der Touristen.

Juni–September   Estate Romana, römischer Kultursommer, www.estateromana.comune.roma.it
Juli–August   Opernfestival in den Caracalla-Thermen, www.operaroma.it
Juli   Festa de' Noantri, traditionelles religiöses Stadtteilfest in Trastevere
September– Dezember   RomaEuropa Festival für Zeitgenössischen Tanz, Musik und Performance, www.romaeuropa.net
Ende Oktober   Festa del Cinema, internationales Filmfestival, www.romacinemafest.it
Ende Oktober–November   Festival internazionale di Musica e Arte Sacra, klassische Symphoniekonzerte in Basiliken
November   Medfilm Festival der Mittelmeeranrainerstaaten, www.medfilmfestival.org
Dezember   Weihnachtsmarkt Piazza Navona.

Notruf

Carabinieri, Polizei, 112 113
Feuerwehr 115
Krankenwagen 118
Pannenhilfe ACI 803116, 06/49981

Öffentliche Verkehrsmittel

Metro, U-Bahn, nur 2 Linien A und B. Alle Linien sind So–Do nur bis 23.30 Uhr, Fr–Sa allerdings bis 1 Uhr nachts in Betrieb. Die Züge fahren in unregelmäßigem Takt
Busse und Tram. Es gibt ein großes Netz, aber ohne Fahrpläne, daher Wartezeiten einplanen. Die städtische Verkehrsgesellschaft ATAC bietet Einzeltickets für Busse, Tram und Metro für 1 € sowie günstige Tagestickets, www.atac.it

Öffnungszeiten

Sehr unterschiedlich. Bei Museen und Geschäften immer erkundigen. In der Regel gilt: 10–17 Uhr

Oben: In den Nationalfarben explodieren die Feuerwerksraketen an der Porta Pia zum Hauptstadtjubiläum.
Unten: Gleich in der Nähe vom Campo de' Fiori erblickt man den Palazzo Cancelleria.

Oben: Kein Platz für Autos: der Motorinoparkplatz auf der Piazza San Bernardo
Mitte: Der alte Ortsteil beim Castello di Giulio II. bei Ostia Antica
Unten: Elegantes Zimmer im Hotel St. George

ROM VON A BIS Z

Parken

Freie Parkplätze sind schwer zu finden. Achten Sie unbedingt auf das Parkverbotzeichen (Sosta Vietata). Die Polizei schleppt falsch geparkte Wagen schnell ab und verlangt für die Rückgabe sehr hohe Geldbeträge. In der Stadt gibt es verschiedene unterirdische Parkhäuser.

Rauchen

Verboten an allen öffentlichen Orten. Auch in Cafébars und Kneipen. Aufgepasst: Die Italiener halten sich an dieses Verbot!

Reisen mit Kindern

Rom ist nicht unbedingt ein Ziel für Reisende mit Kleinkindern. Die Stadt kann schon für Erwachsene anstrengend sein. Kindern ab 8/9 Jahren werden bei guter Ausflugsplanung ihren Spaß haben.

Reisezeit

Die beste Reisezeit sind Frühling und Herbst. Klares Wetter mit viel blauem Himmel bieten in der Regel Dezember und Januar.

Rom im Internet

www.comune.roma.it, offizielle Website der Stadtverwaltung
www.turismoroma.it, offizielle Seite des städtischen Reisebüros, auch in englischer Sprache
www.vatican.va, offizielle und sehr informative Seite des Vatikans, auch in deutscher Sprache
www.info.roma.it, Veranstaltungen
www.atac.roma.it, alles über die öffentlichen Verkehrsmittel, mit interaktiver Suchmaschine
www.cotralspa.it, ausserstädtische öffentliche Busse
www.adr.it, Website zu den beiden Flughäfen

Stadtführungen

RomaCulta, Es wird ein reiches Angebot an Reiseführungen bereitgehalten, das auch individuell zusammengestellt werden kann, www.romaculta.it
TramJazz, Eine spätabendliche Stadtrundfahrt mit einer historischen Tram der 30er Jahre ist ein Erlebnis für sich. Es gibt Musik, Essen und Trinken, www.tramjazz.com
Romabiketours, Mit dem Fahrrad geht es durch die Stadt, auf die Via Appia Antica etc., auch in deutscher Sprache aber nur auf Voranmeldung, www.romabiketour.com

Stadtrundfahrten, Stadttouren

Es gibt inzwischen zahllose organisierte Bustouren, sogar thematisch sortiert, die ein bequemes Erleben der Stadt ermöglichen. Bei gutem Wetter sitzt man auf den Dächern von Doppeldeckerbussen. Zum Beispiel: www.romeopentour.com und www.josp,com.it/openbus.jsp. Rundfahren im Sommer auf dem Tiber, www.battellodiroma.it

Taxi

Sehr teuer, wenn man sie im Stadtzentrum benutzt. Bei Taxibestellungen wird schon die Anfahrt berechnet. Ansonsten ist eine Standgebühr von 2,80 € fällig.

Trinkgelder

In der Regel 10 %, aber aufgepasst: Viele Lokale schlagen automatisch ein Trinkgeld auf die Gesamtrechnung.

Weihnachtsmarkt

Im Dezember auf der Piazza Navona. Besonders interessant: die Stände mit traditionellen neapolitanischen Krippenfiguren.

Oben: Feine argentinische Schuhmode bei Kaja, Via degli Zingari 62
Mitte: Erholsame Pause am Brunnen vor dem Museum Ara Pacis Augustae
Unten: Das La Tartaruga bei Sant Andrea della Valle

Kleiner Sprachführer

ALLGEMEIN
Guten Tag. Buongiorno
Hallo! Ciao!
Auf Wiedersehen.
Arrivederci.
Wie geht es Ihnen/Dir?
Come sta/stai?
Danke, gut.
Bene, grazie.
Ja Sì
Nein No
Bitte ... Per favore ...
Danke Grazie
Gern. Con piacere.
Wie bitte? Come dice?
Ich verstehe nicht.
Non capisco.
Ich heiße ...
Mi chiamo ...
**Ich spreche kein
Italienisch.** Non
parlo l'italiano.
Sprechen Sie ...?
Parla ...?
Wie viel Uhr ist es?
Che ore sono?

UNTERWEGS
links a sinistra
rechts a destra
geradeaus diritto
nah vicino
fern lontano
Gibt es in der Nähe ...?
C'è ... qui vicino?
**Entschuldigung, wo
ist ...?** Scusi, dov'è ...?
geöffnet aperto/a
geschlossen chiuso/a

die Touristeninformation
l'ufficio di turismo
der Hauptbahnhof
la stazione centrale
die U-Bahn
la metropolitana
die Bushaltestelle la
fermata dell'autobus
der Flughafen
l'aeroporto
das Museum il museo
die Kirche la chiesa
das Hotel l'albergo
Hilfe! Aiuto!
die Polizei la polizia
der Arzt il medico

ÜBERNACHTEN
**Ich habe ein Zimmer re-
serviert.** Ho riserva-
to/a una camera.
**Haben Sie ein freies
Zimmer?** C'è una ca-
mera libera?
**Ich suche ein Zimmer für
... Personen.** Cerco
una camera per ... per-
sone.
das Einzelzimmer
la camera singola
das Doppelzimmer
la camera doppia
mit Bad con bagno
mit Frühstück
con prima colazione
mit Halbpension
a mezza pensione
für eine Nacht
per una notte

für eine Woche per una
settimana
das Gepäck la valigia

ESSEN UND TRINKEN
**Haben Sie einen Tisch
für ... Personen?**
Avete una tavola per
... persone?
**Reservieren Sie bitte für
20 Uhr einen Tisch
für 4 Personen.** Per
favore, ci riservi un ta-
volo per quattro per-
sone per le ore venti.
**Ist dieser Tisch noch
frei?** È libero questo
tavolo?
Herr Ober! cameriere!
Fräulein! cameriera!
Die Speisekarte, bitte!
La lista, per favore!
Ich bin Vegetarier.
Sono vegetariano/a.
Ich möchte ...
Desidero ...
Guten Appetit!
Buon appetito!
Die Rechnung bitte.
Il conto, per favore.
Das ist für Sie.
Questo è per Lei.
das Tagesmenü
il menu a prezzo fisso
das Frühstück
la colazione
das Mittagessen
il pranzo
das Abendessen la cena

284

die Vorspeise l'antipasto
der erste Gang il primo
die Hauptspeise
il secondo
die Beilage il contorno
die Nachspeise il dolce
das Gedeck il coperto
die Weinkarte
la lista dei vini
das Glas la bicchiere
die Flasche la bottiglia
die Tasse la tazza
das Messer il coltello
die Gabel
la forchetta
der Löffel il cucchiaio
der Teller il piatto
die Serviette
il tovagliolo
das Mineralwasser
mit/ohne Kohlensäure
l'aqua minerale gassa-
ta/naturale
der Orangen-/Zitronen-
saft il succo d'aran-
cia/di limone
der Tee il tè
das Bier la birra
der Weißwein
il vino bianco
der Rotwein
il vino rosso
der Essig l'aceto
der Knoblauch l'aglio
gebacken al forno
gegrillt alla griglia
die Butter il burro
die Zwiebel la cipolla
die Bohnen i fagioli

der Käse
il formaggio
die Erdbeere la fragola
das Obst la frutta
die Pilze i funghi
das Eis il gelato
der Salat l'insalata
die Milch il latte
die Suppe la zuppa
das Öl l'olio
das Brot il pane
der Pfeffer il pepe
der Salz il sale
das Fleisch la carne
das Steak la bistecca
das Huhn il pollo
das Kalb il vitello
die Leber il fegato
das Würstchen
la salsiccia
gekochter/geräucherter
Schinken prosciutto
cotto/crudo
der Fisch la pesca
der Tintenfisch
i calamari
die Seezunge la sogliola
der Thunfisch il tonno
die Muscheln le vongole
die Garnelen i gamberi
die Meeresfrüchte
i frutti di mare
der Spinat i spinaci
der Kuchen la torta
das Ei l'uovo
die Kartoffeln le patate
der Reis il riso
die Tomate il pomodoro
der Zucker lo zucchero

EINKAUFEN
das Geschäft il negozio
der Markt il mercato
der Supermarkt
il supermercato
die Bäckerei il panificio
die Apotheke la farmacia
Ich hätte gerne ...
Vorrei ...
Wie viel kostet das?
Quanto costa?
Das gefällt mir (nicht).
(Non) mi piace.
Ich nehme es. Lo prendo.
teuer caro/a
billig a buon mercato
die Größe la taglia
bezahlen pagare
das Geld i soldi
die Kreditkarte
la carta die credito
der Geldautomat
il bancomat

ZAHLEN
0 uno
2 due
3 tre
4 quattro
5 cinque
6 sei
7 sette
8 otto
9 nove
10 dieci
100 cento
1000 mille
1/4 un quarto
1/2 un mezzo

REGISTER

Aquin, Thomas von 146
Auditorium Conciliazione 50
Augustus 14, 114, 118, 123 f.,
   135, 188 f., 205
Augustus von Prima Porta 41
Aventin 97, 144, 149, 151

Basilica Aemilia 112
Basilica Julia 113
Basilica S. Francesca Romana 115
Bernini, Gian Lorenzo 28, 61,
   171 f., 191 f., 195 f., 216 ff.
Bocca della verità 130 ff., 144
Braccio Nuovo 41, 43

Campo de' Fiori 55, 72 ff., 77
Campo Verano 242, 244 ff.
Caracalla-Thermen 6, 97,
   126 ff., 160
Caravaggio 59, 61 f., 90, 190 ff.
Carracci, Annibale 71, 91
Casa di Augusto 115, 123
Casa di Goethe 182 f., 187
Castel Gandolfo 265
Castor- und Pollux-Tempel 113
Cavallini, Pietro 134, 161
Centrale Montemartini 146
Chiesa di Santo Stefano del
   Cacco 93
Circus des Maxentius 60
Circus Maximus 97, 123, 125 ff.
Cloaca Maxima 13, 109, 113
Cortile del Pozzo 51
Curia 110, 112

Da Vinci, Leonardo 164
Domus Augustana 124 f.
Domus Aurea 117, 121, 209, 234 f.
Domus Flavia 125

Engelsbrücke 48 f., 51 f.
Engelsburg 17, 20, 25, 48 ff.
Esquilino 209, 221, 234 f.
Etrusker 200 f., 203
Etruskisches Nationalmuseum
   Villa Giulia 167, 200
EUR Esposizione Universale di
   Roma 20, 251 ff.

Fontana del Mascherone 68
Fontana di Trevi 209, 212 f.
Forum Boarium 132 ff.
Forum Romanum 6, 8, 97, 108 f.,
   113, 115, 123, 125, 130
Foster, Norman 20
Franz von Assisi 153, 233
Friedensaltar 22, 188, 205

Galleria Borghese 167, 194 ff.
Galleria Colonna 91
Galleria dei Candelabri 38, 40
Galleria Doria Pamphilj 55, 90 f., 186
Galleria Nazionale d'Arte Antica
   Palazzo Barberini 215
Ghetto 97, 100, 107, 136 f.
Giacomo della Porta 62, 71, 135, 141
GNAM Galleria Nazionale d'arte
   Moderna 21, 196 ff.
Goethe, Johann Wolfgang v. 18 f.,
   42, 174, 182 f., 187, 190

Hadid, Zaha 22
Hadrian 48, 81, 225, 260 ff., 265
Herkules-Tempel 12

Il Corso 167, 182 f., 185, 187
Il Gesù 55, 78, 87, 92 f., 95

Johannes Paul II. 15, 33
Julius Cäsar 41, 66, 128 f., 135

Kapitol 12, 100, 103 f., 106 ff.,
   110, 112, 114 f., 123
Kapitolinische Museen 102 ff.,
   107, 139, 142, 146
Kapitolsplatz 97, 102 f., 107, 114
Keats-Shelley House 179
Kolosseum 7 f., 97, 101, 104,
   110 f., 115 ff., 120 f., 135
Lapis Niger 113
Lateran 209, 236 ff., 241
Loggia der Galatea 164
Loyola, Ignatius von 95

MACRO Museum für Moderne
   Kunst 167, 196, 199, 205 f.
Malteserorden 148

Marcellustheater 107, 133 ff., 138
Mausoleo Augusto 167, 188 f.
Maxentiusbasilika 112, 115
MAXXI Museo nazionale delle
   arti del XXI secolo 7, 15, 22,
   167, 191, 204 ff.
Meier, Richard 188, 205
Michelangelo 11, 18, 30, 32 f., 39,
   44, 61, 65, 69 f., 84, 102 f.,
   105, 113 f., 214, 222, 228, 235
Museo Atelier Canova Tadolini
   167, 175
Museo Barracco 18, 67
Museo Chiaramonti 41
Museo Criminologico 69
Museo dell'Ara Pacis 22, 167,
   188 f., 205
Museo delle anime del
   Purgatorio 33
Museo di Roma 79
Museo di Storia della Medicina 244
Museo Ebraico di Roma 143
Museo Gregoriano Egiziano 40
Museo Nazionale del Palazzo di
   Venezia 101
Museo Nazionale Romano 229
Museo Pio Clementino 41
Museo Pio Cristiano 45
Museo Sacro 40
Mussolini, Benito 8, 15, 16, 20,
   21, 100, 108, 138, 189, 243,
   245, 247, 252 f., 257, 259

Nationalmuseum für antike
   Kunst 7
Necropoli Vaticana 36
Nero 14, 117 f., 234 ff.
Nostra Signora del San Cuore 59

Oratorio del Gonfalone 69
Ostia 251, 253, 272 ff.

Palatin 6, 12, 97, 104, 108 f.,
   114 f., 122 f., 125, 127
Palazzo Altemps 59
Palazzo Apostolico Lateranense 45
Palazzo Barberini 60
Palazzo Brancaccio 234 f.

286

Palazzo Braschi 79
Palazzo Chigi 185
Palazzo Corsini 163 ff.
Palazzo dei Conservatori 106
Palazzo dei Tribunali 69
Palazzo del Quirinale 219
Palazzo della Cancelleria 55, 66 f.
Palazzo della Sapienza 62
Palazzo di Giustizio 49
Palazzo Falconieri 68
Palazzo Farnese 11, 55, 68 ff.
Palazzo Madama 61 f.
Palazzo Mattei di Giove 139 ff.
Palazzo Montecitorio 185
Palazzo Nuovo 102
Palazzo Nuovo 102, 104, 106
Palazzo Pallavicini Rospogliosi 216
Palazzo Sacchetti 69
Palazzo Venezia 11, 100
Pantheon 7, 17 f., 55, 80 ff., 86
Papstgrotten 36
Parco degli Acquedotti 267
Peruzzi, Baldassare 69, 162, 164
Petersdom 18, 25, 28, 31 ff., 53,
    68, 148
Petersplatz 11, 25 ff., 50
Piano, Renzo 167, 204 f.
Piazza del Popolo 167, 175, 177,
    182 f., 187, 190 ff., 207
Piazza della Rotonda 80, 81, 83
Piazza Navona 55, 58 ff.
Piazza Venezia 97, 100 f.
Pietà 32 f.
Pincio 167, 170 ff., 176, 178, 182,
    184, 186, 188, 190 ff.
Pontificia Università Gregoriana 213
Porta Sant'Anna 35
Porta Santa 31
Pozzo, Andrea 83, 86 f., 95
Puccini, Giacomo 48, 50, 70, 78

Quirinalspalast 209, 213 ff., 219

Raffael 18, 42 ff., 51, 61, 65, 69,
    82, 90, 107, 162 f., 192, 196
Romulus und Remus 12, 105,
    113, 125
Rostra 112

S. Agnese in Agone 58, 60
S. Agostino 61
S. Alessio 146, 150
S. Andrea al Quirinale 216 f., 219
S. Andrea della Valle 10, 55, 75 ff.
S. Angelo in Pescheria 138 f., 143
S. Anselmo 149, 150 f.
S. Bernardini di Siena 225
S. Cecilia in Trastevere 161
S. Clemente 121, 209, 236 f., 239 ff.
S. Crisogono 154 ff., 159
S. Croce in Gerusalemme 235
S. Francesco a Ripa 153 ff., 159 ff.
S. Giorgio in Velabro 133 ff.
S. Giovanni dei Fiorentini 69
S. Giovanni in Laterano 236, 239 ff.
S. Gregorio Divina Pietà 139
S. Ignazio 4, 20 f., 55, 86, 87
S. Ivo alla Sapienza 62
S. Lorenzo 209, 242 ff.
S. Lorenzo fuori di Mura 242, 248
S. Lorenzo in Lucina 184, 187
S. Madonna dei Monti 227
S. Marcello al Corso 185
S. Marco 100 f.
S. Maria degli Angeli 209, 228 f.
S. Maria del Popolo 190 ff.
S. Maria dell'Orazione e Morte 68
S. Maria della Consolazione 10
S. Maria della Pace 55, 64 f.
S. Maria di Trinità dei Monti 171 ff.
S. Maria in Aracoeli 103
S. Maria in Campitelli 136
S. Maria in Cosmedin 12, 97, 130 ff.
S. Maria in Schola Graeca 131
S. Maria in Trastevere 97, 152,
    155 f., 160 f.
S. Maria Maggiore 209, 221,
    225 ff., 230 f., 233
S. Maria sopra Minerva 55, 84, 85
S. Nicola in Carcere 132 ff.
S. Paolo fuori le Mura 253
S. Pietro in Montorio 155, 159
S. Pietro in Vincoli 222
S. Prassede 227, 231, 233
S. Sabina 97, 144 ff., 149 ff.
S. Sebastiano al Palatino 109
Ss. Pietro e Paolo 252

Ss. Quattro Coronati 120 f.
S. Stefano Rotondo 237
Ss. Trinità dei Monti 170
Ss. Vincenzo e Anastasio 213
Sala Paolina 51 f.
Saturntempel 113
Schildkrötenbrunnen 136, 141
Senatorenpalast 10, 102 ff., 108,
    110, 115
Septimius-Severus-Bogen 10
Sixtinische Kapelle 38 f., 44 f.
Spanische Treppe 167, 170 ff.
Stanze di Raffaello 43
Synagoge 133, 136 f., 139, 141,
    143, 154

Teatro di Marcello 107, 133 ff.
Teatro di Pompeo 75
Tempel d. Venus u. d. Roma 115
Tivoli 251, 260 ff., 265
Totenstadt 39
Trajansmärkte 10, 225
Trastevere 97, 146, 152 ff., 159 ff.
Trevi-Brunnen 7, 209, 212 f.

Umbilicus Urbis 112
Universität La Sapienza 62, 245, 248

Vatikan 6, 25, 28 ff.
Vatikanische Gärten 35 f.
Vatikanische Museen 25, 35 ff.
Vespasiantempel 113
Vestatempel 12, 97, 114, 132, 135
Via Appia 6, 21, 60, 251, 266 ff.
Via Condotti 167 ff.
Via dei Cappellari 67, 74
Via dei Fori Imperiali 8, 20
Via della Conciliazione 20, 28, 37, 50
Via Giulia 11, 55, 68 f., 163
Villa Adriana 251, 260, 262 ff.
Villa Borghese 6
Villa d'Este 262, 264 f.
Villa Farnesina 19, 97, 162 ff.
Villa Giulia 167, 200 ff.
Villa Gregoriana 265
Villa Lante 155, 158 f.
Villa Medici 173, 198 f.
Vittoriano 97, 100 f., 111

287

IMPRESSUM

Unser komplettes Programm:

www.bruckmann.de

Produktmanagement: Annemarie Heinel, Joachim Hellmuth, Stephanie Iber
Redaktionelle und grafische Umsetzung: mcp concept GmbH, Rosenheim
Kartografie: Kartographie Huber, Heike Block, München
Repro: Repro Ludwig
Umschlaggestaltung: Fuchs-Design, Sabine Fuchs, München
Herstellung: Bettina Schippel
Printed in Slovenia by Korotan, Ljubljana

Alle Angaben dieses Werkes wurden von den Autoren sorgfältig recherchiert und auf den aktuellen Stand gebracht sowie vom Verlag geprüft. Für die Richtigkeit der Angaben kann jedoch keine Haftung übernommen werden. Für Hinweise und Anregungen sind wir jederzeit dankbar. Bitte richten Sie diese an:

Bruckmann Verlag
Postfach 40 02 09
80702 München
E-Mail: lektorat@verlagshaus.de

Bildnachweis:
Alle Aufnahmen des Innenteils und des Umschlags stammen vom Fotografen Mirko Milovanovic außer

Galleria Doria Pamphilj/SIAE, 2011, Rom: S. 4 M., S. 90, S. 91 o./u. (Milovanovic, M.)
Corrado Maria Falsini, Rom: S. 128, S.129 rechts.
Hotel La Minerva, Rom: S. 12 M., S. 22 o., S. 85.
Studio d'Arte Contemporanea Pino Casagrande, Flavia Montecchi, Rom: S. 243 o.
Shutterstock (www.shutterstock.com):

S. 222 (Ascione, D.), S. 62 (Asier Villafranca), S. 45 (Eliasson, F.), S. 231 (Hejnicki, M.), S. 64 (Sedmakova, R.), S. 253 (Tupungato).
pictureallieance/zumapress.om: S. 28 u.

Umschlag
Vorderseite:
Ganz oben: Artischocken findet man im Sommer auf fast allen Märkten in Rom (fotolia/Witchcraft)
Mitte links: Römerinnen beim Einkaufsbummel
Mitte rechts: Im roten Cabriolet die Stadt erkunden
Hauptbild: Auf dem Platz vor dem Pantheon herrscht immer buntes Treiben (Bildagentur Huber, Garmisch-Partenkirchen/Maurizio, R.)

Rückseite:
Links: Kellner im »Grappolo d'Oro Zampano«
Rechts: Blick auf das Forum Romanum und das Kolosseum

Die Deutsche Nationalbibliothek verzeichnet diese Publikation in der Deutschen Nationalbibliografie; detaillierte bibliografische Daten sind im Internet über http://dnb.d-nb.de abrufbar.

2. aktualisierte Auflage 2013,
2012 © Bruckmann Verlag GmbH
ISBN 978-3-7654-5785-2